整合管理系列丛书
ZHENGHE GUANLI XILIE CONGSHU

程宏伟　冯茜颖　赵平飞　等编著

资源
企业管理

ZIYUAN QIYE GUANLI

西南财经大学出版社
Southwestern University of Finance & Economics Press

图书在版编目(CIP)数据

资源企业管理/程宏伟等编著. 一成都:西南财经大学出版社,
2009. 12

ISBN 978 - 7 - 81138 - 542 - 7

Ⅰ. 资…　Ⅱ. 程…　Ⅲ. 能源工业—工业企业管理　Ⅳ. F407. 2

中国版本图书馆 CIP 数据核字(2009)第 215306 号

资源企业管理

程宏伟　冯茜颖　赵平飞　等编著

责任编辑:张　岚

封面设计:何东琳设计工作室

责任印制:封俊川

出版发行	西南财经大学出版社(四川省成都市光华村街55号)
网　　址	http://www. bookcj. com
电子邮件	bookcj@ foxmail. com
邮政编码	610074
电　　话	028 - 87353785　87352368
印　　刷	四川森林印务有限责任公司
成品尺寸	185mm ×260mm
印　　张	15. 5
字　　数	315 千字
版　　次	2009 年 12 月第 1 版
印　　次	2009 年 12 月第 1 次印刷
印　　数	1—3000 册
书　　号	ISBN 978 - 7 - 81138 - 542 - 7
定　　价	29. 80 元

前　言

　　当我们对经济发展所面临的生态环境问题不断追问解决良策的时候，一个不容忽视的现实却是：对于直接作用于自然环境并在社会经济发展中具有重要地位的资源企业的管理问题仍没有独立地进行系统化研究。资源企业的本质是什么？资源企业管理的目标是什么？资源企业的特性是什么？资源企业管理涉及的主要内容是什么？是否存在不同于其他企业管理的相对独立的资源企业管理体系？如果存在，是怎样的一种体系？更为现实的问题是：中国特色的新型工业化道路与资源企业管理的关系是什么？

　　问题是学科发展的动力，直面现实所提出的社会实践问题是激发探索兴趣的基础。在从事企业管理、产业经济、区域经济、金融学等相关学科的理论研究与社会实践的基础上，特别是出于对契约与利益问题的持续关注，我们遍寻国内外相关研究资料，重新界定了资源企业的本质：自然契约与社会契约的复合体。以资源企业本质新命题为突破，我们建立了以生态价值为核心目标的资源企业管理体系，并从资源企业绩效评价、资源企业社会责任管理、资源企业循环经济管理、资源企业安全管理、资源企业产业链整合、资源企业跨国并购战略管理等专题进行了研究。

　　理论如果只有一个作用，那就是解释问题。为了提出具有解释力的理论，我们采用了从社会实践提炼典型案例、在分析案例中提出个别性的解释框架，再结合关于资源企业的本质性理论，分析提炼出具有普通意义的理论模型，从而使问题、理论模型与案例分析成为各个专题分析的基本结构。同时，考虑学科前沿性，我们对于各个专题都尽可能地进行了相关文献整理；不仅包括理论性研究成果，对企业、社会组织的实践性探索经验也进行了归纳整理。

　　传递信息是达到目的的基本方式。我们期望传递的是"作为产业链的上游，资源企业应该也能够成为一种人与自然新型关系的平台"。"人与自然"是一个人类不断破解却又不断陷入悖论的永恒命题。没有一种关系能够同"人与自然"相提并论，因为一切关系都脱胎于此；没有一种悖论能够如"人与自然"这样悖谬，因为一切悖论都从此生。我们从资源企业管理的视角切入这个永恒的命题，在解析命题的过程中升华我们的理解。

　　本书是团队协作的结果。程宏伟主持撰写，负责全书理论框架构建与写作大纲设计，收集、筛选各章重要文献，提出各章的基本理论分析模型，选择各章案例分析对象，并在各章撰写初稿的基础上对全书进行修改，最终定稿。本书各章的具体写作分工为：第一章，程宏伟、冯茜颖；第二章，冯茜颖；第三章，丁宁；第四章，赵平飞；第五章，赵平飞、冯茜颖、刘丽；第六章，王艳；第七章，程宏伟、冯茜颖、张永海；第八章，梁晓路。

本书期望提供资源企业管理的理论分析框架，鉴于对资源企业本质的问题还需要深入探索，书中难免存在不当之处，恳请读者朋友不吝赐教。

程宏伟

2009 年 8 月

目　录

1 导　论

　　石油涨价、能源短缺、资源战争、生态恶化等由资源的开发利用所衍生的问题从来都是吸引全球共同关注的焦点，因为它们不仅与世界政治经济形势息息相关，而且决定了人类生存环境的质量与可持续发展。除了国家、区域经济体、公众社团等宏观主体可以对日益增多的各种资源问题施加影响之外，作为微观主体的资源企业还承担着提供经济发展的动力源泉这一使命；其经营管理直接关系到国家资源供给的安全与资源战略的保障实施，在社会经济中发挥着举足轻重的作用。

　　面临巨大的资源消耗，国内外对资源企业的发展提出了新的挑战，资源竞争呈现出一种由资源企业实现国家使命的新型态势。我国的新型工业化对资源的需求带来的将是资源企业管理的革命。根据《财富》杂志 2009 年世界五百强企业的最新排名，以炼油为主营业务的资源企业占据了前十强中的七席，中石化位列第九。此外，2001—2007 年，我国资源企业的数量以年均 12% 的速度增长。截至 2007 年，已比 2001 年增长了近两倍。[①] 资源企业本身的重要性以及群体话语权日趋增强的客观现实决定了对资源企业这类特殊的企业群体进行深入研究的迫切性。有别于围绕职能管理研究资源企业的视角，本书将立足于资源产业的竞争背景和资源企业的特点，研究与总结资源企业管理的内容框架和具体方法。

1.1　资源产业与资源企业

1.1.1　经济增长与资源产业

　　资源是社会发展的基础，对资源实施开发利用与保护的各种经济活动形成了资源产业。随着我国加入 WTO，与国际接轨，在关税减让、市场准入等多方面承诺的兑现，资源市场将逐步对外开放。供需状况决定了资源产业的竞争态势，目前我国资源产业的发展呈现以下特点：

　　（1）资源安全供应和价格波动的风险日益突出，竞争程度日益加剧，重组后的世界石油巨头对资源和市场的控制力进一步加强，对我国资源企业的生存和发展构成巨大的

---

　　① 根据国务院发展研究中心数据库提供的资料计算而得。

威胁。

(2) 资源企业的发展历史较短，而且生产经营具有相当程度的垄断性；其规模不完全是市场竞争的结果，而是通过某一行业转制而来，带有计划经济的烙印。比如我国石油工业主要由几大国有大型石油企业主导经营：中石油负责陆地原油的勘探与生产，中海油负责海上原油的勘探与生产，中石化负责原油的炼制与化工，中国化工进出口总公司独家垄断石油进出口贸易。

(3) 资源产品的需求不断增加，供需矛盾突出。表1-1为改革开放以来我国一次能源产品的供需情况及缺口情况分析。从改革开放之初到1991年，我国能源的消费量小于生产量，自1992年开始出现供需缺口，能源产品供不应求。可见，我国能源消费在1992年发生了根本性的转折，我国开始进入能源短缺时代。尤其是2001年以后，供需缺口呈现变大的趋势：2007年的供需缺口比2001年扩大5.24倍，缺口所占比重也相应递增，导致我国资源对外依存度较高。以石油产品为例，从表1-2和表1-3可见，自2001年以来，煤油、原油、燃料油的出口量一直小于进口量，柴油、其他石油制品在个别年份也出现相同的情况，对石油产品大量的消费需求需要由国外供给来满足。

表1-1 改革开放以来能源产品供需情况分析

年份	能源生产总量（万吨标准煤）	能源消费总量（万吨标准煤）	供需缺口（万吨标准煤）	缺口所占比重（%）
1978	62 770	57 144	-5 626	
1979	64 562	58 588	-5 974	
1980	63 735	60 275	-3 460	
1981	63 227	59 447	-3 780	
1982	66 778	62 067	-4 711	
1983	71 270	66 040	-5 230	
1984	77 855	70 904	-6 951	
1985	85 546	76 682	-8 864	
1986	88 124	80 850	-7 274	
1987	91 266	86 632	-4 634	
1988	95 801	92 997	-2 804	
1989	101 639	96 934	-4 705	
1990	103 922	98 703	-5 219	
1991	104 844	103 783	-1 061	
1992	107 256	109 170	1 914	1.75%
1993	111 059	115 993	4 934	4.25%
1994	118 729	122 737	4 008	3.27%
1995	129 034	131 176	2 142	1.63%
1996	132 616	138 948	6 332	4.56%
1997	132 410	137 798	5 388	3.91%

表 1 - 1（续）

年份	能源生产总量 （万吨标准煤）	能源消费总量 （万吨标准煤）	供需缺口 （万吨标准煤）	缺口所占比重 （%）
1998	124 250	132 214	7 964	6.02%
1999	125 935	133 831	7 896	5.90%
2000	128 978	138 553	9 575	6.91%
2001	137 445	143 199	5 754	4.02%
2002	143 810	151 797	7 987	5.26%
2003	163 842	174 990	11 148	6.37%
2004	187 341	203 227	15 886	7.82%
2005	205 876	224 682	18 806	8.37%
2006	221 056	246 270	25 214	10.24%
2007	235 445	265 583	30 138	11.35%

资料来源：作者根据 CSMAR 国泰安中国能源行业研究数据库整理。

表 1 - 2　　　　　　石油产品 2001—2007 年进出口总量分析　　　　（单位：万吨）

产品名称 年份	柴油		煤油		原油		燃料油		其他石油制品	
	出口	进口	出口	进口	出口	进口	出口	进口	出口	进口
2001	27.5	25.6	201.9	182.2	6 026.0	755.0	1 823.6	44.1	201.3	325.5
2002	47.7	124.0	214.5	170.0	6 941.0	766.0	1 659.7	64.0	384.3	246.0
2003	84.9	224.0	210.3	201.7	9 102.0	813.3	2 395.5	76.1	432.1	261.8
2004	274.9	63.7	282.0	205.0	12 272.0	549.2	3 059.2	181.7	384.2	360.7
2005	53.2	147.6	328.3	268.7	12 681.7	806.7	2 608.6	230.0	443.4	473.0
2006	102.8	113.0	825.3	546.0	20 739.7	905.3	3 999.1	368.7	581.2	620.0
2007	162.1	66.1	524.3	448.1	16 316.0	388.4	2 417.1	379.7	688.9	416.2

资料来源：作者根据 CSMAR 国泰安中国能源行业研究数据库整理。

表 1 - 3　　　　　　石油产品 2001—2007 年进出口缺口　　　　（单位：万吨）

产品名称 年份	柴油	煤油	原油	燃料油	其他石油制品
2001	-1.85	-19.67	-5 271	-1 779.51	124.17
2002	76.28	-44.53	-6 175	-1 595.66	-138.32
2003	139.15	-8.58	-8 288.68	-2 319.31	-170.3
2004	-211.27	-77	-11 722.84	-2 877.53	-23.53
2005	94.4	-59.6	-11 875	-2 378.6	29.6
2006	10.25	-279.29	-19 834.34	-3 630.44	38.84
2007	-96.09	-76.27	-15 927.64	-2 037.35	-272.75

资料来源：作者根据 CSMAR 国泰安中国能源行业研究数据库整理。

工业化必然伴随着对资源的耗用。与此同时，资源的开发所造成的污染对环境的破坏极为严重。《中国能源发展报告2008》指出，到2020年，煤炭仍将占到或超过中国一次能源消费的60%。若无重大变化，快速的能耗增长将对环境造成严重威胁，到2020年可能达到危机的程度。尽管与工业化国家相比，我国人均二氧化碳排放量较低，但从总量上看，我国将成为世界上最大的二氧化碳排放国。[1]

我国资源产业的发展受到资源管理体制的深层次制约。我国一直以来奉行的资源管理体制在一定程度上是计划经济的产物，这直接导致目前我国资源管理体制存在制度不完善、资源产品价格过低、人为排除市场机制的调节作用、随意开采自然资源等问题。同时，行政性成本居高不下，行政效率低下，使资源流动成本上升，不利于资源企业盈利能力的提高，形成了资源产业优化发展的体制性障碍。这些体制性矛盾的存在不仅使资源产业在面对经济全球化、资源配置全球化的客观环境时，生产要素缺乏有效流动，无法实现在产业链上的高效率分配，更无法达到以资源流为基础的资金流、知识流与生态流的统一；而且分散管理与资源经营过程中的产权界定不明晰也造成了资源企业跨区域、跨行业整合的行政壁垒，最终影响经济、社会与生态环境之间的综合平衡。可见，体制性矛盾为资源企业管理设定了无形的约束和整合边界。而实现矛盾转化的核心是从资源产业到资源产业链，再到资源企业，围绕资源的开发利用对相关要素进行整合；以知识、资本、资源、生态的互动关系为主线，以资源的科学开发利用与和谐的利益分配为主题，倡导依靠资源但不依赖资源，既利用本地资源也利用外地资源，不仅利用资源，更重要的是在资源的加工过程中生产知识的发展理念。

1.1.2 资源企业的基本特性

资源企业是以追求生态价值为经营目标，以履行自然契约和社会契约为义务①，以自然资源的开发利用为主营业务的社会组织。为便于研究的集中性，本书的资源主要是指矿产资源，资源企业主要是指矿产资源企业。

这一概念包括了以下基本要义：第一，资源企业的主营业务是自然资源的开发与利用，这一说法不同于传统的仅仅把资源企业定义为从事资源的采掘和初级加工的盈利性组

---

① "自然契约"的思想早在我国纳西族的东巴神话传说《龙鹏争斗》中就有所体现。为了协调人类与"署"（丽江纳西族把山川、鸟兽等人类赖以生存的自然生态环境称之为"署"）的矛盾，人类与"署"签订了自然契约。丽江今日独具魅力的清新环境也许就是纳西族恪守自然契约的结果。"自然契约"这一概念由 Michel Serres 于 1990 年在其著作《自然契约》中正式提出。他倡导用自然契约来协调地球与其居住者之间的关系，以达到双方的利益互惠，认为人类的生存取决于作为一个整体团结一致行为的能力（Michel Serres. The Natural Contract [M]. The University of Michigan Press, 1990.）。而"社会契约"研究的经典著作是政治思想家卢梭的《论社会契约》。卢梭认为"社会公约可以简化为如下的词句：我们每个人都以其自身及其全部的力量共同置于公意的最高指导之下，并且我们在共同体中接纳每一个成员作为全体之不可分割的一部分"。卢梭对社会契约的定义体现了民主和自由的思想，这与本书所提的"社会契约"在内涵上有所区别。社会契约是相对于自然契约而言的，不同于人与自然界之间所订立的自然契约；其规则是自然运行规律，具有强制约束。社会契约是人与人之间达成的一致协议，可以通过主动行为进行修订。（[法]卢梭. 社会契约论 [M]. 何兆武，译. 北京：商务出版社，2003.）

织（杨贺盈，2005[2]；王锋正，2006[3]；陈懿，2007[4]；田翠香，2008[5]）。资源企业的主营业务各有侧重地分布于资源产业链的各个环节，囊括了上游的采掘、中游的深加工和下游的产品市场推广，因此，自然资源开发和利用的全部过程都属于资源企业的业务范围。第二，资源企业是履行自然契约的重要参与主体。自然契约是人与自然关于和谐共生的默契，自然契约的毁坏将使社会契约丧失订立的物质基础。资源企业是所有企业类型中与自然环境互动作用最为频繁且关系最为密切的社会组织；资源企业的主要原材料取之于自然，排放的废弃物回归于自然。如果说资源企业是人类认识自然改造自然直接产生的经济体，那么对于人与自然是否和谐统一、人类是否按照自然法则来规范行为，资源企业就成为了最主要的责任者，它承担了维持自然契约稳定性的义务。第三，资源企业是协调人与人关系的载体。社会的本质是人与人之间的关系网络。资源企业的利益相关者不仅涉及政府、社区民众、管理者、职工、环保社团等，还包括了中下游企业、行业组织等形形色色的利益主体。复杂的利益关系是决定资源企业发展的关键因素，如何在不同文化的融合与交流中统筹需求各异的利益主体间的利益关系是资源企业管理的重点之一。资源企业的本质决定了资源企业管理的目标是追求生态价值。资源企业的有效管理是国家资源安全供应的前提，是国民经济持续发展的保证，也是国家实施资源战略的微观基础。其特征如图1-1所示。

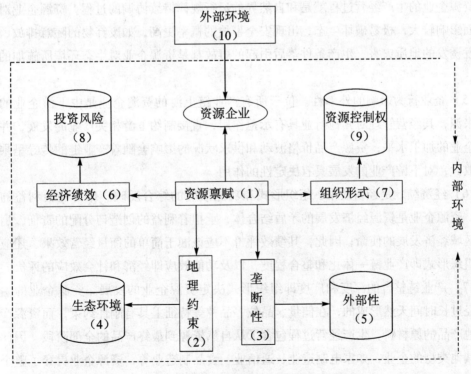

图1-1 资源企业的特征

（1）以自然资源为主的资源配置结构。资源企业的资源配置结构中自然资源所占比重较大，是否具有竞争优势且竞争优势能否持续依赖于具有有限性和不可再生性的资源禀赋。这一方面决定了资源企业对产业链上游初级资源产品的价格波动和外部供需环境变化的敏感度特别高；另一方面，自然资源具有公有属性，生产原料投入的特殊性也要求资源企业必须以缴纳税费等支付方式有偿使用自然资源。资源配置结构的不同直接导致了地理环境对资源企业的刚性约束以及市场结构的垄断性。

（2）地理环境的刚性约束。无论何种自然资源都具有时空分布非均衡的特点，而对资源禀赋的先天依赖导致了资源企业的地理根植性强于其他类型的企业。资源企业整个产业链的布局都需要考虑原料就近供应的问题，这不仅使得资源产业集群和资源产业园区的规模和发展在空间上受到一定的限制；而且如果资源企业发生位置迁移，还隐含了适应新的地理环境条件所产生的高昂的沉没成本。

（3）垄断性的市场结构。资源的供给安全对社会经济发展的基础性作用决定了国家必须牢牢掌握资源命脉，资源企业的国有性质以及勘查、开采必须有矿权许可证的门槛标准直接限制了其他主体的进入。资源企业的垄断性直接导致资源产品的市场竞争不充分、资源开发利用市场的无序竞争以及超额垄断收益的不合理分配。

（4）对自然生态环境易产生负面影响。作为和自然环境互动作用最为突出的一类企业，资源企业的生产经营过程就是和自然界的运行规律持续协调的过程。资源企业对环境的负面影响较大，极易破坏生态，出现安全事故的概率更高，如废弃物的随意排放、不合理开发诱发的地质灾害、生产条件落后引起的事故都是资源企业对生态环境所施加的不利影响。

（5）企业行为影响的外部性。位于所有产业链上游的资源企业是中下游企业的直接原料来源，其经营管理对其他行业具有示范作用，直接制约下游相关产业的发展，并决定下游企业的加工水平；资源产品价格波动和供求状况的影响会随着产业链的传导呈乘数效应式放大，对下游产业的发展具有决定性的作用。

（6）经济绩效是经营效果、组织形式和功能效应的综合反映。作为社会利益的微观载体，资源企业是资源经济发展的矛盾结合体，承担着利益的创造与分配的责任，肩负着推动区域经济发展的使命；因此，其绩效评价不应该囿于简单的衡量经营效果，还应该包括对组织形式即产业链一体化和整合程度，以及功能效应即经济和社会效应的评价。

（7）产业链整合的深度和广度即组织形式决定资源企业的发展。资源企业的生产原料是经过长时间天然形成的，在储量、品位、品种等特征上具有刚性约束，而资源产品作为其他产品的原材料，生产经营过程包含了从自然资源到最终产品的全部阶段。因此，相较于其他类型的企业，如家电制造业、通信业、食品制造业等，资源企业贯穿了整个资源产品的生产流程，对产业链的一体化程度要求更高，产业链的整合程度决定了资源企业产业链的发展能力。

（8）具有高投入、高收益的投资风险特征。资源企业的初始投资成本较高，基建时间较长，从自然资源的采掘到资源产品上市销售需要漫长的过程和极为精细的管理，这导致绩效可能会滞后产生。虽然传统资源产品的附加值并不高，对人力和知识资本投入量的要求普遍比其他类型企业低，但是一旦攻克了某个关键的技术难题，由此形成的技术优势将难以在短期之内被复制，其效益具有持续性。在经过一段时间稳定的发展后，随着资源的耗竭，开采难度日益加大，采选成本不断提升，如果技术研发或资本投入无法继续跟进以支持资源企业转型，其绩效将逐渐进入递减的阶段。

（9）资源控制权是资源企业的专用性资产。资源企业组织形式的不同直接决定了资源控制方式的差异，对自然资源的依赖要求资源企业的产业链控制权必须落脚在上游的关键环节。同时由于资源的勘探和开采、加工成本占资源企业成本构成的绝大部分，这对资源企业的投资多元化程度也产生了无形的约束，直接影响到财务资源的配置比例以及职能战略间的配比。

（10）对外部环境变化的高度敏感。资源企业的经营绩效对于经济周期的波动和资源价格的涨落非常敏感。当宏观经济环境进入衰退期时，各个行业的增长速度均有所下降，对资源的需求量相应减少，资源企业的发展规模也会相应萎缩；当资源价格高企时，资源企业凭借垄断经营的独特优势，能在市场的拉动下迅猛发展，盈利能力出现较大幅度的提升。除此之外，特别是在工业化的进程中，资源企业经营的安全程度、国际化程度、社会责任的履行程度、生产效率等会直接受到国家政府干预、垄断性管制的影响，行业发展的波动性较大。

1.2　资源企业管理的内容结构

本书主要从资源企业绩效评价、社会责任管理、环境会计管理、循环经济管理、安全管理、产业链整合、跨国并购战略管理七个方面进行具体研究，期望提供一个关于资源企业研究的理论框架。研究方法注重从现实中总结理论，通过对典型资源企业的案例分析，提炼关于相关专题研究的一般化理论，以提高对现实问题的解释力。资源企业管理的内容结构如图1-2所示。建立基于产业竞争背景和企业特性的资源企业管理内容框架是本书的主线。本书的目的在于通过对典型案例的解读，从事后评价、管理工具、空间运作等层次建立资源企业管理的理论分析结构，总结对应的管理方法；围绕资源整合与利益统筹，在持续协调自然契约与社会契约关系的过程中实现资源企业的科学发展和生态价值最大化。

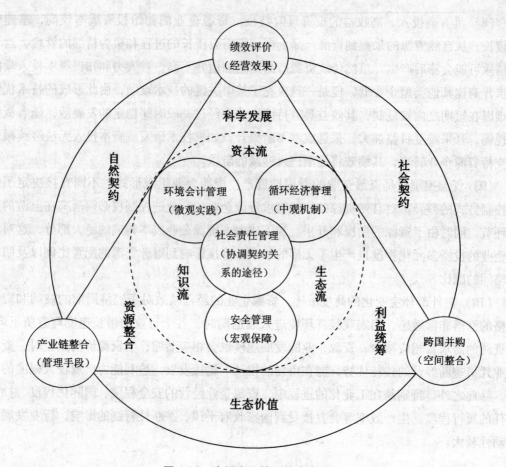

图 1-2 资源企业管理的内容结构

本书各章的主要内容如下：

第一章，导论。主要说明资源产业的竞争背景，界定资源企业的概念和特征，提出本书的思路以及资源企业管理的内容框架。

第二章，资源企业绩效评价。关键问题是设计属性架构和评价指标体系以突出资源企业管理的特殊性。资源企业管理的绩效评价需要建立全面合理的指标体系。它是对资源企业履行社会责任、产业链整合和跨区域资本运作等所有管理活动的综合衡量，可用于适时调整国家资源战略思路和企业的具体经营规则。

第三章，资源企业社会责任管理。关键问题是资源企业如何通过社会责任管理有效履行自然契约与社会契约，合理统筹利益相关者之间的利益关系。社会责任管理以追求生态价值为目标，在资本流、知识流、生态流的和谐共生中，使生态成本和非生态成本最小化，实现利益主体间的和谐共处。环境会计管理、循环经济管理、安全管理构成了资源企业社会责任管理的主要内容。

第四章，资源企业环境会计管理。关键问题是作为社会责任管理的微观实践主体，资源企业如何对环境会计信息进行核算和披露。环境会计管理从社会利益角度计量和揭示资源企业经营活动对环境的影响，以环境会计核算和环境信息披露为手段，旨在向利益相关者提供真实、准确的环境影响效应信息，有助于利益相关者进行合理决策。

第五章，资源企业循环经济管理。关键问题是作为社会责任管理的中观机制，资源企业如何通过发展循环经济实现利益统筹和管理创新。循环经济管理以产业链整合为载体，包括清洁生产、废物利用、污染处理等技术难题的解决。资源企业可以从技术层次、产业层次和利益层次构建不同的循环经济管理模式。

第六章，资源企业安全管理。关键问题是作为社会责任管理的宏观保障，资源企业如何通过安全管理营造和谐的生产和管理氛围。资源企业多属于高危行业，安全管理直接关系到企业发展、环境质量及社会稳定。在资源企业持续改进和外部驱动的相互作用下，安全管理旨在实现"想安全"到"能安全"的递进，维护人与自然间的公共安全。

第七章，资源企业产业链整合。关键问题是资源企业如何通过产业链整合获得资源控制权和持续的竞争优势。资源企业的产业链特征决定了产业链整合是资源企业管理的有效途径。产业链必须从资源驱动型向资本与知识驱动型转变。资源企业通过产业链整合可以拓展资源空间，扩大企业边界，为获得持续竞争优势奠定坚实的资源基础。

第八章，资源企业跨国并购战略管理。关键问题是资源企业如何在全球生产要素配置的竞争环境下实现资本驱动的产业链空间整合。资源企业的跨国并购以获得资源控制权和定价话语权为目标，是产业链区域内整合达到一定程度后向外扩张的必然结果。并购能力和并购风险是决定资源企业跨国并购是否成功的关键因素。

本章参考文献

［1］崔民选. 中国能源发展报告 2008［M］. 北京：社会科学文献出版社，2008.

［2］杨贺盈，黄娟. 技术创新模式选择与资源型企业发展［J］. 中国矿业，2005（7）.

［3］王锋正，郭晓川. 西部地区资源型企业应走自主创新之路［J］. 工业技术经济，2006（7）.

［4］陈懿，杨昌明，王艳平. 资源型企业核心竞争力评价研究［J］. 金属矿山，2007（12）.

［5］田翠香，蔡炯，郭兰英. 试论纳入环境因素的资源型企业绩效评价［J］. 会计之友，2008（5）.

2　资源企业绩效评价

　　"管理的首要职能就是管理经济绩效（德鲁克，1999）。"[1]对于资源企业这类具有特殊行业背景的企业群体而言，绩效评价不仅是衡量其产出效果的重要途径，同时也是资源企业社会责任管理、产业链整合与跨国并购等经营活动的基础。通过科学衡量资源企业绩效，可以适时调整国家资源战略思路和企业的具体经营规则。资源企业的绩效评价应突出资源企业的特殊性，根据由经营效果、组织形式、功能效应组成的属性架构来设计指标体系。本章在对资源企业绩效评价的现有研究成果进行述评的基础上，通过系统分析决定资源企业绩效的因素，建立了绩效评价的属性架构和指标体系，并运用指标体系进行了实证检验和中国神华的案例分析，提出了相应的提升资源企业绩效的建议。

2.1　资源企业绩效评价概述

　　资源企业的绩效评价作为一种运用企业财务数据揭示管理效率的方法和工具，既是资源企业进行环境管理、安全管理、资本运作等经营活动的起点，也是终点。资源企业的绩效评价实质是对企业的财务能力，即筹资能力、投资能力、获利能力进行综合权衡，以在此基础上提升企业的财务管理能力。

2.1.1　资源企业绩效评价的研究现状

（1）资源性企业效益评估[2]

　　马建臣（2003）结合资源企业的特点与现实情况构建了新的企业效益评估指标体系，主要包括衡量资源企业经济效益、社会效益、环保效益的指标。经济效益的指标包括了成本费用利润率、总资产利润率、营运资金周转率、资本保值增值率等；社会效益指标的设置主要从两个线索出发，一是资源企业经营管理与环境的互动所产生的企业社会效益，二是将社会效益和经济效益结合考虑，具体指标包括了社会贡献率（企业社会贡献总额/平均资产总额）和社会累积率（上缴国家财政总额/企业社会贡献总额）；环保效益的评价从政策、经济利益、环保给职工工作时带来的劳动保护和周围居民日常生活带来质的改善和提高、无法用货币计量计算的环保收益等方面进行，具体指标包括了防治污染的投资回收率［（污染防治措施生效前环境质量损失－污染防治措施生效后环境质量损失）/污染防治费用］和污染防治能力弹性指数（环境污染防治能力变化的百分数/环境污染防治投资额变化的百分数）。

（2）石油石化企业业绩评价[3]

徐经长（2003）构建了石油石化企业经营业绩评价的指标体系。定量指标评价体系涵盖了对石油石化企业规模能力状况、财务效益状况、偿债能力状况、资产营运能力状况、持续发展能力状况、技术与创新能力状况、市场开拓能力状况、国际经营能力状况和人力资源能力状况计 9 个方面的评价，并进一步细分为 56 个指标（表 2-1）。

表 2-1　　　　　　　　石油石化企业定量指标的绩效评价体系

评价内容	评价指标	评价内容	评价指标
规模能力状况	原油产量增长率	财务效益状况	经济增加值
	天然气产量增长率		净资产报酬率
	原油剩余可采储量增长率		主营业务利润率
	天然气剩余可采储量增长率		资本保值增值率
	炼油量增长率		成本费用利润率
	成品油销售量增长率		盈余现金保障倍数
	主要化工产品销售量增长率		总资产报酬率
偿债能力状况	现金比率	资产营运能力状况	每股利润
	速动比率		存货周转率
	流动比率		应收账款周转率
	资产负债率		流动资产周转率
	产权比率		不良资产比率
	利息保障倍数		总资产周转率
持续发展能力状况	主营业务收入增长率		油田单位现金操作成本
	主营业务利润增长率		炼油单位现金操作成本
	税前利润增长率		乙烯现金操作成本
	固定资产增长率		销售现金流通费用
	总资产增长率		大修指数
	股东权益增长率		原油加工损失率
市场开拓能力状况	加油站数量及单站加油量	技术与创新能力状况	炼厂利用率
	原油产销率		可供销售产品比率
	成品油产销率		行业领先技术占有量
	成品油零售市场占有率		专利授权数
	石化产品产销率		技术投入比率
	石化产品市场占有率		海外油气储量和产量
人力资源能力状况	人均营业收入	国际经营能力状况	海外营业收入
	人均税前利润		海外资产总额
	人均资产能力		海外投资利润总额

资料来源：徐经长，唐圣林．石油石化企业业绩评价指标体系的构建［J］．经济理论与经济管理，2003，（11）．

（3）油田企业的竞争力评价

王玉谦（2005）指出评价油田企业的国际竞争力要反映企业竞争性的三大层次：一是国际市场上的竞争与发展能力，即构成油田企业国际竞争力的各要素之间有机结合已形成并表现出来的整体实力，称为外显竞争力；二是竞争力的持久性和保障性，能够转化为外在竞争力的各构成要素即内在竞争力，包括企业所拥有的各种资源与能力；三是竞争力的激励性因素，即体制竞争力。从数据的可获得性、评价的简洁性以及可行性出发，设计了操作性较强的实用指标体系，指标体系见表2-2。[4]

表2-2 油田企业国际竞争力指标体系

评价内容	具体指标
整体规模实力	探明储量、油气产量、炼油能力、油品销售
盈利能力	占用资本平均收益率、资本净利率、股东回报率
可持续发展	油气储采比、储量替代率、再投资率
技术创新实力	科技投入率
市场实力	总收入、总资产、净利润、原油综合成本
经营管理	流动比率、产权比率、总资产周转率

资料来源：王玉谦. 中国油田企业国际竞争力研究 [M]. 北京：石油工业出版社，2005.

傅琦（2006）把现阶段我国石油加工业企业竞争力的指标体系分为了生存竞争力、经营管理竞争力和可持续发展竞争力三个要素，九个子要素，共45个指标。其中，生存竞争力包括规模竞争力、成本竞争力、市场竞争力，经营管理竞争力包括盈利竞争力、资产运营竞争力、偿债竞争力，可持续发展竞争力包括创新竞争力、成长竞争力、人力资源竞争力。[5]

（4）价值比较研究[6]

刘建刚（2006）针对矿产资源型（煤炭、有色金属、油气开采）上市公司进行研究，为了发现资源价值更高、增长潜力更大的投资标的，提出了考察矿产资源型上市公司价值的主要标准。在评价指标的选取上，采取了单一指标和组合指标相结合考评的方法。单一指标包括了剩余可采储量、经济价值、每股经济价值、单位投入经济价值、每股盈利能力、吨煤净利润、剩余服务年限等。由于矿产类型的上市公司因资源禀赋差异而各具比较优势，为考察其综合竞争力，遵循投资收益最大化的原则，根据DCF模型"企业净现值是未来现金流贴现后的总和"，得出"单位投入回报率，服务年限"这一组合指标可以更准确地反映资源型上市公司投资回报率。因为对于资源型企业而言，矿产资源占有量越多，矿山服务年限越长，其持续经营能力越强；在同等现金流入的情况下，其净现值越大。

（5）绿色评价[7]

为响应国家"十一五"规划"节能减排"的号召，切实提高节能减排工作成效，中国社会科学院中国经济技术研究咨询有限公司推出了中国能源企业绿色评价体系。评价指标体系按照层次分析法的要求，以能源企业绿色评价为目标层，以资源利用、环境保护、循环利用、经济效益和社会责任五个一级指标为准则层，着力评价能源企业在节能环保方面的工作成效。针对煤炭开采、焦炭、原油开采、石油化工、火电以及新能源六个子行业的特殊性，分别选取典型的二级指标建立评价体系。指标体系结构如表2-3所示。

表2-3　　　　　　　　　　　　　　资源企业绿色指标评价体系

准则层指标	资源利用	环境保护	循环利用	经济效益	社会责任
煤炭企业绿色指标评价体系	煤炭回采率 万元产值综合能耗 煤共伴生资源综合利用率	煤炭入选率 废水污染治理率 有无重大生态破坏投诉	煤矸石利用率 瓦斯综合利用率 矿井水利用率 洗煤废水闭路循环率	利润率 净资产收益率 发展循环经济的效益	百万吨煤死亡率 采煤塌陷区复垦率 万吨掘进率 是否通过安全认证体系认证 是否发生重大安全事故
焦炭企业绿色指标评价体系	配煤比 全焦率 吨焦电耗量	烟尘、粉尘去除率 二氧化硫去除率 有无重大生态破坏投诉	煤焦油回收率 焦炉剩余煤气回收利用率 工业用水重复利用率	同上	安全隐患整改资金投入比例 企业环境改进事业投入比例 企业技术创新投入比例 是否通过ISO14000环境管理体系认证 是否发生重大安全事故
原油开采企业绿色指标评价体系	原油采收率 油气田开发综合能耗 采油强度	废水污染治理率 含油污泥的综合处理率 有无重大生态破坏投诉	—	同上	同上
石油化工企业绿色指标评价体系	万元增加值综合能耗 原油加工综合能耗 乙烯综合能耗	废水污染治理率 烟尘、粉尘去除率 有无重大生态破坏投诉	工业用水重复利用率 固体废物综合利用率 是否建立循环经济示范区	同上	同上
火电企业绿色指标评价体系	标准煤耗 用电率 耗水率	二氧化硫去除率 烟尘、粉尘去除率 废水排放达标率 二氧化碳排放率	循环水综合利用率 粉煤灰、炉渣综合利用率 热、气综合利用率	同上	脱硫设备投入比例 企业环境改进事业投入比例 企业技术创新投入比例 是否通过ISO14000环境管理体系认证 是否发生重大安全事故

表 2-3（续）

准则层指标	规模化水平	技术水平	市场化水平	社会责任
新能源企业绿色指标评价体系	生产能力占行业整体生产能力比重 生产设备容量占行业整体生产设备比重 是否有规模化生产技术	拥有科研专利数 国产设备比重 转化效率 单位占地面积产值	利润率 投资回报率 市场占有率	企业环境改进事业投入比例 企业技术创新投入比例 承担国家科研项目数 承担国家示范推广项目数

资料来源：崔民选. 中国能源发展报告 2008 ［M］. 社会科学文献出版社, 2008.

运用此指标体系，采用中国经济技术研究咨询有限公司能源评价中心"2007 中国能源绿色企业指数调查数据库"的数据，经过能源企业绿色指数模型的实际计算得出能源绿色指数综合得分，排名在前 50 名的企业即为中国能源企业 50 佳。前十名的企业代表分别是鹤壁煤业（集团）有限责任公司、山西三佳煤化有限公司、中国石化胜利油田分公司、山西潞安矿业（集团）有限责任公司、深圳市能源集团有限公司、国能生物发电有限公司、宝钢集团有限公司焦化厂、河南水城煤电集团有限责任公司、山西金晖集团有限公司。

现有研究的不足之处在于：第一，有的指标体系依然没有反映出资源企业管理的特殊性，只适用于对一般企业的普遍性评价；有的指标体系尽管已经设计了一些反映资源企业特殊性的指标，但视角比较狭窄，局限于开采效率、资源产品产量、市场占有率等常见的指标，侧重于财务指标的评价，忽视了非财务信息，涵盖内容不够全面；有的指标体系专门为资源企业而建，比如绿色评价指标体系，但也只是侧重于单独的一个方面，如环境绩效。以上问题存在的根源都是对决定资源企业绩效的因素没有作出系统的分析，且没有得出合理的绩效评价的属性架构，而这恰恰是绩效评价的理论基础和指标设计的根据。第二，现有绩效评价只是针对资源企业个体而言，在外部宏观经济环境和产品市场竞争强度对企业经营行为影响权重越来越大的客观环境下，资源企业的绩效评价内容绝不应该仅仅只是评价企业，而是应该把企业放到产业背景下，对资源企业的组织形式和功能效应，比如产业链的结构和一体化程度、对区域经济的带动作用进行总体评价，以便从战略层次认清资源企业经营管理的薄弱之处并加以改进。第三，现有研究有的只是提出了理论上的指标体系，有的指标体系被代入实际数据进行了验证性分析，但是没有给出具体的应用方法和过程步骤以及指标如何量化，这可能会影响指标体系的应用价值和可操作性。

2.1.2 资源企业绩效评价的基本原则

（1）共性与个性相结合

资源企业的绩效评价既要遵循一般企业绩效评价的共性规律，也要体现出其特殊的产业特性，即评价指标体系至少应该包括两个部分：共性指标体系与个性指标体系。共性指标体系包括了传统的财务指标和非财务指标，而个性指标体系则是专门为资源企业设置具有资源产业背景特色的指标作为共性指标的有机补充；在为资源产业与其他产业财务能力对比分析提供可比性基础的同时，更为全面地评价资源企业的绩效。

（2）财务指标与非财务指标相结合

运用公司定期披露报告中的数据计算的财务指标和报表附注信息涵盖了资源企业绩效评价的绝大部分，但要科学评价资源企业的绩效，非财务指标补充说明的重要性同样不可忽视。非财务指标的数据信息来源于公司网站、公司公告、媒体报道、内部资料等渠道，主要包括了主流媒体对企业的评价、行业竞争力排名、消费者满意度调查等。对非财务信息进行分析，可以起到验证财务指标的绩效评价是否准确可靠的作用，间接为预测企业未来的发展前景和绩效走势提供依据。

（3）客观评价与主观评价相结合

鉴于企业内部数据资料的可得性以及个别指标在量化计算方法上的难以实施，要完全达到对资源企业绩效的客观评价是不现实的。通过专家评分法、层次分析法、模糊评价法等主观评价方法，对不容易取得数据的指标主观评分，可以避免不恰当地转换指标进行量化可能导致的信息失真；同时客观评价与主观评价的结合需要采取不同的评价方法加以组合使用，也可以起到相互较正和检验的作用。但是需要注意的是，在进行主观评分时，需要说明评分的理由和提供评分的依据。

（4）效率评价与和谐评价相结合

由于一体化程度更高的特性，资源企业绩效良好的主要表现是在产业链协调发展的基础上实现最高效率。协调发展的基本要求就是要发挥资源产业链"1＋1＞2"的协同效应，资源产业链内部要素之间、与外部环境之间均要实现协调发展，而最高效率体现在资源企业所开展的一切经营活动都要以提高产业链整体的效率为目标。因此，在评价资源企业的绩效时，应注意效率评价与和谐评价的结合，既应设置评价产业链整体绩效的指标，也应设置反映产业链环节之间、与外部环境是否协调匹配的指标。只侧重于结果忽视过程，或者只注意过程忽视结果的评价体系都不能准确衡量资源企业的绩效。

（5）经济绩效评价与环境绩效评价相结合

资源企业的经营活动对生态环境的负面影响较为明显，因此，必须注意经济绩效与环境绩效的结合。经济绩效评价是对资源企业通过不断改善经营获取利润能力的评价，既应包括对企业经营规模即数量维、经营效率即质量维的评价，也应包括对获取利润能力的持续性——发展潜力即时间维的评价。环境绩效评价是资源企业运作对环境的影响力评价，从企业内部资源的利用能力和企业外部环境的改善能力入手来评价资源企业和生态环境之间的互动关系。

（6）企业评价与产业链评价相结合

产业链作为打破空间约束的一种企业整合资源的机制，是企业进行战略管理的有效途径。资源企业的绩效评价立足于企业本身，但是不应该囿于企业个体，全面的资源企业绩效评价是企业评价与产业链评价相结合、微观评价与宏观评价相结合。评价的内容不仅包括企业的经营效果和效率，还应该包括产业链的完整性和一体化程度，这样得出的评价结果能更为合理地体现出资源企业的经营特殊性。

2.2 资源企业绩效评价的属性架构

资源企业的绩效评价既为评价资源企业经营效率和效果，为比较不同区域、不同行业、不同规模的资源企业绩效提供依据，又为资源企业改善经营的关键环节以及薄弱环节的确定提供导向作用。评价指标体系的建立首先需要对资源企业绩效的决定因素进行系统分析以及构建评价的属性架构。

2.2.1 资源企业绩效决定因素的系统分析

根据系统科学理论的观点，系统是指由相互联系、相互制约的若干组成要素结合在一起并具有特定功能的有机整体。系统科学理论将事物或现象看做一个整体来研究，从全局分析事物内部要素之间以及要素与外部环境的关系。任何系统的竞争力都与它的组成要素、要素之间的相互作用以及功能的发挥这三个属性有关。

除了偿债能力、营运能力、盈利能力、现金流量充裕度等决定企业绩效的通用要素之外，对于资源企业而言，决定其绩效的组成要素还有矿业权价值。资源企业财富的最大源泉在于其矿业权，而矿业权的要素包括期限、可采储量、矿种品质等，资源企业实际是一个将矿业权逐步变现的组织。有效的管理组织可以将变现的成本最小化，并通过管理和品牌的附加提升变现收益[8]。资源企业依附于矿业权的取得而存在。我国的资源管理体制决定了矿产资源的所有者是国家，矿业权必须由国家统一分配，因此，资源企业矿业权价值的大小直接关系到其未来发展的潜力、在各项资源供给上的支撑力度，制约着企业销售收入的增加，从侧面间接反映出了产品市场对资源企业经营的认可程度。矿业权价值表现在剩余可采储量、剩余服务年限、正常开采投资收益、预期开采期权收益等方面。

要素之间的相互作用体现在资源企业的组织形式即产业链的一体化程度上。资源企业从资源开采开始，要经历勘探、开采、加工、销售等生产环节，需要根据产业链的内在逻辑，从纵向、横向、侧向的三维视角合理布局资源的配置比例。比如确定产业链的关键环节，确定把资源控制权定位在产业链的上游、中游，还是下游。这又进一步引申出了资源企业的生产战略、财务战略、营销战略如何有效组合的问题。资源企业的产业链整合程度或者一体化程度越强，其资产专用性越高，在增强合约谈判力度的同时，沉没成本和机会成本也会随之升高。因此，一体化的程度与资源企业的绩效之间存在紧密的联系。

经营效果和组织形式侧重于资源企业行为目标的评价，资源企业社会责任的履行状况、对资源产业乃至区域经济社会发展是否起到了积极的带动作用则是侧重于系统功能效应的发挥。资源产业链运作的整个过程基本上都在对生态环境施加负面影响。特别是资源的开采和加工过程，比如矿山植被的破坏、采矿区的塌陷、生产资源产品时排放的三废对空气和水体的污染等。对不可再生矿产资源禀赋的严重依赖和对自然环境的影响要求资源企业必须比其他类型的企业承担更多的社会责任：把依附于国家权威和永久性消费市场获取的超额收益反哺社会大众；通过缴纳税费、公益捐赠、社区治理等履行相对应的社会责任；依托资源产业链的纵向、横向、侧向整合，吸纳劳动力，扩大就业，带动资源产业和其他第三产业，进而推动区域经济的发展。

2.2.2 资源企业绩效评价的属性架构分析

资源企业绩效评价的属性架构是基于系统论中的系统的层次性原理而建立的，由若干个层次构成，将诸多复杂问题分解为若干层次进行逐步分析比较。系统层次架构一般由目标层、准则层、因素层和子因素层构成。图 2-1 勾勒出了资源企业绩效评价的系统分析轮廓。

由图 2-1 可知，资源企业的绩效评价可直接表现为三级结构的六个方面。其中：①资源企业经营效果的评价主要包括对其经济效益和矿业权价值的评价。经济效益评价是对资源企业不断优化产业链、改善经营获取利润能力的评价，应包括对企业经营规模即数量维、经营效率即质量维的评价，是从企业共性的角度对资源企业的绩效进行评价。资源企业的价值评价实质是对矿业权价值的评价。矿业权的取得是资源企业生存的基础，而矿业权的价值大小则关系到资源企业未来的持续经营。可见，企业是否拥有足够的矿产资源和如何利用矿产资源决定了矿业权价值。因此，对矿业权价值的评价分为两个部分：发展潜力和投资收益。发展潜力侧重于资源企业尚有多少可用矿产资源和尚能使用的年限，投资收益侧重于正常开采所能取得的现实收益和预期开采所能取得的不确定收益。②资源企业组织形式的评价主要分为对资源产业链一体化程度和资源产业链整合程度的评价。一体化水平高表现在资源企业的产业链环节完整、不同环节的布局合理、产业结构高度化，这是立足于结构空间角度的评价。而资源产业链的整合程度可以分解为纵向、横向、侧向整合程度的综合衡量：纵向整合着眼于产业链环节的完整性、延伸力以及耦合度，实现由点到线的过渡；横向整合突破单一资源产业链整合，着眼于产业链整合范围的横向集群式扩展，实现由线到面的过渡；侧向整合突破单一资源产业整合，着眼于不同性质的产业链间整合，其实质是产业整合，实现由面到网的过渡，这是立足于结构和谐角度的评价。③资源企业功能效应的评价主要分为经济效应评价和社会效应评价。经济效应是资源企业经营对整个资源产业的主导作用以及对区域经济的带动作用，社会效应是资源企业对自然环境施加的影响。资源企业的运作是在资源承载力基础上的可持续的发展过程，需要从被动和主动两个角度，从企业内部资源的利用能力和企业外部环境的改善能力入手来识别资源企业和生态环境之间的互动关系。而资源企业社会责任的履行不仅包含了对生态环境的治理，还包含了资源企业对凭借垄断地位获取的超额收益的再分配，比如资源税和资源补偿费的缴纳、对绿化和排污费的会计披露、对社会公益事业的参与程度等。

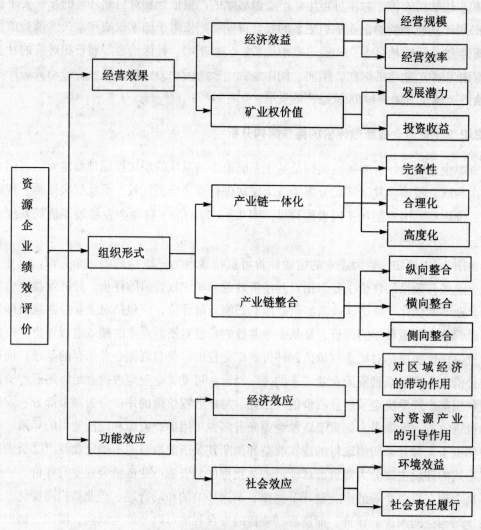

图 2-1　资源企业绩效评价的属性架构

2.3　资源企业绩效评价的指标体系

根据资源企业绩效评价的属性系统分析架构，对描述属性的若干个子因素找出适当的指标与之对应，设计出了资源企业绩效评价的四级指标体系，既包括了定量指标，也包括了定性指标。通过对资源企业在财务、业务、产业链关系、安全生产、环境保护、社会责任、科技创新、员工情况等方面的全面衡量，力求刻画出资源企业经营绩效的全貌。在对资源企业进行大样本实证检验或对案例企业进行绩效评价时，可以根据信息资料的可获得性，结合案例企业经营业务的特殊性，选择符合要求的四级指标或根据建立指标体系的原则，设计个别新的指标，从而构建合理的子指标体系来进行评价。第四节和第五节分别以资源企业大样本和中国神华公司为例对其绩效进行了评价。由于上市公司在数据披露规则选择上的灵活性，许多指标的计算口径存在不一致，而且披露时间具有不连续的特征，主观随意性表现得尤为明显；因此，在对资源企业绩效大样本进实证检验时，主要采用的是会计准则强制披露的财务数据，而对中国神华的案例分析则侧重于突出其资源企业的特殊性，从资源储量、矿业权价值、环保投入等方面来对财务数据评价作有机补充。

表 2-4 资源企业绩效评价的指标体系

一级指标	二级指标	三级指标	四级指标	备注
资源企业经营效果评价指标	经济效益指标	经营规模指标	总资产的对数	定量指标
			主营业务收入的对数	定量指标
			主导资源产品产量	定量指标
			主导资源产品销售量	定量指标
			全球同类矿业公司市值排名	定量指标
		经营效率指标	偿债能力指标	定量指标
			营运能力指标	定量指标
			盈利能力指标	定量指标
	矿业权价值	发展潜力	主导资源产品可采储量	定量指标
			主导资源产品可售储量	定量指标
			主导资源产品可开采年限	定量指标
			主导资源储采比	定量指标
			技术员工占员工总数的比例	定量指标
			主导资源产品生产外向程度系数	定量指标
			累计获得专利的授权数	定量指标
		投资效益	采矿权价值	定量指标
			主导资源产品市场占有率	定量指标
			企业利润年增长率	定量指标
			劳动生产率	定量指标
			每名技术人员产生的利润额	定量指标
			成长程度系数	定量指标

表2-4（续）

一级指标	二级指标	三级指标	四级指标	备注
资源企业组织形式评价指标	产业链一体化程度的评价指标	完备性	企业股权集中度 产业链上中下游是否完整	定量指标 定性指标
		合理化	生产百万吨死亡率 产业链上中下游产值比例	定量指标 定量指标
		高度化	采掘机械化率 下游新产品产值占企业总产值的比重	定量指标 定量指标
	产业链整合程度的评价指标	纵向整合程度	五大外部客户收入占经营收入的比例 五大供货商购买金额占总购买额的比例	定量指标 定量指标
		横向整合程度	涉足资源产业的多元化程度	定量指标
		侧向整合程度	涉足第三产业的多元化程度	定量指标
资源企业功能效应评价指标	经济效应评价指标	对区域经济的带动作用	企业利润总额占区域 GDP 的比重 企业固定资产投资占区域社会固定资产投资的比重 企业员工数占区域从业人员总数的比重 企业上缴的所得税总额占区域财政收入的比重	定量指标 定量指标 定量指标 定量指标
		对资源产业的引导作用	感应度系数 影响力系数	定量指标 定量指标
	社会效应评价指标	环境效益	研发投入强度 环保投入强度 捐赠支出强度 安全投入强度 平均回采率	定量指标 定量指标 定量指标 定量指标 定量指标
		社会责任履行	每股社会贡献值	定量指标

2.4 资源企业绩效评价的实证检验

世界经济的发展导致对资源需求猛增，拉动资源价格上涨。由于此轮上涨周期源自正常经济增长因素的推动，并非人为、投机、战争引起，因此资源价格的高位运行具有持续性。基于资源价格高企的宏观背景，市场结构具有双重垄断特性的资源行业经营绩效理应显著提高。但是实际是否如此呢？

从国内环境来看，一方面，资源行业由政府主导，属于垄断的市场结构，拥有许多特权和行政优势，突出表现为资源企业职工的年薪收入远远高出平均水平。如中石油 2005

年度将 675.8 亿元用于人工成本，同比增长 22.2%，这一数字比中部大省河南一年的地方财政收入 537.5 亿元还要多。[①] 另一方面，2005 年底和 2006 年底中石化以国际油价上涨为由从财政部获得了两次巨额补贴，总额达 150 亿元，以弥补其中游业务的政策性亏损；2007 年底，再次以执行国家成品油价格造成亏损为理由，向国家申请财政补贴。这种暗抵收入的非市场化短期行为遭到审计署的批评，社会各界也对财政部此项带有计划经济色彩的行政干预提出质疑。如果资源企业经营绩效良好，为什么还会多次得到国家的巨额补贴呢？如果其经营绩效不尽如人意，为什么职工年薪收入又会如此之高呢？因此，资源行业的盈利能力究竟如何，亟须给予科学回答。本章的大样本实证检验立足于产业背景，从资源行业兼具自然垄断与行政垄断双重特性的角度出发，对其盈利能力进行实证研究，以客观认识其盈利状况。

2.4.1 样本选择与数据收集

我们先按照中国证券监督管理委员会产业分类指引的标准确定资源类上市公司的范围。该指引包括 13 个门类，91 个大类和 288 个中类，样本公司来源于采掘服务业、采掘业、黑色金属矿采选业、黑色金属冶炼及压延加工业、煤炭采选业、石油和天然气开采业、石油加工及炼焦业、有色金属矿采选业、有色金属冶炼及压延加工业。为了方便统计，进一步将样本公司作行业划分和区域划分。按照行业构成，样本公司分为矿产类和冶金类。其中矿产类包括采掘服务业、采掘业、黑色金属矿采选业、煤炭采选业、石油和天然气开采业、石油加工及炼焦业；冶金类包括有色金属冶炼及压延加工业、黑色金属冶炼及压延加工业。按照区域构成，样本公司分为东部地区样本、中部地区样本、西部地区样本。其中东部地区包括辽、冀、京、津、鲁、苏、沪、浙、闽、粤、琼 11 省市，中部地区包括黑、吉、晋、豫、皖、鄂、赣、湘 8 省，西部地区包括陕、甘、宁、云、贵、川、渝、青、藏、疆、桂、内蒙古 12 省区。

在研究时段起始点的界定上，由于石油是当前世界消费量最大的基础经济资源，而且处于几乎所有产业链的顶端，石油价格高企的示范效应会导致资源价格的整体性上升，连锁反应会波及所有产业；因此，采用美国西德克萨斯轻质原油（WTI）的原油现货价格来衡量世界资源价格的变化。图 2-2 是 1990—2008 年 WTI 原油现货价格的走势图。

图 2-2 中，最近的一轮油价上升周期以 2001 年为起点，截至 2008 年都保持在高位运行。为使样本公司在实证中处于同质的外部环境，并考虑到个别特别影响权重的公司的上市日期及由此带来的数据披露问题，本书选择的样本公司为 2002 年以前上市的资源类公司，分析时窗界定为 2001—2008 年，并根据上交所、深交所和巨潮资讯等网站公布的信息获得样本公司的基本资料。经过遴选得到适用于本文分析的资源类上市公司：首先，

---

① 单东，张恒金. 垄断行业的伪市场化评析 [N]. 经济学消息报，2006-10-20.

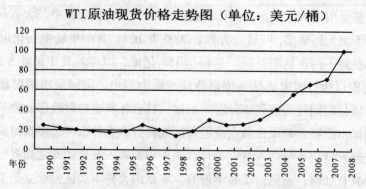

图 2-2 1990—2008 年 WTI 原油现货价格走势图

资料来源：作者根据国土资源部信息中心编著的《世界矿产资源年评》和公开资料整理。

样本公司全部为 A 股上市公司。对于分别在 A 股和 B 股同时上市的公司以及以转债形式上市的公司，只保留其 A 股上市公司。其次，为了便于比较分析，选择八年内始终处于本书界定的资源类行业所属的上市公司，最终得到适用于本文分析的资源类上市公司。由于上市公司的数目每年都会发生变化，因此，样本每年的数目可能会存在差异。本章的分析并没有采用唯一的样本数，尽管可能会影响时间前后的可比性，但却全面考查了资源类上市公司代表的整个行业历年的经营绩效状况。2001—2008 年资源类上市公司样本的数目如表 2-5 所示。以 2008 年为例，样本公司的特征见表 2-6。

表 2-5　　　　　　2001—2008 年资源类上市公司样本数目

年份	2001	2002	2003	2004	2005	2006	2007	2008
样本公司数目	67	75	81	85	85	91	90	88

表 2-6　　　　　　2008 年样本公司特征

股权结构①			行业构成		区域构成		
国有绝对控股	国有相对控股	非国有控股	矿产类	冶金类	东部	中部	西部
40.91%	27.27%	31.82%	37.5%	62.5%	37.5%	32.95%	29.55%

表 2-5 说明资源类上市公司的数目经历了一个由少到多，基本稳定，再逐渐减少的变化过程。但总体而言，样本数量的波动起伏较为平稳，平均数在 83 家左右。表 2-6 的数据说明近 70% 的样本公司为国有控股公司，其中，较之国有相对控股公司，国有绝对控股公司还占据了绝大部分比重，可见整个资源行业具有明显的国家垄断特性，政府干预

———

①　这里把国家持有股本在50%及以上的公司界定为国有绝对控股公司，把国家持有股本在［30%，50%）之间的且相对大于其他经济成分所占股本比例的公司界定为国有相对控股公司。

行为对其经营行为的影响权重相比其他行业要大得多。行业构成中冶金所占比重较大，区域构成中东部所占比重最大。但是，西部地区才是我国资源的富集地；目前已发现的171种矿产在西部地区均有发现，有探明储量的矿种达132种。45种主要矿产保有储量的潜在价值高达44.97万亿元，占全国总量的50.85%，接近于中西部之和。[9]而表2-6却反映出东部地区的资源类上市公司反而要多一些，这说明了西部地区的资源类企业在经营规模和经营业绩等方面与上市标准还有差距，开发潜力还有待进一步挖掘。

本章所采用的平行数据来自深圳国泰安信息有限公司CSMAR数据库以及巨潮资讯网站提供的上市公司年度报告。数据用SPSS16.0软件进行处理。

2.4.2 指标体系设计

为全面反映样本公司盈利能力，选取26个指标变量构建评价体系。相关指标的详细定义见表2-7。

表2-7　　　　　　　　　　　样本公司指标变量表

指标名	指标代码	指标定义	说明
流动比率	LR	流动资产/流动负债	
速动比率	SR	（流动资产－存货）/流动负债	
现金比率	CR	（现金＋短期投资）/流动负债	评价偿债能力
资产负债率	DAR	负债/资产	
已获利息倍数	RIM	（利润总额＋财务费用）/财务费用	
资产周转率	RA	主营业务收入/平均资产	
存货周转率	RI	主营业务成本/平均存货	评价营运能力
应收账款周转率	RR	主营业务收入/平均应收账款	
主营业务收入对数	RE	LN（主营业务收入）	评价公司规模
资产对数	AS	LN（资产）	
流动资产比	LA	流动资产/资产	
固定资产比	FA	固定资产/资产	评价资产结构
无形资产比	IA	无形资产/资产	
短期借款比	SD	短期借款/负债	评价负债结构
长期借款比	LD	长期借款/负债	
财务张力	FT	（现金＋短期投资）/总资产＋未使用的债务能力，其中未使用的债务能力＝MAX（0，同行业的平均负债比率－本公司的负债比率）	评价投资能力
新增投资	NI	（本期末：固定资产净额＋在建工程净额＋长期投资净额）－（上期末：固定资产净额＋在建工程净额＋长期投资净额）/期初总资产	

表2-7（续）

指标名	指标代码	指标定义	说明
行业集中度	HHI	赫芬达尔指数，$\sum_{i=1}^{n}\left(X_i/\sum_{i=1}^{n}X_i\right)^2$，其中 X_i 为公司 i 在本行业的主营业务收入	评价行业发展状况
行业风险度	DA	息税前利润总额/总资产的标准差	
营业毛利率	GPM	主营业务利润与主营业务收入的比率	度量生产经营业务获利能力
营业净利率	NPM	净利润与主营业务收入的比率	度量生产经营业务获利能力
资产收益率	ROA	净利润与期初、期末资产均值的比率	从所占和所得的角度度量资产获利能力
成本费用利润率	ROCE	营业利润与主营业务成本、主营业务税金及附加、销售费用、营业费用、管理费用、财务费用之和的比率	从所费和所得的角度度量投入资源的获利能力
每股收益	EPS	净利润与总股数的比率	度量股东获利能力
每股经营活动现金净流量	CPS	经营活动净现金流量与总股数的比率	现金流量指标补充度量盈利质量
经营活动产生的净现金流量与营业利润之比	ROCR	经营活动净现金流量与营业利润的比率	现金流量指标补充度量盈利质量

注：（1）由于 2007 年实行了新的会计准则，会计报表中个别科目名称发生了变化，这里涉及的主要有用 CSMAR 数据库中披露的营业收入来代替以往的主营业务收入，用营业成本来代替以往的主营业务成本，在长期债权投资净额为 0 的情况下用长期股权投资净额来代替长期投资净额；（2）个别指标的文献出处：财务张力（赵蒲，等，2004[10]）、新增投资（陆正飞，等，2006[11]）、行业风险度（Minton，等，2001[12]）。

2.4.3　研究方法设计

首先对反映单个样本公司经营绩效的指标（除行业集中度和行业风险度外）2001—2008 年的数据采用主成分分析处理，构建经营绩效指数来综合反映资源类上市公司的经营情况。此部分的数据处理使用 SPSS16.0 中的 factor analysis 模块完成。

2.4.4　研究分析过程

（1）数据的同向化和标准化处理

（2）求解所有指标变量的相关系数矩阵并作假设检验

由表2-8的检验结果可以看出，通过样本计算的 KMO 测度值均在 0.5 以上，巴特利特球体检验的显著性水平均为 0.000，小于 0.01。因此变量相关程度较高，八个相关系数矩阵均通过检验。

表2-8　　　　　　　　　　　　　　假设检验结果

年份	KMO 测度值	巴特利特球体检验值（sig.）
2001	0.610	1 639（0.00）
2002	0.584	1 775（0.00）
2003	0.646	1 952（0.00）
2004	0.618	1 987（0.00）
2005	0.620	2 234（0.00）
2006	0.579	1 845（0.00）
2007	0.522	1 886（0.00）
2008	0.503	2 584（0.00）

（3）提取主成分

各原始变量提取主成分后的特征根及方差贡献率、累积方差贡献率见表2-9。由于篇幅所限，这里只给出了2001年的结果（表2-10和表2-11类似）。根据特征根大于1的原则，提取前七个主成分，设为F_1、F_2、F_3、F_4、F_5、F_6、F_7，累积方差贡献率为78.081%，说明它们可以概括原始指标变量78%以上所包含的信息。

表2-9　　　　　　　　　　　2001 年各主成分特征根及贡献率（%）

Component	Initial Eigenvalues			Extraction Sums of Squared Loadings		
	Total	% of Variance	Cumulative %	Total	% of Variance	Cumulative %
1	5.349	22.288	22.288	5.349	22.288	22.288
2	5.133	21.386	43.674	5.133	21.386	43.674
3	2.706	11.273	54.947	2.706	11.273	54.947
4	1.657	6.905	61.852	1.657	6.905	61.852
5	1.577	6.571	68.423	1.577	6.571	68.423
6	1.266	5.274	73.697	1.266	5.274	73.697
7	1.052	4.384	78.081	1.052	4.384	78.081
8	0.916	3.817	81.898			
9	0.854	3.558	85.456			
10	0.762	3.176	88.632			
11	0.685	2.853	91.485			
12	0.515	2.146	93.630			
13	0.361	1.504	95.134			
14	0.294	1.224	96.358			
15	0.234	0.974	97.332			
16	0.193	0.804	98.136			
17	0.145	0.603	98.739			

表 2 - 9（续）

Component	Initial Eigenvalues			Extraction Sums of Squared Loadings		
	Total	% of Variance	Cumulative %	Total	% of Variance	Cumulative %
18	0. 113	0. 469	99. 208			
19	0. 077	0. 322	99. 530			
20	0. 044	0. 182	99. 713			
21	0. 032	0. 133	99. 846			
22	0. 023	0. 094	99. 940			
23	0. 011	0. 047	99. 987			
24	0. 003	0. 013	100. 000			

（4）计算主成分得分和综合盈利能力指数

主成分载荷矩阵和主成分得分系数矩阵分别见表 2 - 10、表 2 - 11。

表 2 - 10 中，以主成分 F_1 和主成分 F_2 为例，第一主成分 F_1 在 RE、AS、LA、FA、IA、SD、LD、NI、NPM、ROA、ROCE、EPS 上有较大载荷，即 F_1 与它们的相关程度较高，F_1 主要包括了这 12 个指标的信息。F_1 的贡献率为 22.288%，高于其余六个主成分，这说明 F_1 所包含的 12 个指标在 2001 年对企业经营绩效影响最大。F_1 主要揭示出样本公司资产规模、资产结构、借款结构以及经营管理的盈利能力。第二主成分 F_2 在 LR、SR、CR、DAR 上有较大载荷，F_2 的贡献率为 21.386%，揭示出样本公司的短期和长期偿债能力以及财务张力。

表 2 - 10 主成分载荷矩阵

指标变量	Component						
	F_1	F_2	F_3	F_4	F_5	F_6	F_7
LR	0. 035	0. 871	0. 246	0. 218	0. 226	0. 155	0. 012
SR	0. 049	0. 874	0. 228	0. 241	0. 215	0. 123	- 0. 077
CR	0. 187	0. 826	0. 202	0. 225	0. 147	0. 156	- 0. 168
DAR	- 0. 299	- 0. 688	- 0. 275	0. 127	0. 233	0. 075	- 0. 019
RIM	- 0. 172	- 0. 091	- 0. 163	0. 665	- 0. 508	0. 227	0. 257
RA	0. 252	- 0. 030	0. 729	- 0. 138	- 0. 286	0. 027	0. 325
RI	0. 242	0. 213	0. 514	0. 063	- 0. 401	- 0. 153	0. 020
RR	0. 327	- 0. 043	0. 327	- 0. 676	0. 409	- 0. 114	0. 002
RE	0. 586	- 0. 466	0. 466	0. 108	0. 143	0. 158	0. 001
AS	0. 578	- 0. 468	0. 216	0. 191	0. 286	0. 175	- 0. 126
LA	- 0. 533	0. 519	- 0. 254	- 0. 107	0. 271	0. 164	0. 263
FA	0. 627	- 0. 503	0. 056	0. 099	- 0. 178	- 0. 037	- 0. 197

表 2 – 10（续）

指标变量	Component						
	F_1	F_2	F_3	F_4	F_5	F_6	F_7
IA	−0.417	0.138	0.263	−0.011	−0.340	−0.389	−0.129
SD	−0.570	−0.081	−0.341	−0.041	0.118	0.169	0.239
LD	0.452	−0.340	0.171	0.262	0.233	0.390	−0.007
FT	0.208	0.878	0.178	0.077	−0.002	−0.113	−0.080
NI	0.370	−0.182	−0.111	0.053	−0.019	0.268	−0.277
GPM	0.331	0.296	−0.660	0.038	−0.080	−0.102	−0.434
NPM	0.705	0.352	−0.463	−0.091	−0.105	−0.061	0.173
ROA	0.835	0.216	−0.258	−0.143	−0.051	0.071	0.317
ROCE	0.746	0.358	−0.397	−0.050	−0.091	−0.108	−0.086
EPS	0.817	0.066	−0.287	−0.104	−0.074	0.035	0.406
CPS	0.441	−0.319	−0.042	0.356	0.199	−0.571	0.045
ROCR	−0.018	−0.042	0.005	0.494	0.520	−0.500	0.269

表 2 – 11　　　　　　　　　主成分得分系数矩阵

指标变量	Component						
	F_7	F_1	F_2	F_3	F_4	F_5	F_6
LR	0.007	0.170	0.091	0.132	0.144	0.122	0.011
SR	0.009	0.170	0.084	0.145	0.137	0.097	−0.073
CR	0.035	0.161	0.075	0.136	0.093	0.123	−0.160
DAR	−0.056	−0.134	−0.102	0.077	0.148	0.059	−0.018
RIM	−0.032	−0.018	−0.060	0.401	−0.322	0.180	0.244
RA	0.047	−0.006	0.269	−0.083	−0.181	0.022	0.309
RI	0.045	0.041	0.190	0.038	−0.254	−0.121	0.019
RR	0.061	−0.008	0.121	−0.408	0.259	−0.090	0.002
RE	0.110	−0.091	0.172	0.065	0.091	0.125	0.001
AS	0.108	−0.091	0.080	0.115	0.181	0.138	−0.119
LA	−0.100	0.101	−0.094	−0.065	0.172	0.129	0.250
FA	0.117	−0.098	0.021	0.060	−0.113	−0.030	−0.187
IA	−0.078	0.027	0.097	−0.007	−0.216	−0.307	−0.122
SD	−0.107	−0.016	−0.126	−0.025	0.075	0.133	0.227
LD	0.085	−0.066	0.063	0.158	0.148	0.308	−0.006
FT	0.039	0.171	0.066	0.046	0.000	−0.089	−0.076
NI	0.069	−0.035	−0.041	0.032	−0.012	0.211	−0.263
GPM	0.062	0.058	−0.244	0.023	−0.051	−0.081	−0.412
NPM	0.132	0.069	−0.171	−0.055	−0.067	−0.048	0.164
ROA	0.156	0.042	−0.095	−0.086	−0.032	0.056	0.301

表 2 - 11（续）

指标变量	Component						
	F_7	F_1	F_2	F_3	F_4	F_5	F_6
ROCE	0.139	0.070	-0.147	-0.030	-0.058	-0.086	-0.081
EPS	0.153	0.013	-0.106	-0.063	-0.047	0.028	0.386
CPS	0.083	-0.062	-0.015	0.215	0.126	-0.451	0.042
ROCR	-0.003	-0.008	0.002	0.298	0.330	-0.395	0.256

表 2 - 11 给出了主成分的得分系数，它是计算各个主成分得分的权重。以 2001 年为例，F_1 主成分得分的线性组合为：

$$F_1 = 0.007X'_1 + 0.009X'_2 + 0.035X'_3 - 0.056X'_4 - 0.032X'_5 + 0.047X'_6$$
$$+ 0.045X'_7 + 0.061X'_8 + 0.11X'_9 + 0.108X'_{10} - 0.1X'_{11} + 0.117X'_{12}$$
$$- 0.078X'_{13} - 0.107X'_{14} + 0.085X'_{15} + 0.039X'_{16} + 0.069X'_{17} + 0.062X'_{18}$$
$$+ 0.132X'_{19} + 0.156X'_{20} + 0.139X'_{21} + 0.153X'_{22} + 0.083X'_{23} - 0.003X'_{24}$$

虽然主成分综合原信息的能力较强，但单独使用某个主成分只能刻画样本公司盈利能力的一个侧面。为此，以主成分特征根的贡献率为权重来加权计算各样本公司的盈利能力指数，以全面反映样本公司的盈利状况。设盈利能力评价函数为 F：

$$F = \left(\sum b_i F_i \right) / 0.780\,81$$
$$= (0.222\,88 \times F_1 + 0.213\,86 \times F_2 + 0.112\,73 \times F_3 + 0.069\,05F_4 + 0.065\,71F_5 +$$
$$0.052\,74F_6 + 0.043\,84F_7) / 0.780\,81$$

由于主成分得分和盈利能力指数均服从 [0，1] 正态分布，均值为 0，标准差为 1，正值则表示高于平均水平，负值则表示低于平均水平。表 2 - 12 给出了样本公司 2008 年经营绩效指数前后十名排序。

表 2 - 12   排序结果

序号	前十名	经营绩效指数	序号	后十名	经营绩效指数
1	韶钢松山	170.014 605 2	91	盘江股份	3.845 985 856
2	*ST 中钨	154.626 939 9	92	包钢稀土	3.837 194 859
3	八一钢铁	148.313 402 4	93	中科三环	3.617 439 847
4	云铝股份	48.779 626 67	94	西藏矿业	3.539 255 42
5	山东黄金	42.403 463 92	95	东方钽业	3.519 633 468
6	武钢股份	37.638 759 94	96	*ST 张铜	3.338 939 649
7	安阳钢铁	33.297 098 44	97	大元股份	3.280 043 011
8	平煤股份	30.349 847 77	98	ST 东源	2.892 464 472
9	茂化实华	25.179 725 47	99	ST 金瑞	2.592 671 082
10	栋梁新材	15.252 304 48	100	ST 东碳	2.231 234 476

分析表2-12，在经营绩效指数排名前十位的公司中，东部、中部、西部的样本公司占50%、30%、20%；在排名后十位的公司中，位于西部地区的占80%。这说明了我国资源类上市公司的经营绩效具有明显的区域差异，东部地区的经营状况优于中西部地区；不同行业资源类上市公司的经营绩效也存在差异，但较地区之间差异表现得不明显。

不同行业和地区之间，上市公司盈利能力发展不平衡。原因在于各个行业在资源产业链上所处的环节不同——在不同的环节，资源既是产品又是原料。因此，资源价格上涨的宏观背景对盈利能力的影响也有所不同。矿产类处于资源产业链的上游，大部分属于国家垄断的掌控经济发展命脉的公共资源企业，需求弹性小，盈利能力普遍较好且具有稳定性，资源价格上涨的有利外部条件能够最大限度地提升其利润空间。但其中的石油炼焦加工工业位于产业链中游，因面临着油价上涨带来的成本压力、国内特殊的成品油定价机制导致的成品油价格严重倒挂以及原材料对外依存度提高等不利因素，盈利空间被上游压缩。受制于石炼加工业，在2008年之前矿产类的经营绩效显现出下滑趋势。冶金类处于资源产业链中游，比起矿产类，自身优势和外部机会均不明显，经营绩效相比较而言差别也不大。而经营绩效的区域差异则是地理环境、历史经济基础以及国家整体发展规划的综合结果；但同时也说明了尽管西部地区具有资源优势，但西部地区的资源类企业尚未把资源优势转化为产业优势。

（5）描述性统计分析

根据以上主成分分析所得到的样本公司八年的经营绩效指数，分别进行简单统计。

表2-13　　　　　　　　　　　2001—2008年盈利能力指数的统计特征

指标＼年份	2001	2002	2003	2004	2005	2006	2007	2008
平均	2.725 7	5.272 0	-1.261 6	18.832 3	7.580 8	4.855 7	-1.702 7	14.404 8
中位数	2.881 3	4.201 1	0.427 6	6.358 0	5.103 1	2.270 2	0.932 7	7.094 2
标准差	0.275 1	1.085 0	0.990 4	7.240 1	1.500 2	0.954 2	0.986 9	3.021 7
最小值	-12.214 8	-50.168 6	-71.674 3	-3.067 3	-35.326 7	-8.041 8	-67.492 1	2.231 2
最大值	7.361 3	49.974 6	5.949 6	583.724 6	108.050 0	55.059 6	4.576 8	170.014 6

表2-13表明，在2008年之前，资源类上市公司的经营绩效呈现出"M"型，在2004年时达到顶峰，随后出现一个下降趋势。得益于2008年我国经济增长过热的宏观环境影响，资源类行业也迎来了低谷过后经营绩效的一次突飞猛进。标准差的变化趋势和平均数类似，说明2004年后，资源类上市公司经营绩效的差距在缩小；但以2008年为起点，随着国家一系列调控经济过热的政策的相继出台，差距可能会再次进入增大的周期。最大值和最小值的变化趋势代表了经营绩效水平最好的和最差的公司两种极端情况，从数据特征上来看每年的变化波动很大。中位数八年均大于0，高于平均水平，说明样本公司

中经营绩效指数为正的公司占到一半以上。2008 年中位数达到 7.094 2，表明资源类上市公司总体的经营状况得到较大改善，这同时也是其余四个统计指标反映出来的共同趋势。

（6）盈利的持续性分析

表 2 - 14　　　　　　　　　样本公司利润构成一览表（%）①

年份	主营业务利润比重	营业利润比重	投资收益比重	补贴收入比重	其他业务利润比重	营业收支净额比重
2001	282.35%	92.26%	13.33%	3.07%	9.66%	-8.71%
2002	388.77%	99.35%	0.45%	1.03%	14.21%	-0.88%
2003	1 165.14%	121.23%	6.19%	47.34%	40.01%	-74.78%
2004	246.80%	99.22%	-1.55%	6.17%	6.41%	-3.84%
2005	255.04%	97.26%	0.13%	1.94%	3.42%	0.79%
2006	243.98%	-58.08%	-3.73%	162.14%	-1.11%	-0.33%
平均	430.35%	75.21%	2.47%	36.95%	12.10%	-14.62%

注：（1）营业利润比重＋投资收益比重＋补贴收入比重＋营业收支净额比重＝100%。（2）由于 2007 年和 2008 年上市公司采用了新的会计准则，利润表中的"补贴收入"不再作为一项会计科目予以单独列示；为了不影响历年数据间的可比性，这里的计算截止到 2006 年即新会计准则实施前一年，资源企业的盈利质量在表 2 - 14 中能够大致得到反映。

表 2 - 14 中样本公司主营业务利润的比重五年均大于 1，即主营业务利润大于利润总额，营业利润比重 2003 年大于 1，其余五年小于 1，两者均在 2003 年度达到最高值。六年间营业外收支净额对利润的贡献几乎全为负，除营业利润外补贴收入对利润的贡献最大，其次是其他业务利润。尽管主营业务利润、其他业务利润、投资收益、补贴收入四者对利润总额的贡献都为正，但是由利润总额和营业利润的计算公式②以及从主营业务利润比重到营业利润比重的骤减可知，之所以会出现连续六年主营业务利润比重远远大于 1 的反常情况，主要是由于内部管理控制不当导致费用过多所造成的。

表 2 - 15　　　　　　　样本公司各项费用占主营业务收入的比重（%）

年份	营业费用/主营业务收入	管理费用/主营业务收入	财务费用/主营业务收入
2001	3.34	3.34	1.32
2002	3.19	6.99	2.08
2003	3.21	9.08	1.89

① 表 2 - 14 中各项利润构成部分的比重指的是它们分别与利润总额的比值。

② 利润总额＝主营业务利润＋其他业务利润－管理费用－财务费用－经营费用＋投资收益＋补贴收入＋营业收支净额。其中，营业利润＝主营业务利润＋其他业务利润－管理费用－财务费用－经营费用。

表2-15（续）

年份	营业费用/主营业务收入	管理费用/主营业务收入	财务费用/主营业务收入
2004	2.75	6.71	1.43
2005	2.46	7.17	1.78
2006	3.09	11.17	2.85
2007	2.35	6.19	1.81
2008	3.12	19.45	-10.68
平均	2.94	8.76	0.31

表2-15反映出样本公司每100元主营业务收入中平均所含的管理费用最多，其次是营业费用，财务费用占到的比例最小。这说明了样本公司对费用的内部控制不当主要表现为管理运作的费用居高不下。垄断性资源类企业的职工年薪收入远远高出平均水平就印证了这一结论。如中石油年报显示，自2001年上市以来的五年，雇员酬金成本和费用每年分别以12.3%、12%、14.4%、29.4%的速度在增长，到2005年这一项支出已经翻了一倍①。垄断性的企业利用占有的全民资源所获得的垄断利润被用于其经营者和员工的高工资及高福利，把本该属于全体公民的垄断利润由其内部人控制并内化成了内部人的人工费用，这是造成我国收入差距扩大、基尼系数迅速提高的根源之一。

补贴收入对利润的贡献仅次于营业利润，是利润的主要来源之一，反映了我国资源类上市公司具有明显的政策优势。这体现了国家对基础产业的扶持；但是以税收返还和政策性补贴为形式的补贴收入只是暂时性收益，它会使企业惰于创新，研发与改进的动力不足，收益很难具备长久的持续性。营业外收支净额八年来对利润的贡献几乎全为负。由于营业外收支是与企业生产经营无直接关系的各项收入和支出，构不成企业的经常性利润，所以它为负并不影响企业盈利能力的持久性。

（7）盈利能力对比研究

为了明确资源行业的经营绩效在国内所处的水平，将样本公司的经营绩效与制造业上市公司的平均水平作横向对比。制造业上市公司的样本来自电器机械及器材制造业，电子、电子元器件制造业，非金属矿物制品业，服装及其他纤维制品制造业，化学纤维制造业，化学原料及化学制品制造业，计算机及相关设备制造业，家具制造业，交通运输设备制造业，金属制品业，木材加工及竹、藤、棕、草制品业，皮革、毛皮、羽绒及制品制造业，普通机械制造业，其他电子设备制造业、其他制造业，日用电子器具制造业，生物药品制造业，生物制品业，食品制造业，塑料制造业，通信及相关设备制造业，文教体育用品制造业，橡胶制造业，医药制造业，仪器仪表及文化，办公用机械制造业，饮料制造

---

① 单东，张恒金. 垄断行业的伪市场化评析 [N]. 经济学消息报，2006-10-20.

业，造纸及纸制品业，专用设备制造业。2001—2008 年的制造业样本公司数分别有 447、483、511、568、575、600、657、659 家。按照同样的指标体系对制造业样本公司的财务指标进行计算，将两者的计算结果进行对比，可以从中发现资源型企业经营的特殊之处。表 2-16 是资源类上市公司与制造业上市公司财务指标的平均数对比，其中粗体字表示资源类上市公司历年财务指标平均水平，非粗体字表示制造业上市公司历年财务指标平均水平。

表 2-16　　　　　资源类上市公司与制造业上市公司财务指标平均数对比

指标 ＼ 年份	2001	2002	2003	2004	2005	2006	2007	2008
流动比率	1.76	1.55	1.70	1.48	1.40	1.26	1.24	1.67
	2.02	1.81	1.68	1.66	1.52	1.44	1.62	1.60
速动比率	1.28	1.12	1.20	1.00	0.92	0.82	0.79	1.21
	1.61	1.43	1.30	1.26	1.14	1.05	1.20	1.16
现金比率	0.61	0.54	0.66	0.58	0.50	0.42	0.37	0.63
	0.86	0.73	0.66	0.63	0.53	0.49	0.57	0.56
资产负债率	0.41	0.43	0.45	0.50	0.54	0.53	0.53	0.54
	0.46	0.49	0.50	0.54	0.64	0.58	0.55	0.58
已获利息倍数	-23.20	4.98	10.06	173.28	4.17	0.14	1.11	16.72
	6.10	-25.95	16.68	-2.23	-7.72	14.04	8.94	26.22
资产周转率	0.76	0.75	0.85	1.07	1.08	1.14	1.30	1.35
	0.55	0.58	0.63	0.69	0.69	0.76	2.53	0.80
存货周转率	6.70	-11.80	8.02	10.27	10.01	8.74	9.93	11.20
	3.71	4.38	4.56	4.76	4.87	5.35	27.84	5.67
应收账款周转率	20.16	30.74	85.77	78.09	71.15	77.65	107.76	174.90
	5.60	6.20	7.96	9.79	12.05	21.61	49.76	186.61
主营业务收入对数	21.22	21.23	21.37	21.79	22.00	22.06	22.43	22.65
	20.10	20.15	20.32	20.45	20.49	20.57	20.70	20.83
资产对数	21.68	21.72	21.81	22.01	22.14	22.23	22.53	22.68
	20.93	20.96	21.05	21.06	21.09	21.11	21.21	21.25
流动资产比	0.47	0.46	0.48	0.47	0.44	0.45	0.45	0.43
	0.57	0.55	0.55	0.55	0.54	0.53	0.55	0.53
固定资产比	0.40	0.40	0.38	0.39	0.42	0.42	0.39	0.39
	0.28	0.29	0.29	0.30	0.31	0.31	0.28	0.28
无形资产比	0.03	0.03	0.03	0.03	0.03	0.03	0.03	0.04
	0.03	0.03	0.04	0.03	0.04	0.04	0.05	0.05

表 2 - 16（续）

指标＼年份	2001	2002	2003	2004	2005	2006	2007	2008
短期借款比	0.29	0.29	0.25	0.25	0.26	0.25	0.26	0.26
	0.37	0.36	0.37	0.37	0.35	0.34	0.33	0.32
长期借款比	0.15	0.16	0.16	0.18	0.16	0.15	0.15	0.15
	0.11	0.10	0.10	0.09	0.05	0.08	0.07	0.04
财务张力	0.21	0.20	0.21	0.21	0.20	0.20	0.18	0.20
	0.29	0.29	0.27	0.28	0.31	0.26	0.27	0.28
新增投资	0.09	0.09	0.10	0.16	0.11	0.15	0.07	0.08
	0.09	0.07	0.08	0.08	0.04	0.05	0.05	0.04
营业毛利率	0.17	0.18	0.19	0.18	0.17	0.18	0.18	0.15
	0.24	0.24	0.24	0.23	0.20	0.20	-2.31	-0.17
营业净利率	0.06	0.04	0.03	0.05	0.03	0.05	0.11	0.31
	-0.12	-0.19	-0.05	-0.08	-0.83	-0.83	-1.49	-0.15
资产收益率	0.04	0.04	0.05	0.06	0.04	0.06	0.08	0.04
	0.03	0.01	0.02	0.01	0.00	0.01	0.13	0.02
成本费用利润率	0.08	0.08	0.09	0.11	0.09	0.08	0.12	0.12
	0.06	0.04	0.05	0.04	0.01	0.02	0.01	-0.01
每股收益	0.20	0.22	0.30	0.44	0.36	0.51	0.70	0.42
	0.11	0.10	0.15	0.10	0.02	0.12	0.66	0.20
每股经营活动现金净流量	0.37	0.51	0.53	0.70	0.71	0.77	0.67	0.92
	0.26	0.30	0.30	0.25	0.34	0.36	0.30	0.38
经营活动产生的净现金流量与营业利润之比	1.87	3.37	0.71	0.68	2.01	35.96	0.85	3.14
	-0.31	0.84	1.41	-0.75	1.25	0.72	-0.28	3.44

注：表中加粗部分为资源类上市公司，其余为制造业上市公司。

表 2 - 16 中资源类上市公司的偿债能力自 2001 年开始普遍低于制造业，但 2008 年短期偿债能力优于制造业，而长期偿债能力仍然低于制造业。总体而言，资产的营动能力和经营规模较制造业更优。在资产结构中，流动资产的比例低于制造业，固定资产的比例高于制造业，而无形资产比例和制造业基本持平，这与资源型企业需要大量的专用性投资进行勘探和开采具有密切的联系。在负债结构中，短期借款比低于制造业，长期借款比高于制造业，这也印证了两者偿债能力的比较结果。在财务张力弱于制造业的情况下，新增投资的速度却较制造业更快。盈利能力和盈利质量均普遍高于制造业。值得指出的是，资源行业是属于政府扶持的、具有行政垄断特征的行业。政府扶持行业的盈利能力强，意味着政府的产业扶持政策是有效率的。但是由于资源行业较小的需求弹性，相对于其他行业来

说风险也较低；根据风险和收益对等的原则，收益也应较低。而表2－16却反映了目前我国资源类上市公司普遍具有较高的盈利水平和较大的利润空间，这与财务金融学理论相矛盾，意味着资源行业有可能在政府的保护下侵害了消费者的利益。样本公司的营业毛利率、资产收益率和每股收益2008年均出现了下滑的趋势，而成本费用利润率却较往年基本持平，变动幅度不大，这也揭示出资源类上市公司主营业务的收益水平和资产收益水平在下滑，增加的利润并不是完全以降低成本及费用为基础的，而在很大程度上是依靠外部因素，如垄断性的市场地位、资源价格的上涨以及国家的扶持政策。表2－17是资源类和制造业样本公司财务指标的双样本异方差检验结果。从中我们可以看出，资源类上市公司各个方面反映出来的经营绩效与制造业是否具有显著的差异。表2－18是资源业和制造业2001—2008年行业集中度和行业风险度的对比情况，从中我们可以发现资源业区别于制造业的行业特征。

由表2－17，资源类上市公司的经营绩效偏离制造业上市公司一般水平最为明显的指标主要集中在周转率、资产规模、流动资产比、固定资产比、负债结构比例、财务张力、营业毛利率、资产收益率、成本费用利润率、每股收益、每股经营活动现金净流量这几个指标上，差异较小的指标有偿债能力指标、无形资产比、营业净利率、经营活动产生的净现金流量与营业利润之比。

表2－17 双样本异方差检验结果

指标＼年份	2001	2002	2003	2004	2005	2006	2007	2008
流动比率	1.277 0	1.718 1 *	-0.078 4	1.269 8	0.309 8	0.982 8	3.140 5***	-0.168 7
速动比率	1.696 5 *	2.272 8**	0.658 8	2.094 1**	1.085 6	1.272 4	3.977 5***	-0.134 8
现金比率	1.886 1 *	2.091 8**	-0.023 0	0.492 0	-0.443 3	0.889 9	3.087 6***	-0.294 7
资产负债率	1.651 3	2.006 8**	1.860 7 *	1.061 6	1.735 7 *	0.817 7	0.708 5	1.115 9
已获利息倍数	1.067 7	-0.968 5	0.829 1	-1.335 8	-1.379 2	-2.050 1**	0.897 3	0.426 4
资产周转率	-3.999 1***	-3.546 0***	-3.759 0***	-5.690 4***	-5.690 9***	-2.321 6**	3.646 2***	-4.871 4***
存货周转率	-2.980 9***	0.887 7	-2.912 0***	-2.733 0***	-2.663 7***	-0.899 7	3.250 9**	-3.527 8***
应收账款周转率	-2.595 2**	-3.105 5***	-2.064 1**	-2.536 9**	-2.436 5**	-1.017 5	-1.935 4 *	0.073 3
主营业务收入对数	-6.159 0***	-5.948 8***	-5.670 3***	-7.306 6***	-7.013 0***	-0.947 7	-8.568 4***	-8.285 8***
资产对数	-4.888 2***	-5.288 6***	-5.427 4***	-6.857 5***	-6.667 6***	-0.508 2	-8.468 2***	-8.740 2***
流动资产比	4.907 7***	4.862 7***	3.425 2***	4.687 8***	3.936 8***	0.502 6	5.082 7***	5.896 0***
固定资产比	-5.868 1***	-6.081 5***	-4.308 7***	-5.405 8***	-4.696 9***	-0.169 6	-6.364 1***	-7.199 3***
无形资产比	-0.094 9	0.825 9	1.513 7	1.120 3	1.267 8	-1.908 3 *	2.284 0**	1.270 4
短期借款比	2.785 2***	2.620 9**	4.921 6***	5.191 1***	4.371 8***	1.003 8	3.170 8***	2.754 2***
长期借款比	-1.653 0	-2.862 6***	-3.391 1***	-4.827 6***	-7.769 1***	-4.864 7***	-4.388 4***	-6.611 2***

表 2-17（续）

指标＼年份	2001	2002	2003	2004	2005	2006	2007	2008
财务张力	3.997***	4.098 7***	2.757 2***	3.326 5***	4.814 8***	4.161 3***	4.972 1***	4.147 3***
新增投资	0.189 2	-0.827 3	-1.351 4	-2.743 0***	-3.951 2***	-1.009 7	-1.535 3	-3.742 7***
营业毛利率	5.073 8***	3.784 6***	3.011 9***	2.923 9***	1.274 3	0.168 2	-1.177 7	-3.753 3***
营业净利率	-1.709 9*	-1.282 8	-1.276 4	-2.469 1**	-1.431 7	-0.001 7	-0.721 4	-1.510 8
资产收益率	-1.567 8	-3.957 7***	-3.999 2***	-5.887 9***	-7.629 5***	-2.303 7***	3.193 8***	-1.241 0
成本费用利润率	-1.625 6	-2.915 1***	-2.515 8**	-3.506 7***	-5.466 3***	-1.376 1	-4.597 0***	-2.132 4**
每股收益	-2.108 7**	-4.158 3***	-4.250 1***	-6.830 0***	-8.656 7***	-2.816 7***	-0.342 0	-2.245 7**
每股经营活动现金净流量	-2.036 3**	-3.612 0***	-3.300 0***	-5.400 0***	-4.306 8***	-0.639 2	-3.302 3***	-3.971 2***
经营活动产生的净现金流量与营业利润之比	-1.332 4	-1.463 4	0.489 3	-0.434 5	0.364 0	0.325 9	-0.694 5	0.092 4

注：*、**、***分别表示在1%、5%、10%的水平上显著。

表 2-18　　　　　　　　资源业和制造业的行业特征对比

年份	行业集中度		行业风险度	
	制造业	资源业	制造业	资源业
2001	0.348 6	0.007 1	1.015 5	14.235 8
2002	0.318 2	0.006 9	1.251 7	17.086 5
2003	0.295 5	0.007 1	1.779 5	23.058 4
2004	0.263 3	0.008 4	2.523 8	18.652 9
2005	0.278 0	0.008 7	2.371 1	13.698 0
2006	0.283 5	0.008 1	2.754 9	13.460 2
2007	0.240 7	0.010 2	2.734 1	23.404 4
2008	0.237 0	0.009 9	1.400 1	17.102 4

由表 2-18 发现，从 2001 年到 2008 年，资源业的行业集中度均大于制造业，平均高出 0.274 8，而行业风险度却远远小于制造业，这再次印证了资源行业的垄断特性。资源行业的控制权几乎全部掌握在由国家控股的大型企业集团手中，它们操纵着国家的资源命脉。而根据最新的 2009 年世界五百强企业排名，中国石化击败日本丰田夺得第九。当诸如此类的巨头国有企业发生利润倒挂时，政府斥巨资对其进行补贴也是理所当然的了。而面临近几年资源价格的集体性大幅增长和对资源需求的持续扩容，各个国家纷纷把资源战略提到国家战略的层面给予高度重视，从政策机制措施等各方面给予优惠。资源企业对资源价格和经济周期波动的敏感性直接导致其行业风险度的偏低，现实和前景发展都很良好的外部客观环境是推动其风险降低的最主要原因。而接近于完全竞争市场的制造业却由于

行业竞争过度和企业投资行为的不理性，两极分化现象较为严重，行业风险度持续偏高。

2.4.5 实证检验结论

研究表明，2001—2008 年我国资源类上市公司的经营绩效具有明显的区域差异：东部地区公司的盈利能力优于中西部地区。得益于 2008 年我国经济增长过热的宏观环境影响，资源类行业也迎来了低谷过后经营绩效的一次突飞猛进；但受国家一系列调控经济过热政策的相继出台，资源类上市公司经营绩效间的差距可能会再次进入增大的周期。盈利能力较高很大程度上是受益于外部因素如垄断性的市场地位、国家的财政扶持和资源价格高企等有利条件。资源行业的管理体制和市场结构影响了资源企业盈利能力的持续性，对资源企业的经营积极性和资源有效配置形成制度性的阻碍。

要使我国资源类上市公司的盈利能力和竞争地位进一步得到提升，需要政府与企业的双方面作用。对于政府而言：

（1）要加快资源行业市场化改革的进程，构建有序竞争的市场结构，而并非联合垄断性的资源类企业打着市场化的旗号却做着伪市场化的行为。良好的市场机制及其有效作用，需要有足够多的市场主体，权利、地位平等基础上的充分的市场竞争。这就要求政府要对垄断性的资源类企业减少直接的带有计划经济色彩的行政干预，取消特殊的政策优惠，使整个资源行业能够在一个更公正的平台上与其他行业以及国外同类企业竞争，尽早与国际接轨。

（2）要采取有效措施来协调资源行业、区域之间的不平衡，创造条件使之和谐发展，努力提高整体的盈利水平。

对于企业而言：

（1）要完善经营管理体制和治理结构。由于我国大型的资源企业多由政府出资，即使已股份化的企业也是"国有股"一股独大，经理人也主要由组织人事部门任免，在经营运作的根源即管理体制和治理结构上就存在诸多弊端。随着国外大型资源企业进入我国市场的步伐加快，我国资源企业必须要建立完善的经营管理制度和治理结构才能应对外部环境的变化，在此基础上继而提高盈利能力。

（2）要加强对成本费用的管理。垄断性的资源类企业经营的是公民共有的国家资源，所有的公民都是投资者。企业的员工也就是所有公民的雇员，他们投入劳动应获得正常水平的代理费用即工资和合理的奖金、福利。除此之外的垄断利润应该上缴国库，由政府用于公共支出和惠泽公民，而不是通过非市场化的方式和手段把获取的大量超额利润转化成了内部人收益。具体而言，就是要从减员增效、降低行政管理费用和人工成本入手来提高投入产出水平。尽管未来外部制度性劣势的取消对我国资源类上市公司盈利能力的提高是巨大的利好，但如果内部成本费用管理薄弱的问题继续存在，盈利能力提高的空间也会十分有限。

（3）要通过研发提高企业生产技术的科技含量和自主创新能力，有效地降低成本，培育出价值链上的主要利润增长点和核心竞争力。改善产业结构，优化一体化布局，使经营重心向微笑曲线的两端发展，合理安排业务经营投入在产业链上中下游的构成，避免比例不当而受制于产业链的外部因素。如中石化一体化结构的缺陷是头小尾大，结构性矛盾突出，原油价格波动的风险对其经营业绩有非常大的影响；一旦发生突发事件，导致石油进口渠道被中断，还将严重影响公司的经营安全。由于目前我国一半以上的进口石油来自中东地区，中石化可以走出国门，到该地区投资，参与当地油气资源的开发，从而加强上游业务的比重，改善一体化结构布局，降低经营风险，提高其产业链整体的盈利能力和附加价值。

2.5　资源企业绩效评价的案例分析

2.5.1　研究方法设计

由于本章构建的资源企业经营绩效的评价指标体系总共包含了四级指标，终端指标多达40余个；因此，在运用此指标体系进行评价时，可以借鉴基本框架选取适合案例研究的企业指标，根据实际情况进行恰当的指标转换或替代，构建具体的子指标体系来进行衡量。在指标体系权重的确定上，采用熵值法①。

关于定性指标的赋值问题，本章参照GEM模型的赋值方法，为每个定性指标赋值1~10分。各分值表示的意义如表2-19所示[13]。定量指标则根据国家和地方政府的统计资料、中介组织的调查资料、企业的财务报表相关信息以及现场调查所获数据等来进行计算。

表2-19　　　　　　　　　定性指标的赋值度量表

分值	含义
10	非常优秀，在全世界范围来说数一数二
9	优秀，在全世界范围内排在前五名
8	良好，在本国范围内独一无二
7	不错，具有本国范围内的优势
6	及格，具有超过全国平均水平的实力
5	适当及格，具有与全国平均水平相当的实力
4	水平有限，具有略低于全国平均水平的实力

① 此处熵值法的评价步骤参见郭显光. 熵值法及其在综合评价中的应用［J］. 财贸研究，1994（6）：56-60.

表 2 - 19（续）

分值	含义
3	水平很有限，与全国平均水平有一定的差距
2	水平较差，与全国平均水平有较大距离，这种差距对产业链造成的影响已经显现
1	很差，与全国平均水平有较大距离，这种差距已经严重阻碍着产业链的发展

资料来源：李孔岳，钟天送．GEM 模型与产业集群竞争力［J］．经济学动态，2006，（9）：33 - 37.

设有 m 个待评资源企业，n 项评价指标，将反向指标先求倒数正向化，并将所有正向指标形成的原始指标数据矩阵记做：

$$X = (x_{ij})_{m \times n} \qquad (x_{ij} \geqslant 0 \, 0 \leqslant i \leqslant m, \, 0 \leqslant j \leqslant n)$$

对于某项指标 j，若各待评资源企业所对应的指标值 x_{ij} 间的差距越大，则该指标在综合评价中所起的作用越大；反之，作用越小。

熵[①]的表达式为：

$$H(x) = - \sum_{i=1}^{m} p(x) \ln p(x_i)$$

式中，x_i 为第 i 个状态值（m 个待评资源企业），$p(x_i)$ 为出现第 i 个状态值的概率。

步骤 1：指标规范化，计算第 j 项指标下第 i 个资源企业对应的指标值的比重 p_{ij}：

$$p_{ij} = \frac{x_{ij}}{\sum_{i=1}^{m} x_{ij}} (j = 1, 2, \cdots, n)$$

步骤 2：计算第 j 项指标的熵值：

$$e_j = - k \sum_{i=1}^{m} p_{ij} \ln p_{ij} (j = 1, 2, \cdots, n)$$

其中，$k = \frac{1}{\ln m} > 0$，$e_j \geqslant 0$

步骤 3：计算指标的差异性系数 g_j：

$$g_j = 1 - e_j$$

当 g_j 越大时，指标越重要。

$$a_j = \frac{g_j}{\sum_{j=1}^{n} g_j}$$

---

① "熵（entropy）"这一概念最早由鲁道夫·克劳修斯提出并应用在热力学中，是表征物质状态的参量之一，后逐渐被引入到信息论、科技哲学、控制论、生命科学以及管理学中。

步骤4：定义权重。

运用熵值法确定每个指标的科学权重后，通过线性组合可以分别计算出资源企业的经营效果指数，组织协调指数，功能效应指数。在此基础之上，借鉴能源—经济—环境协调度综合评价模型即3E模型（王霞，2006）[14]，可以构造出资源企业经营绩效的综合评价模型。资源企业的经营绩效指数可表达为这三者的函数，其函数关系可表述为：

$$M = F\ (E_e,\ E_c,\ E_V)$$

其中，E_e 为经营效果指数，E_c 为组织协调指数，E_v 为功能效应指数。

在一般函数的基础上，假定 E_e，E_c，E_v 具有同等重要程度，再考虑到无论忽视哪一项都会对整体造成严重的不协调，据此得出资源企业经营绩效指数的数学模型[14]：

$$M = FE_e \cdot E_c \cdot E_v^{1/3}$$

由于因变量 m 是自变量 E_e、E_c、E_v 的函数，如果把自变量 E_e、E_c、E_v 作为三维空间上的3个坐标轴，则每给定一个数组（E_{e_0}、E_{c_0}、E_{v_0}）都会在三维坐标系上形成一个以（0，0，0），（E_{e_0}，0，0），（0，E_{c_0}，0），（0，0，E_{v_0}）为四个顶点的长方体。如图2-3所示，该长方体三个边的长度分别为 E_{e_0}、E_{c_0}、E_{v_0}，其体积为：

$$V = E_{e_0} \cdot E_{c_0} \cdot E_{v_0} \quad [15]$$

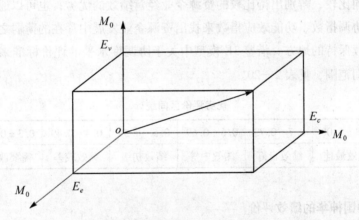

图2-3　评价模型的几何示意图

资料来源：《中国能源发展报告》编委会. 中国能源研究报告——区域篇［M］. 北京：中国统计出版社. 2005：53-55.

如果把 E_{e_0}，E_{c_0}，E_{v_0} 当做某资源企业的经营效果指数、组织协调指数、功能效应指数的值，那么由它们为顶点形成的长方体的体积则代表了资源企业的经营绩效高低；长方体的体积越大，经营绩效越高。从中可以看出经营效果指数、组织协调指数、功能效应指数与资源企业的经营绩效有以下的变化关系①：

---

① 由《中国能源发展报告》编委会《中国能源研究报告——区域篇》（中国统计出版社，2005：53-55）启发整理。

（1）经营效果指数、组织协调指数、功能效应指数与长方体的体积都是正相关的关系。

（2）经营效果指数、组织协调指数、功能效应指数中如果有一个值增大，其他值不变，则长方体体积增大。

（3）经营效果指数、组织协调指数、功能效应指数如果有一个值增大，一个值减少，第三个值不变；则只要增加值变动的相对幅度大于减少值的，长方体体积也增大。

（4）经营效果指数、组织协调指数、功能效应指数中如果有两个值不变，则第三个值的增减会引起长方体的体积的同比例变化。

（5）经营效果指数、组织协调指数、功能效应指数中如果有一个值为零，则长方体体积也为零。

从中可以看出，经营效果指数、组织协调指数、功能效应指数作为资源企业经营绩效的三个有机组成部分，它们之间存在着强相关的关系，资源企业经营绩效这个系统内部任何要素的改变都会对其他两个子系统产生重要的影响。因此，资源企业要提高经营绩效往往是以企业的系统目标为出发点，通过对各子系统的内部控制来实现的。

根据经营绩效指数可以进行纵向比较，确定资源企业是否正处于改善经营的进程中；也可以进行横向比较，辨别出待比较的资源企业经营绩效的优劣；也可以通过比较经营效果指数、组织协调指数、功能效应指数来找出资源企业发展中存在的薄弱之处以及具有的优势、需要继续保持的地方。借鉴 3E 模型中关于协调度水平的评价标准来划分判断经营绩效指数的区间范围，见表 2-20。

表 2-20　　　　　　　　　　　优劣评价区间统计

M 值	0.8～1.00	0.7～0.79	0.6～0.69	0.5～0.59	0.4～0.49	0.3～0.39	0～0.29
优化等级	绩效最佳	绩效良好	绩效中等	绩效初级	绩效较差	需要改善	急需改善

2.5.2　中国神华的绩效评价

在翻阅了资源类上市公司披露的年报以后，可以发现中国神华（601088）的年报信息披露量较大，披露的信息内容较为全面地涵盖了该公司生产经营活动的各个方面。鉴于数据资料的可获得性，我们选择中国神华（601088）作为案例研究对象。

根据官方网站的介绍，中国神华能源股份有限公司是由神华集团有限责任公司独家发起，于 2004 年 11 月 8 日在北京注册成立的大型综合性能源公司。公司主营业务是煤炭的生产与销售、煤炭和其他相关物资的铁路及港口运输以及电力生产和销售等。公司是世界领先的以煤炭为基础的一体化能源公司。2006 年，中国神华煤炭储量位居世界煤炭上市公司的第二位，煤炭销量位居第二位。同时，它也是中国最大的煤炭生产商和最大的煤炭出品生产商，并拥有中国最大规模的优质煤炭储量。公司拥有专用的铁路和港口，是中国唯一拥有由铁路和港口组成的大规模一体化运输网络的煤炭公司，控制着中国西煤东运两条主干道中的一条。这不仅为公司解决了中国其他煤炭企业难以解决的运输瓶颈问题，而且带来了巨大的协同效应和运输成本的优势。从产业链的角度来看，公司还拥有规模可观、增长迅速的电力业务，并与公司的煤炭业务优势互补，协调发展，使公司具备了重要竞争优势。借助独享的4条自有煤炭运输专用铁路、1个专用海港和3个专用港口泊位，公司既可以将煤炭源源不断地销往中国各地和世界上多个国家，也可以有充分的空间调控煤炭产量，占领以中国沿海地区为主的目标市场，为客户提供稳定、充足的煤炭供应。

　　根据实际情况和数据的可获取性，从资源企业经营绩效的评价指标体系中选取一些指标构建子评价体系，结合市场环境、行业环境等对中国神华的经营绩效进行评价。构建的子指标体系见表2-21。

表2-21　　　　　　　　　　　　　指标体系表

绩效评价	评价指标	指标性质	计算说明
资源企业经营效果评价指标	资产对数	定量指标	总资产取对数
	商品煤产量	定量指标	年报资料所得
	煤炭销售量	定量指标	年报资料所得
	总发电量	定量指标	年报资料所得
	总售电量	定量指标	年报资料所得
	全球矿业类上市公司市值排名	定量指标	年报资料所得
	资产负债率	定量指标	负债/资产
	利息保障倍数	定量指标	年报资料所得
	基本每股收益	定量指标	年报资料所得
	平均每股净资产	定量指标	年报资料所得
	年度末期股息	定量指标	年报资料所得
	营业净利率	定量指标	净利润/营业收入
	总资产回报率	定量指标	年报资料所得
	煤炭可采储量（中国标准下）	定量指标	年报资料所得
	煤炭可售储量（JORC标准下）	定量指标	年报资料所得
	技术员工占员工人数比例	定量指标	技术人员数/在职员工人数
	产品外向型程度	定量指标	煤炭出口销售量/煤炭总销售量
	企业利润年增长率	定量指标	（报告期净利润－基期净利润）/基期净利润
	劳动生产率	定量指标	净利润/在职员工人数
	每名技术员工产生的利润额	定量指标	净利润/技术人员数
	成长程度系数	定量指标	企业净利润年增长率/北京市GDP年增长率
	补贴收入占净利润的比例	定量指标	补贴收入/净利润
	采矿权价值	定量指标	年报资料所得

表 2-21（续）

绩效评价	评价指标	指标性质	计算说明
资源企业组织形式评价指标	五大外部客户收入占经营收入的比	定量指标	年报资料所得
	五大供货商购买额占总购买额的比	定量指标	年报资料所得
	发电设备利用小时	定量指标	年报资料所得
	全年等效可用系数	定量指标	年报资料所得
	单位发电标准煤耗	定量指标	年报资料所得
	单位售电标准煤耗	定量指标	年报资料所得
	燃煤消耗量	定量指标	年报资料所得
	股权集中度	定量指标	前三大股东持股比例的平方和
	采掘机械化程度	定量指标	年报资料所得
	产业链完整程度	定性指标	主观评分
资源企业功能效应评价指标	企业净利润占北京市 GDP 的比重	定量指标	企业净利润/北京市 GDP 总额
	企业固定资产投资占北京市社会固定资产投资的比重	定量指标	企业固定资产投资/北京市社会固定资产投资
	企业员工数占北京市总数的比重	定量指标	企业员工数/北京市城镇登记失业人员就业人数
	企业上缴的所得税总额占北京市财政收入的比重	定量指标	企业所得税总额/北京市财政收入
	环保投入强度	定量指标	（矿产资源补偿费＋应交资源税＋可持续发展基金）/营业收入
	捐赠支出强度	定量指标	捐赠支出/营业收入

注：产业链完整程度属于定性指标。根据表 2-19 定性指标的赋值度量表，将其 2007 年和 2008 年的评分定为 8 分和 9 分，分别表示良好、在本国范围内独一无二和优秀、在全世界范围内排在前五名。评分依据来源于中国神华的年报披露信息。在 2007 年和 2008 年的年报中分别有这样的描述——"中国神华在早期创造了独特的煤、路、港、电一体化的经营模式，在中国能源发展历史上创造了奇迹，这种经营模式所创造的竞争优势在 2007 年得以继续增强。""公司凭借自身独特的煤、路、港、电一体化的业务模式，继续保持快速增长的势头，于 2008 年 12 月 31 日，中国神华股票总市值分别位列全球煤炭上市公司首位、全球综合性矿业上市公司第二名。"

从中国神华公司年报和公司所在地北京市统计信息网中，收集 2007—2008 年企业和区域经济发展的数据代入指标体系，运用熵值法为指标赋予权重，权重分配见表 2-22。

表 2 - 22   指标权重分配表

绩效评价	评价指标	权重
资源企业经营效果评价指标	资产对数	0.000 104 48
	商品煤产量	0.017 918 40
	煤炭销售量	0.007 867 02
	总发电量	0.028 564 14
	总售电量	0.025 871 00
	全球矿业类上市公司市值排名	0.000 000 11
	资产负债率	0.000 244 70
	利息保障倍数	0.000 848 31
	基本每股收益	0.024 674 76
	平均每股净资产	0.010 740 85
	年度末期股息	0.545 714 50
	营业净利率	0.000 115 54
	总资产回报率	0.004 157 11
	煤炭可采储量（中国标准下）	0.000 003 38
	煤炭可售储量（JORC 标准下）	0.000 431 94
	技术员工占员工人数比例	0.000 696 30
	产品外向型程度	0.036 514 38
	企业利润年增长率	0.106 354 67
	劳动生产率	0.039 726 06
	每名技术员工产生的利润额	0.029 990 03
	成长程度系数	0.112 892 25
	补贴收入占净利润的比例	0.001 203 21
	采矿权价值	0.005 366 86
资源企业组织形式评价指标	五大外部客户收入占经营收入的比	0.392 646 73
	五大供货商购买额占总购买额的比	0.257 320 70
	发电设备利用小时	0.023 290 93
	全年等效可用系数	0.000 059 89
	单位发电标准煤耗	0.000 057 58
	单位售电标准煤耗	0.000 440 58
	燃煤消耗量	0.250 882 23
	股权集中度	0.000 043 25
	采掘机械化程度	0.000 000 85
	产业链完整程度	0.075 257 25
资源企业功能效应评价指标	企业净利润占北京市 GDP 的比重	0.014 831 56
	企业固定资产投资占北京市社会固定资产投资的比重	0.000 767 34
	企业员工数占北京市总数的比重	0.000 196 91
	企业上缴的所得税总额占北京市财政收入的比重	0.021 995 90
	环保投入强度	0.342 975 56
	捐赠支出强度	0.619 232 73

运用线性组合对数据进行加权计算后，得出 2007—2008 年中国神华公司的经营效果指数、组织协调指数、功能效应指数，再运用资源企业经营绩效综合评价模型计算出资源企业的经营绩效指数，见表 2-23。

表 2-23 经营绩效指数列表

评价年度	经营效果指数	组织协调指数	功能效应指数	经营绩效指数
2007	0.351 658	0.488 557	0.359 118	0.395 146
2008	0.648 342	0.436 142	0.640 882	0.565 896

表 2-23 中，中国神华能源股份有限公司的经营绩效指数近两年来呈上升趋势，目前处于绩效初级的阶段，这主要得益于经营效果指数和功能效应指数的上升。但组织协调指数却有小幅下降，这主要是由于相对 2007 年而言，中国神华 2008 年在煤炭产业链延伸上的新动作不明显，产业链的整合程度变化幅度不大。

中国神华能源股份有限公司要提升企业经营绩效，首先必须确保产业链结构的协调。目前公司构建了成熟、稳固的煤、路、港、电一体化的神华模式，亿吨级的煤炭产能规模加上协同配套运输系统，保证公司在沿海动力煤市场占有可观的份额；但是向产品、技术和市场高端化发展的力度不够，需要对煤炭产品进行深加工，提高产品附加值。公司煤炭产业链的延伸方向主要集中在煤的洁净利用和深加工转化方面，把中煤和精煤经过焦化生产化工产品和钢铁，构建煤化工产业链，并且充分发挥循环经济的功效，利用中间物和废弃物煤矸石和煤泥进行发电；剩余的灰渣用于水泥等建材的制造，将生产过程中产生的劣质低热值燃料充分利用。其次，重视资本的引入与产出效果，利用资本运作方式来扩大产能，提高效益，加大科技创新收入，加强在设备国产化、环境保护、煤质提升、洁净煤发电、CO_2 捕获与封存、节能减排等方面的研究和成果转化，实现公司可持续发展。最后，强化风险控制，增强风险防范意识，加强决策前瞻性研究，充分利用自有铁路和港口一体化的运输系统这一业内独一无二的竞争优势，保证公司在当前经济环境诸多不利因素下平稳发展。

本章参考文献

[1] 彼得·德鲁克. 管理实践 [M]. 毛忠明，译. 上海：上海译文出版社，1999.

[2] 马建臣. 资源性企业管理方法研究 [M]. 北京：人民出版社，2003.

[3] 徐经长，唐圣林. 石油石化企业业绩评价指标体系的构建 [J]. 经济理论与经济管理，2003，(11).

[4] 王玉谦. 中国油田企业国际竞争力研究 [M]. 北京：石油工业出版社，2005.

[5] 傅琦. 中国石油加工业竞争力评价和分析 [M]. 北京：中国标准出版社，2006.

[6] 刘建刚. 矿产资源型公司的价值比较研究 [R]. 兴业证券研究报告，2006.

［7］崔民选. 中国能源发展报告 2008［M］. 北京：社会科学文献出版社，2008.

［8］顾军蕾，蒋云龙，王晶. 资源类上市公司的价值评估方法探讨［R］. 东方证券股份有限公司研究报告，2006.

［9］谷树忠，耿海青，姚予龙. 国家能源、矿产资源安全的功能区划与西部地区定位［J］. 地理科学进展. 2002（5）：410 - 419.

［10］赵蒲，孙爱英. 财务保守行为：基于中国上市公司的实证研究［J］. 管理世界，2004（11）.

［11］陆正飞，韩霞，常琦. 公司长期负债与投资行为关系研究——基于中国上市公司的实证分析［J］. 管理世界，2006（1）.

［12］BERNADETTE A. MINTON，KAREN H. WRUCK. Financial Conservatism：Evidence on Capital Structure from Low Leverage Firms［Z］. Working paper，Ohio State University，2001.

［13］李孔岳，钟天送. GEM 模型与产业集群竞争力［J］. 经济学动态，2006（9）.

［14］王霞. 能源—经济—环境复杂系统持续协调发展评价指标体系与方法研究——以山东省为例［J］. 特区经济. 2006（9）.

［15］《中国能源发展报告》编委会. 中国能源研究报告——区域篇［M］. 北京：中国统计出版社，2005：53 - 55.

3 资源企业社会责任管理

社会责任管理是资源企业协调自然契约与社会契约的有效途径。资源企业的社会责任问题不能单纯从股东、债权人等利益相关者的角度来看，同样需要考虑生态环境的约束。"生态价值＝生态消费－生态成本"这一方程式揭示了资源企业追求生态价值的前提是履行社会责任，在产业链和循环经济的共同作用下，使生态成本最小化，实现人与自然和谐共生。本章首先介绍了资源企业社会责任管理的理论和实践情况，统计分析了资源企业社会责任信息披露和绩效之间的关系；然后基于资源企业的特征，运用平衡计分卡体系，构建了我国资源企业社会责任的战略管理模型；并以中石油为案例，对其社会责任的信息披露质量进行了评价。

3.1 资源企业社会责任管理发展历程

3.1.1 国外资源企业社会责任发展历程

（1）企业社会责任含义

企业社会责任具有不同的称谓，类似的还有企业伦理、可持续经营、企业公民[①]等，但都有一个共同的意思："企业承诺符合商业道德的行为，并且在为经济发展作出贡献的同时改善工人和他们家庭的生活，促进当地社区以及整个社会的发展。"[②]对资源企业而言，不仅应诚信经营，还必须善待利益相关者，为利益相关者创造价值，回馈社会，促进社会和谐，尤其要注意节约资源、保护环境。

---

① "公司公民概念不只是公司社会责任'大伞'下的一个时髦新词，它既是对公司社会责任思想的继承，又是对公司社会责任思想的发展，更是对公司社会责任思想的突破。从继承来看，公司公民是 20 世纪 90 年代公司社会责任概念与利益相关者理论融合的产物，它将狭义的公司社会责任、公司社会回应、公司社会表现与利益相关者管理等概念融入了一个统一的框架。从发展的眼光来看，一方面公司公民概念将公司社会责任从一种自觉行为发展为公民观下的公民社会义务；另一方面，公司公民概念在强调利益相关者关系时不再像 Freeman（1984）那样将公司置于中心地位，然后通过众多的箭头指向各个首要和次要的利益相关者。公司公民概念将社区放在中心，公司在整个社会生态大环境中作为成员之一，与其他利益相关者一起相互依存，共同承担社会责任"（沈洪涛，21 世纪的公司社会责任思想主流——公司公民研究综述，外国经济与管理，2006 年 8 期）。我们认为，企业本质上是实现某个集团利益的代言组织，是人的组合。随着人权的不断演变，企业也在不断演化，关于企业新的理解本质上是关于人的本质的新的阐释的再解释。人性的解放也就是企业的解放。公司公民概念实质上是回归到对企业本质的理解。

② 世界可持续发展工商理事会（www.wbcsd.org）对社会责任的定义。

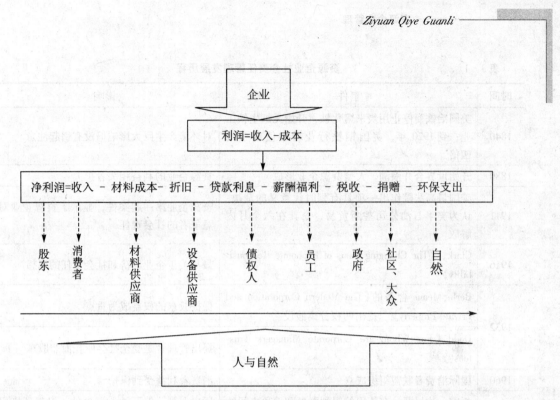

图 3 - 1 企业社会责任含义示意图

图 3 - 1 揭示了企业社会责任的利益主体关系。企业的业绩离不开利益相关者的资源投入，企业可持续发展以有效的企业社会责任管理为基础，使企业与利益相关者和谐发展。随着利益主体的多元化，资源企业社会责任管理必须把自然环境作为重要的利益主体进行关注。要在认可自然权利的同时，承诺履行自然契约，使企业的环境管理从被动的约束走向自在自为，从根本上树立生态价值观；并有意识地引导社会公众进行有效的环境管理，使企业从资源消耗者转变成为资源创造者。

（2）西方资源企业社会责任的发展

"企业社会责任"的概念起源于欧洲，相应的管理方法和技巧在西方发展较为成熟。不管是发展过程中不断深入、完善的理论，陆续建立的各种国际组织，还是设定的企业社会责任评价标准和体系，都值得我国企业学习借鉴。

① 企业社会责任在国外的发展过程

涉及社会责任的法规与实践很早以前就已出现；但是，关于企业社会责任的讨论和实践真正成为一种世界潮流，还是从 20 世纪 80 年代开始，由欧美发达国家发起，并逐渐扩散到全世界。[1]

---

① 关于企业社会责任理论发展演变的详细内容可以具体参见沈洪涛、沈艺峰所著的《公司社会责任思想起源与演变》（上海人民出版社，2007 年）。

表 3 - 1 资源企业社会责任管理发展历程

时间	事件	影响
1840	美国冶铁商停止用炭来熔化铁,开始无烟生铁工业;到1920年,美国钢铁行业增加值翻了约四倍	对环境产生巨大影响但没有引起注意
1880	开始世界合并浪潮,大型资源企业形成	资源企业的利益相关者扩大
1911	美国最高法院作出一项有划时代意义的裁决:认为美孚石油公司垄断贸易,令其在六个月内解散	资源企业第一起案件,显示了资源企业对竞争者的社会责任
1916	Clark,《The Changing Basis of Economic Responsibility》[1]	最早关于企业经济和社会责任的思想
1932	Berle,Means 合著的《The Modern Corporation and Private Property》[2] 提出两权分离假设	保护股东的权益成为重点
	Dodd 《For Whom are Corporate Managers Trustees?》[3]	提出管理者是受全社会所托而非股东
1960	国际消费者联盟组织成立	消费者利益受到保护
1967	托雷·坎尼荣号在英国的锡利群岛和地角之间的公海触礁沉没,船上9.19万吨原油溢出	历史上第一件石油泄漏事件,引起环境保护组织的关注
1970	美国发布职业安全与健康法案,列出了对人身体健康有害的物品目录	资源企业对员工的责任开始体现
	在各方的压力下企业开始在财务报告中披露环境信息	环境和资源问题开始被披露
1973	联合国环境规划署成立	资源企业有关的第一个国际组织
	第一次能源危机爆发	把环境、资源保护问题推向全世界
	英国绿党成立	第一个环境政治党
1978	美国标准石油公司的超级油轮艾莫科·凯迪斯失去控制,随之在法国布列塔尼海岸搁浅	史上最严重的一次油轮溢油,也是损失最大的一次海岸搁浅航海污染事件
1986	壳牌公司健康安全环境方针初见端倪	资源企业社会责任披露的雏形
1987	联合国世界环境与发展委员会发表《我们共同的未来》	可持续发展概念逐渐成为全球的共识
1989	挪威的 Norsk Hydro 公司发布了企业环境报告	全世界第一份独立的企业环境报告
1990	海湾战争,150万桶~200万桶的原油泄漏	世界上最大的石油泄漏事件
	美国企业自愿或按法律规定对公众发布企业环境信息	美国资源企业开始发布独立环境报告
	美国污染防治法案	资源企业的法律限制
1991	壳牌公司颁布健康安全环境方针指南	石油行业先于国际组织的环境指南

表 3-1（续）

时间	事件	影响
1992	英国注册会计师协会实施企业环境报告表彰制度	环境报告的作用开始体现
	美国环境保护局建立专门的环境会计科目	资源企业环境会计出现
1996	国际标准化组织发布 ISO 14000 环境管理体系标准	向全世界提供一致的环境管理体系、产品的国际标准和审核认证办法
	国际标准化组织发布 ISO/CD14690《石油和天然气工业健康安全与环境管理体系》	HSE（健康安全环境）管理体系在国际石油业普遍推行的里程碑

表 3-1 反映了资源企业社会责任发展的基本脉络。随着各种环境污染事件的出现，政府和国际组织纷纷出台相应的政策规范以约束资源企业。独立的环境报告兴起的同时，对社会责任进行管理的工具——社会责任会计也随之出现并逐步成熟。相应的企业社会责任报告也从原来的雇员报告逐步扩展到环境报告，再到环境安全报告，直到现在的综合性社会责任报告。

随着社会责任管理的逐渐发展，社会责任管理的内容也如图 3-1 的箭头所示，从原来单一的关注股东权益发展为对竞争者、供应商、员工、消费者等的利益进行统筹。尤其是资源企业，它直接依存于自然又直接作用于自然，其特殊的使命便是在统筹各方利益相关者的基础上实现合理的生态价值。在这方面，荷兰皇家壳牌石油集团公司为世界上的资源企业树立了标杆，不仅先于国际组织提出了环境指南，还主动披露环境报告。在中国出现的第一份可持续发展报告也来自壳牌（中国）公司。随后，中国资源企业受其影响开始发布社会责任报告。

② 资源企业社会责任发展过程中产生的国际组织

1919 年，国际劳工组织（International Labor Organization——ILO）成立，开启了倡导企业履行社会责任的先河；随后，国际社会责任组织（Social Accountability International——SAI）提出了社会责任国际标准体系认证 SA8000。此外，还有一些重要的国际社会责任组织，见表 3-2。

表 3-2　　　　　　　　　　世界有关企业社会责任的组织

组织名称	所属机构	成立	工作内容	利益相关者
国际劳工组织（ILO）	联合国组织	1919 年	保护劳工权益	员工
国际标准化组织（ISO）	国际组织	1947 年	管理 ISO9001 国际质量管理体系、ISO 14000 环境管理体系、ISO/CD14690 石油和天然气工业健康安全与环境管理体系等 9 200 个国际标准	消费者、环境、员工、竞争者、供应商

表3-2（续）

组织名称	所属机构	成立	工作内容	利益相关者
联合国环境规划署（UNEP）	联合国组织	1973年	保护全世界的环境，帮助发现环境问题，对解决办法提出建议	环境、可持续发展
社会责任商业联合会（BSR）	美国非盈利组织	1992年	提高商业利润、遵守职业道德、尊重员工、保护社区和环境的可持续发展	股东、员工、社区、环境、竞争者、供应商、消费者
世界可持续发展工商理事会（WBCSD）	联合国组织	1995年	促进经济、环境和社会的协调发展	所有利益相关者
国际社会责任组织（SAI）	国际组织	1997年	建立道德供应链资源库，维护全球工人们权利，于1997年推出SA8000社会责任国际标准	供应商、员工
公正商贸联盟（ETI）	英国	1998年	改善其全球供应链中工人的工作条件	供应商、竞争者、员工

　　从这些有影响的国际组织的成立及其工作内容可以看出全社会对企业利益相关者的理解在逐步扩展和深入。虽然这些组织所在地不同，宗旨不一，内容各异，但都为资源企业进行社会责任管理提供了依据和规范，且还为社会责任拟定了国际标准——生产守则、全球契约、社会道德责任标准等。

　　生产守则（COC——Corporate Code of Conduct）是跨国公司向生产供应商推行企业社会责任的条款或条例，具有很强的可操作性。1991年，美国牛仔裤品牌商Levi-Strauss在受到"血汗工厂"的指责后，第一个制定生产守则。后来Nike、adidas、Reebok、Wal-Mark、Disney、the Gap、Pent land、Kathy Lee等公司相继也制定了相应的生产守则。到2000年，全球共有246个生产守则，其中118个是由跨国公司制定，92个是由行业和贸易协会制定，32个由多边机构、非政府组织制定。这些生产守则中，美国有67个，英国有23个，澳大利亚有20个，加拿大有17个，德国有11个，国际组织有19个。

　　1999年在瑞士达沃斯世界经济论坛（World Economic Forum）上，联合国秘书长安南首次提出《全球契约》。截至目前，全世界共有将近7万家跨国公司加入了《全球契约》。①

　　社会道德责任标准（Social Accountability 8000）是美国非政府组织"国际社会责任组织（SAI）"发布的全球第一个针对企业社会责任的认证标准，是国际上第一个社会责任评价标准，而且是第三方认定标准。②

① 在对中国石油的案例分析中，用该标准对中国石油的社会责任进行了评价。
② 本章案例分析中使用该标准对中国石油的社会责任履行质量进行了评价。

随着国际上重要的社会责任组织的成立和成熟，以及越来越多的国际标准被广大的国际企业广泛接受和采纳，西方的社会责任评价体系也逐渐发展和完善起来。各主要杂志和机构都提出相应的社会责任评价体系，见表3-3。

表3-3　　　　　　　　　　　　西方主要社会责任评价体系

评价主体	评价体系名称
Fortune	Most Admired Company
Fortune	Best Company to Work For
Business Ethics Magazine	Business Ethics Awards
American Society of Chartered Life Underwriters	Awards for Excellence
SAI	Corporate Conscience Awards
Domini	Domini 400 Social Index
Dow Jones	Dow Jones Sustainable Index

3.1.2　我国资源企业社会责任发展历程

（1）我国资源企业社会责任发展

我国对社会责任的研究起步较晚，实践上也相对较弱。但是我国的企业和各行业协会都在努力与国际接轨，不仅大力倡导我国资源企业履行社会责任，还发布了世界上第一份资源协会社会责任报告，为资源企业披露社会责任信息树立了楷模。

表3-4　　　　　　　　　　　　我国资源企业社会责任发展

时间	事件	影响
1951	颁布《中华人民共和国劳动保险条例》，规定企业直接负责职工生、老、病、死、伤残和待业费用的单位保障模式	计划经济时代，所有企业只关注员工的权益
1985	李铜新提出"在经济特区实行社会责任会计的设想"	社会责任被引入我国
1990	中国矿业协会成立，2000年改名为中国矿业联合会	我国资源企业第一组织
1993	《公司法》出台，提出企业目标为营利和践行社会责任	社会责任开始被提到
1999	壳牌（中国）公司率先发布企业可持续发展报告	被视为我国第一份社会责任报告
2000	中国石油发布《健康安全环境（HSE）报告》	我国真正最早的企业社会责任报告
2002	中国证监会和原国家经济贸易委员会联合发布《上市公司治理准则》	明确企业利益相关者：债权人、职工、消费者、供应商、社区福利、环境保护、公益事业
2003	宝山钢铁发布《环境报告2003》	我国最早的独立环境报告

表3-4（续）

时间	事件	影响
2006	《国务院关于落实科学发展观加强环境保护的决定》	环境保护上升到国家层面
2009	中国矿业联合会通过《绿色矿业公约》	倡导行业自律，推进绿色矿业
2009	发布《中国矿业联合会社会责任报告》	第一份资源协会发布的社会责任报告

由表3-3和表3-4可见，美国资源企业从1990年开始要求所有企业发布独立的环境报告；我国到了2000年才有了自己的第一份社会责任报告和第一份独立的环境报告；随后部分资源企业开始以各种形式披露社会责任信息，内容主要以员工安全和环境、资源保护为主。

（2）我国资源企业披露社会责任信息规范

我国企业社会责任管理在理论和实践上都与西方国家有一定差距，在披露社会责任信息的方式上也不成熟，表3-5比较分析了国内外关于社会责任披露方式的差异。我国企业披露社会责任的方式主要采用文字，也就是发布企业社会责任报告，或者企业可持续发展报告。由于资源企业社会责任的特性，部分资源企业只发布环境报告（或称健康安全环境报告）；也有企业同时披露这几种报告，如中国石油从2001年以来一直发布健康安全环境报告，而从2006年开始每年增发社会责任报告。

表3-5　　　　　　　　　　　国内外关于社会责任披露方式比较

国外		国内	
方法	案例	方法	局限
货币计量法	法国的年度社会平衡表、德国的年度社会报告和一些国家普遍采用的社会资产负债表、增值表	以自然资源、人力资源、生态环境和社会收益四个社会责任会计为主要的核算内容，提出相应的计量方法，以确定其金额在会计报表中列报	其中包括人力资本法、综合报酬收益折现法、意愿调查评估法中的叫价博弈法等数据不易获得
文字表述法	美国的环境交易报告	传统的会计计量方法与一些创新的方法结合起来运用于社会责任会计的计量	调查分析法、替代品评价法、复原或避免成本法、法院裁决法和影子价格法等的数据有些不易取得
经济计量模型法	其他企业		

资料来源：根据"宋献中、李皎予所著的《社会责任会计》（中国财政经济出版社，1992），钱红光的《西方国家社会责任会计信息披露研究》（财会月刊，2009年3期）"整理。

在企业社会责任信息披露内容上，国资委进行了总的规划，深交所、上交所则在各自的通告中规定了细节。由表3-6可见，虽然深交所和上交所要求的内容不一致，但是实质都是一样的：企业必须用会计的方法披露所有与企业有关的利益相关者的信息。

表 3-6	我国对社会责任报告内容的规范
发布机关和文件	内容
国资委《关于中央企业履行社会责任的指导意见》	明确了认识中央企业履行社会责任的重要意义和中央企业履行社会责任的指导思想、总体要求和基本原则，为企业的社会责任会计列出了总的提纲
上交所《关于加强上市公司社会责任承担工作的通知》	公司在促进社会可持续发展方面的工作，如对员工健康及安全的保护、对所在社区的保护及支持、对产品质量的把关等；公司在促进环境及生态可持续发展方面的工作，如如何防止并减少污染环境、如何保护水资源及能源、如何保证所在区域的适合居住性以及如何保护并提高所在区域的生物多样性等；公司在促进经济可持续发展方面的工作，如如何通过其产品及服务为客户创造价值、如何为员工创造更好的工作机会及未来发展、如何为其股东带来更高的经济回报等
深交所《深圳证券交易所上市公司社会责任指引》	股东和债权人权益保护、职工权益保护、供应商、客户和消费者权益保护、环境保护与可持续发展、公共关系和社会公益事业、制度建设与信息披露

国内外社会责任的发展历程表明，资源企业发布各种报告的进步和发展揭示了资源企业经营目标的转变：从股东利益最大化到公司价值最大化再到对环境的高度关注，逐渐形成了生态战略管理的目标。随着利益主体的不断扩展，资源企业社会责任发展到了新阶段——生态战略管理。

3.2　我国资源企业社会责任的信息披露

3.2.1　资源企业社会责任信息披露现状

通过查阅矿产资源企业（总共133家上市公司）的年度报表、社会责任报告、健康安全环境报告、可持续发展报告，经整理得出：发布了社会责任报告的有60家，此外还有6家企业虽然在考察的时期没有披露社会责任信息，但是其董事会或者股东大会已经通过了发布2008年社会责任报告的提议，或者在年报中涉及社会责任的履行情况。

具体来说，石油行业的15家企业中共有5家发布了社会责任报告，中海油连续四年发布了社会责任报告，而中石油也连续三年披露了社会责任报告。煤炭行业共27家企业，有10家发布了社会责任报告；其中，中国神华连续两年披露了社会责任报告，此外还有4家企业也通过了发布2008年社会责任报告的提议。有色金属行业共48家企业，披露社会责任报告的企业有23家；其中，中国铝业连续四年、东方钽业连续两年发布了社会责任报告，此外还有2家企业通过发布2008年社会责任报告的决议。贵金属共2家企业，均没有披露社会责任相关信息，也没有相关的动态、钢铁行业共40家企业，发布社会责任报告的共有21家。数据显示，我国资源企业披露信息在数量上较为薄弱。

　　表3-7总结了我国资源企业披露的社会责任内容，几乎所有的资源企业都披露了与股东、员工、消费者、环境保护和节能可持续发展相关的社会责任，这些是资源企业最核心、最基础的社会责任，尤其是员工安全、环境保护以及对资源的合理利用；资源企业对债权人、供应商的披露信息比较弱，说明社会责任披露内容不统一，而这些内容对资源企业来说也是很关键的；资源企业对竞争者和政府（主要是税收）的披露信息最少，但是税收在每个企业的年度报告中都有提及。

表3-7　　　　　　　　　　我国矿产资源企业社会责任披露情况

行业	类别	企业名称	股东	债权人	职工	竞争者	供应商	消费者	环境	资源	公益事业	政府
能源	石油	中国石化	√		√			√	√	√	√	
		中国石油	√	√	√			√	√	√	√	√
		中海油	√		√				√	√	√	
		岳阳兴长	√	√	√	√	√	√	√	√	√	√
		中海油服	√		√	√	√	√	√	√	√	
	煤炭	神火股份	√	√	√				√	√	√	
		金牛能源	√	√	√				√	√	√	
		煤气化	√	√	√				√	√	√	
		西山煤电	√	√	√				√	√	√	
		兰花科创	√	√	√				√	√	√	
		上海能源	√	√	√				√	√	√	
		开滦股份	√	√	√				√	√	√	
		中国神华	√		√			√	√	√	√	
		潞安环能	√	√	√				√	√		
		伊泰B股	√		√				√	√		√
金属	有色金属	中金岭南	√	√	√	√	√	√	√	√	√	
		焦作万方	√	√	√	√	√	√	√	√	√	
		铜陵有色	√	√	√	√	√	√	√	√	√	
		云铝股份	√	√	√	√	√	√	√	√	√	
		关铝股份	√	√	√	√	√	√	√	√	√	
		云南铜业	√	√	√	√	√	√	√	√	√	
		锡业股份	√	√	√	√	√	√	√	√	√	
		东方钽业	√	√	√	√	√	√	√	√	√	
		辰州矿业	√	√	√	√	√	√	√	√	√	√
		海亮股份	√	√	√	√	√	√	√	√	√	
		恒邦股份	√	√	√	√	√	√	√	√	√	
		南玻B	√	√	√	√	√	√	√	√	√	
		中集B	√	√	√	√	√	√	√	√	√	√
		南山铝业	√	√	√			√	√	√	√	
		鑫科材料	√	√	√	√	√	√	√	√	√	
		承德钒钛	√	√	√	√	√	√	√	√	√	
		江西铜业	√	√	√	√	√	√	√	√	√	
		吉恩镍业	√	√	√	√	√	√	√	√	√	
		宝钛股份	√	√	√			√	√	√	√	
		驰宏锌锗	√	√	√			√	√	√	√	
		豫光金铅	√	√	√			√	√	√	√	
		厦门钨业	√	√	√			√	√	√	√	
		中国铝业	√	√	√			√	√	√	√	
		紫金矿业	√	√	√	√	√	√	√	√	√	

表 3 - 7（续）

行业	类别	企业名称	股东	债权人	职工	竞争者	供应商	消费者	环境	资源	公益事业	政府
金属	黑金属	攀钢钢钒	√	√	√		√	√	√	√	√	
		金岭矿业	√	√				√	√	√		√
		唐钢股份	√	√	√	√	√	√	√	√		
		韶钢松山	√	√	√	√		√	√	√		
		新兴铸管	√	√			√	√	√	√		
		太钢不锈	√		√			√	√	√	√	
		法尔胜	√		√			√				√
		鞍钢股份	√		√			√	√	√		
		华菱钢铁	√	√	√			√	√	√	√	
		首钢股份	√	√	√			√	√	√	√	
		三钢闽光	√	√			√	√		√		
		邯郸钢铁	√	√				√	√	√		
		武钢股份	√	√				√	√	√		
		宝钢股份	√		√			√	√	√		
		济南钢铁	√		√			√	√	√		
		莱钢股份	√		√			√	√	√		
		西宁特钢	√		√			√	√	√		
		承德钒钛	√	√			√	√	√	√		√
		安阳钢铁	√		√		√	√	√	√		
		马钢股份	√		√			√		√	√	
		贵绳股份	√	√	√			√		√	√	
合计			60	41	60	30	41	60	59	59	54	24

3.2.2 资源企业社会责任信息披露与业绩的关系

企业作为盈利组织，任何管理活动都会与业绩产生联系。资源企业社会责任信息披露是否会影响到企业的业绩呢？通过选取资源企业最具代表性的指标——净资产收益率为对象，把披露社会责任信息与否作为条件，考察资源企业社会责任信息披露与业绩的关系，如表 3 - 8 所示。

表 3 - 8　　　　资源企业披露社会责任信息与业绩的关系

类别	行业	已披露		未披露			
		企业名称	ROE（%）	企业名称	ROE（%）	企业名称	ROE（%）
能源	石油	中国石化	9.82	广聚能源	8.35	东华能源	-10.21
		中国石油	14.4	泰山石油	15.93	深基地 B	7.76
		中海油	——	茂化实华	1.61	鲁润股份	0.76
		岳阳兴长	22.29	荣丰控股	34.7	黑化股份	-6.11
		中海油服	15.68	准油控股	19.33	S 上石化	-45.12
	平均	15.55		2.7			

表 3-8（续）

类别	行业	已披露		未披露			
		企业名称	ROE（%）	企业名称	ROE（%）	企业名称	ROE（%）
能源	煤炭	神火股份	29.3	国际实业	14.56	安泰集团	0.54
		金牛能源	34.92	靖远煤电	22.53	爱使股份	3.63
		煤气化	26.69	美锦能源	18.48	山西焦化	-12.77
		西山煤电	33.88	平庄能源	27.78	恒源煤电	18.86
		兰花科创	28.52	四川圣达	25.87	开滦股份	19.2
		上海能源	25.85	露天煤业	30.54	大同煤业	31.68
		中国神华	17.12	兖州煤业	24.59	平煤股份	28.71
		潞安环能	36.25	国阳新能	31.46	中煤能源	10.73
		伊泰B股	47.18	盘江股份	30.22	国投新集	21.29
	平均	31.08		19.33			
金属	有色金属和贵金属	中金岭南	11.22	*ST中钨	1.24	中金黄金	12.15
		焦作万方	18.25	*ST锌业	-56.82	山东黄金	28.16
		铜陵有色	9.31	西藏矿业	8.11		
		云铝股份	2.42	ST张铜	0		
		关铝股份	-52.59	栋梁新材	10.49		
		云南铜业	-78.22	罗平锌电	-11.22		
		锡业股份	1.05	西部材料	8.27		
		东方钽业	5.52	常铝股份	0.96		
		辰州矿业	3.91	东方锆业	10.67		
		海亮股份	12.72	精诚铜业	-7.63		
		恒邦股份	17.1	云海金属	4.75		
		南玻B	9.24	包钢稀土	10.33		
		中集B	10.48	ST有色	5.74		
		南山铝业	7.48	ST珠峰	0		
		鑫科材料	0.96	贵研铂业	-16.7		
		承德钒钛	0.81	大西洋	7.8		
		江西铜业	11.01	中孚实业	8.29		
		吉恩镍业	8.7	东阳光铝	6.27		
		宝钛股份	7.87	ST金瑞	-100.51		
		驰宏锌锗	6.5	宁波富邦	-49.8		
		豫光金铅	6.43	新疆众和	5.76		
		厦门钨业	10.26	株冶集团	3.74		
		中国铝业	0.0168	西部矿业	5.68		
		紫金矿业	19	金钼股份	20.46		
	平均	2.06		-3.22			

表3-8（续）

类别	行业	已披露		未披露			
		企业名称	ROE（%）	企业名称	ROE（%）	企业名称	ROE（%）
金属	黑金属	攀钢钢钒	-3.64	大冶特钢	11.44		
		金岭矿业	30.88	本钢板材	1.04		
		唐钢股份	14.6	中南建设	2.27		
		韶钢松山	-28.25	成霖股份	5.68		
		新兴铸管	10.14	恒星科技	11.22		
		太钢不锈	6.02	江苏通润	10.68		
		法尔胜	1.03	包钢股份	6.41		
		鞍钢股份	5.63	杭钢股份	1.09		
		华菱钢铁	6.47	宁夏恒力	1.16		
		首钢股份	5.35	凌钢股份	12.5		
		三钢闽光	1.33	南钢股份	2.82		
		邯郸钢铁	4.91	酒钢宏兴	0.97		
		武钢股份	18.76	抚顺特钢	2.16		
		宝钢股份	7.02	八一钢铁	3.68		
		济南钢铁	10.74	新钢股份	8.68		
		莱钢股份	4.44	鲁银投资	7.8		
		西宁特钢	0.69	广钢股份	-173.47		
		安阳钢铁	1.2	柳钢股份	0.33		
		马钢股份	2.73	重庆钢铁	10.6		
		贵绳股份	4.13				
	平均	5.21		-3.84			
总平均		8.69		2.99			

注：（1）ROE 是 Rate of Return on Common Stockholders' Equity 的缩写，表示净资产收益率。（2）中海油在国外上市，数据无法获得。而 ST 张铜和 ST 珠峰资不抵债，且总资产收益率也为负，所以净资产收益率为0。

资料来源：作者根据新浪财经网（http：//finance. sina. com. cn/head/stock20080529pm. shtml）整理。

由表3-8得出，不管是具体行业，还是资源企业整体，披露社会责任信息的企业的业绩都要优于未披露社会责任信息的企业，说明企业社会责任与业绩确实存在正的关系，这一结论也与沈洪涛[4]的实证结果是一致的。

3.3 资源企业社会责任管理生态战略模型

3.3.1 资源企业社会责任管理生态等式

传统的企业社会责任管理主要关注社会契约意义上的利益主体，会计计量主要是对以人类为中心的相关利益主体的利益界定。从自然契约与社会契约综合角度理解的资源企业认为自然具有与人类同等的权利，人类权利是在自然权利得到基本尊重的基础上实现的。人与自然和谐共生在早期的"天人合一"思想中就得到了体现。以资源企业生态价值观发展战略为指导，把传统的会计方程式改写为：

生态价值＝生态消费－股东合理报酬率－供应商成本－债权人利息－员工工资福利－政府税费－社会回馈

对上式修正以后得到综合考虑各利益相关者的生态价值公式：

生态价值＝生态消费－生态成本

该公式是从根本上对以股东价值为核心的传统会计公式的扬弃。公式右边是人与人的和谐，属于社会契约，是收入和成本；公式左边是人与自然的和谐，属于自然契约。生态价值集中表现了人类关系、人与自然关系矛盾的演化。传统的股东价值观主要关注在解决人类矛盾中的代理难题，但是却从根本上忽视了企业的核心问题是人类活动与自然的关系问题。如果从剩余索取权的角度来理解，应该是自然而不是股东拥有最终的剩余索取权。股东价值至上观很大程度上是造成当前系列环境的重要原因，扩展市场的结果是不断对自然的索取与污染，而不是从根本上改变人的生活方式；降低成本的结果导致对于自然的随意排放，以及污染物的跨国界、跨地区转移。扬弃股东价值观是从根本上对人性的反思，对人类消费方式的反思，对企业本质的反思。生态价值会计方程式对传统会计方程式的替代过程还需要解决计量方面的具体问题，难点是生产与消费价值观的改变。

直接作用于自然环境的资源企业，其生存基础和底线是人与自然的和谐统一，这是资源企业社会责任管理战略的目标和核心。根据这一思想，涉及四方面内容的经典绩效评价模型——平衡计分卡在社会环境、自然环境不断改变的背景下需要作出相应改进。资源企业的愿景战略（实现生态价值）与利益主体存在因果逻辑关系。员工的学习与成长可以有效地改进企业的运作流程，合理地保护了流程中供应商和竞争者的利益，增加了客户对产品的忠诚度，增强了企业的财务能力和声誉。良好的财务能力又为企业实现社会责任提供了经济基础，为企业实现生态价值创造了条件，如图3－2所示。

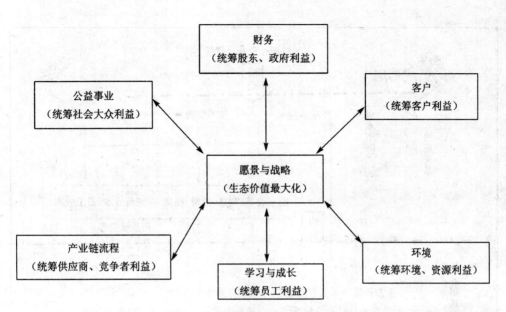

图 3 - 2　资源企业的平衡计分卡

　　资源企业作为产业链中的上游企业，其行为准则、价值取向均会通过产业链传导至下游企业，并影响其行为。资源企业应发挥其在产业链中的作用，关注环境利益、关注缺乏利益代言人的生态资源的利益。合理创造生态价值，在实现人与自然可持续发展的基础上，企业将剩余价值在各利益相关者之间进行合理统筹，实现人与人、人与自然的和谐。

3.3.2　资源企业社会责任管理生态战略地图

　　中国神华的社会责任报告扉页上写着"绿色是金，责任是命"，显示了我国资源企业对自然环境的使命感。这种使命使得我国资源企业将剩余承担者放到自然而非股东上。为了人们（现代人和后代人）的可持续发展，必然要从生态足迹的角度充分考虑资源承载力，因此，制订良好的社会责任管理战略生态地图是必须的。由图 3 - 3 所示，生态价值是所有利益相关者生存发展的底线，没有人与自然的和谐共处，没有企业的循环经济和产业链整合，就无法实现资源企业与自然的和谐统一；而资源企业在产业链上的特殊位置也可以将追求生态价值的思想和战略理念传导给下游企业，形成整个社会的生态价值观，实现人与自然、人与人的和谐共生。

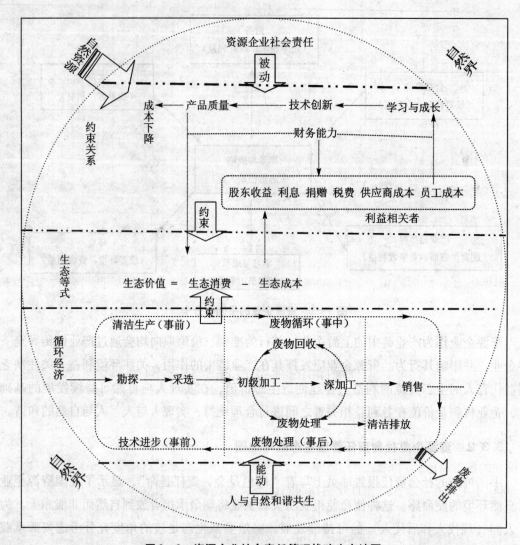

图 3-3　资源企业社会责任管理战略生态地图

从"生态价值＝生态消费－生态成本"这个生态价值链来看，生态消费会影响各利益主体的行为，如生态消费要求支付股东合理回报率，而不是实现股东利益最大化。此外，生态消费还要求企业对员工进行投入，培育出高素质的员工，在保障员工利益的同时进行技术创新，从而降低产品生产成本，提高产品质量。这样不仅可以实现生态成本降低，还可以使得生态消费增加，提升企业的财务能力，继而合理统筹其他利益主体，实现合理的生态价值。生态成本并不是与现有成本相对立的成本概念，而是让现有成本生态化，以符合人与自然和谐发展的指导思想。

以生态价值观为经营导向，资源企业的工作重点是发展循环经济，即最大化地利用自然资源，不断促进技术进步，做到清洁生产，在减少成本的同时减少排出的废物，最优化地循环掉不可避免的废物，最大可能地处理无法再利用的废物，保证废物的排放量最小化。

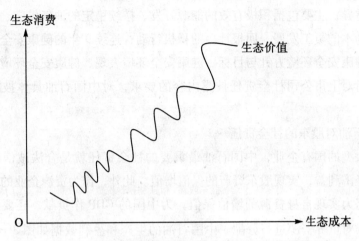

图3-4　生态价值与生态消费、生态成本的关系图

根据生态价值的方程式，生态价值和生态消费以及生态成本之间的关系可以由图3-4来表示。把生态价值链看成一个方程式，生态价值是一个关于生态消费和生态成本的函数，在两者的共同作用下呈曲线波动。

3.4　中国石油的社会责任管理案例分析

中国石油天然气股份有限公司（简称"中国石油"）是根据《公司法》和《国资委关于股份有限公司境外募集股份及上市的特别规定》，由中国石油天然气集团公司独家发起设立的股份有限公司，成立于1999年11月5日。中国石油发行的美国存托股份及H股于2000年4月6日及4月7日分别在纽约证券交易所有限公司及香港联合交易所有限公司挂牌上市（纽约证券交易所ADS代码为PTR，香港联合交易所股票代码为857），2007年11月5日在上海证券交易所挂牌上市（股票代码601857）。

中国石油广泛从事与石油、天然气有关的各项业务，主要包括：原油和天然气的勘探、开发、生产和销售；原油和石油产品的炼制、运输、储存和销售；基本石油化工产品、衍生化工产品及其他化工产品的生产和销售；天然气、原油和成品油的输送及天然气的销售。

中国石油是中国油气行业占主导地位的最大的油气生产和销售商，是中国销售收入最大的公司之一，也是世界最大的石油公司之一，在《财富》杂志的世界500强排名中从2001年的83名逐步上升到2009年的13名。

3.4.1　中国石油社会责任管理的现状

中国石油2006—2008年连续三年披露了《社会责任报告》，2000—2008年每年均披露了《健康安全环境报告》。中国石油连续三年的社会责任报告内容大体方向一致，只是具体内容有所差异，主要包括积极有效的能源开发、持续稳定的油气供应、安全清洁的生产运营、以人为本的员工发展、回报社会的积极行动；连续9年的健康安全报告也是内容一致，均包含健康安全环境方针与目标、健康安全环境表现、健康安全环境管理等内容。

依据上交所对上市公司社会责任披露内容的要求，对中国石油具体披露情况进行分析，具体如下：

（1）中国石油对股东的社会责任

作为中国大型的国有企业，中国石油最重要的社会责任就是合法诚信地进行经营活动，努力实现经济利益，实现股东资产的保值增值。此外，作为资源企业的典型代表，中国石油除了要努力实现自身资源的增值保值，为中国的GDP作贡献，还要代表中国，在资源紧缺的时候对世界资源进行分配。中国石油的生产和盈利数据如图3-5所示。中国石油的盈利能力较强，除了主营业务收入逐年以较大幅度递增以外，主要产品原油和天然气产量也有一定的增加，尤其是天然气产量增幅较大。最重要的是，中国石油的净资产收益率也是逐年增加的（除了2007年和2008年受到金融危机的影响有所下降），企业资产得到了保值增值，见表3-9。

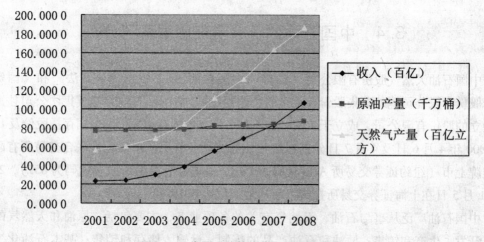

图3-5　中国石油的生产和盈利数据图

表3-9　　　　　　　　　中国石油资产保值增值情况

时间	2000	2001	2002	2003	2004	2005	2006	2007	2008
净资产收益率	18.53%	14.58%	12.93%	18.62%	25%	27%	25%	19.9%	14.4%

中国石油良好的盈利能力不仅来自企业自身的盈利潜力，也与领导阶层的管理能力有密切的关系。在股利分配上，盈利能力的强弱直接决定了股利政策的选择和股利支付率的高低。由表3-10可见，中国石油自上市以来，每年都保持了股利分配记录，而且股利支付率也相对较高；但是相对于中国石油的股价而言，还是比较少的，尤其2008年以前中

国石油的股价非常高。

表3-10　　　　　　　　　　中国石油股利分配表

时间	每股股利	每股净收益	股利支付率（%）
2001	0.05	0.27	18.62
2002	0.07	0.27	25.91
2003	0.08	0.40	19.83
2004	0.15	0.59	25.00
2005	0.18	0.75	24.04
2006	0.15	0.79	19.58
2007	0.16	0.81	19.37
2008	0.15	0.63	23.73

注：股利支付率＝（每股股利÷每股净收益）×100%
每股净收益＝净利润/发行在外的加权平均普通股股数

没有盈利的企业是谈不上社会责任的，它负担不起履行社会责任的成本，所以只有盈利条件好的企业才会有履行社会责任的基础和条件。中国石油较强的获利能力以及优秀的管理能力为其履行社会责任提供了坚实的基础。

（2）中国石油对消费者的社会责任

企业的利润来自消费者，与消费者的互动是企业必须处理的重要关系之一，也是资源企业实现生态价值考虑的重要因素。从中国石油的年报中可以得知，中国石油的主要客户从2001—2008年均为中石化和中国石油集团公司及附属公司。中石油从五个最大客户处获得的合计收入少于集团总销售额的30%。企业对客户的社会责任体现在两个方面：一是生产的产品和提供的服务，二是自主创新和技术进步。

在产品质量和服务水平方面，中国石油提出了"质量第一、用户至上、质量兴企、以质取胜"的质量方针并作出了以下努力：一是设立质量监督检验技术机构——中国质量协会石油分会。二是实施了"六个100%"工程，[①] 保证了西气东输工程所需钢管的生产质量，确保了西气东输工程按期建成和通气。三是进行管材驻厂监造。2004年，集团公司石油管材研究所共对陕京二线、冀宁联络线在内的26条重要管线，25个钢管生产厂生产的90.9万吨钢管进行了驻厂监造，全年完成驻厂监造总结报告67份、无损检测报告21份。四是实施了用户满意工程。集团公司下属吉化集团公司2004年全面实施用户满意工程，根据用户反馈信息，及时优化调整生产控制，生产满足用户需求的产品。其主导产

---

① "六个100%"指建筑结构工程质量合格、竣工工程质量验收合格、重点工程建设项目优质品率100%，建筑节能设计内容执行率100%，竣工工程执行节能强制性标准达标率100%，竣工住宅工程分户验收100%，产品出场质量检测合格率100%，对外出具检测报告的检测机构实现100%。

品丙烯腈中的丙酮含量始终控制在质量标准要求的 0.01% 以下。根据市场信息反馈，公司对丙烯腈产品质量提出更高要求，将丙烯腈中的丙酮含量降到 0.003% 以下，进一步满足了用户对产品质量的新要求。五是建立和实施三级检验制度。集团公司所属大港油田集团有限责任公司对采购产品实行三级检验制度，对自产产品实行出厂检验和抽检制度，预防和避免不合格产品流入现场而引发工程质量事故，加强施工过程中各个关键环节的质量监督，实行岗位负责、专人把关，有效避免了不合格工序，促进了石油工程质量的提高。

在自主创新和技术进步方面，中国石油建立和完善了技术创新机制，加大研究开发投入，提高自主创新能力，形成了一批拥有自主知识产权的核心技术和知名品牌，发挥了对产业升级、结构优化的带动作用。中国石油的主要产品——汽油、煤油、柴油、润滑油、化工轻油、燃料油、溶剂油等均保质保量完成，而其他重要产品石蜡、沥青、石油焦、液化气、丙烯、炼油苯类等由于其得天独厚的资源以及优秀的工艺，产品质量以及产量都遥遥领先于国内同行企业。

各种成品油质量的提升为消费者带来了便利，但是不断上涨的油价却让消费者头疼。2000 年的大幅涨价，2001 年的局部地区涨价，2005 年广东省连续五次提升石油价格，不断刷新成品油零售价创造的历史最高记录。2008 年，在国际原油价格回落和人民币升值的背景下，中国石油再次向国家发展与改革委员会申请提高成品油销售价格，93 号汽油再创历史最高价位。成品油的涨价也不全是从盈利方面考虑，也与国家的宏观调控和战略决策部分相关。上游涨价可以促进下游企业以及全社会产生资源急迫感，达到保护资源的目的。

（3）中国石油对员工的社会责任

企业与消费者产生联系是因为产品，而生产产品的主体是员工，所以处理好企业与员工的关系也非常重要。

表 3 - 11 中国石油员工人数统计表

		2001 年	2002 年	2003 年	2004 年	2005 年	2006 年	2007 年	2008 年
勘探与生产	雇员人数	230 637	233 885	234 733	236 591	247 258	247 442	261 802	258 821
	占总人数比例（%）	54.58	55.74	56.00	55.8	56.3	55.44	56.12	54.17
炼油与销售	雇员人数	112 938	113 355	111 655	116 813	117 260	118 504	122 593	127 493
	占总人数比例（%）	26.73	27.02	27.00	27.5	26.7	26.55	26.28	26.68
化工与销售	雇员人数	66 264	59 292	57 722	57 765	60 272	61 152	61 635	66 557
	占总人数比例（%）	15.68	14.13	14.00	13.6	13.7	13.7	13.21	13.93

表3-11（续）

		2001年	2002年	2003年	2004年	2005年	2006年	2007年	2008年
天然气与管道	雇员人数	10 309	10 332	10 342	10 191	10 760	15 496	15 706	20 053
	占总人数比例（%）	2.44	2.46	2.00	2.4	2.5	3.47	3.37	4.20
其他	雇员人数	2 406	2 734	2 777	2 815	3 670	3 696	4 766	4 856
	占总人数比例（%）	0.57	0.65	1.00	0.7	0.8	0.84	1.02	1.02
合计	雇员人数	422 554	419 598	417 229	424 175	439 220	446 290	466 502	477 780

由表3-11可见，中国石油的员工人数一直都是40万以上，到现在接近50万人，其庞大的集团体系解决了众多的就业问题。但是员工众多的中国石油却没有大规模的裁员行动，从公司成立到今年，只有2002年以前有过一次累计5万人的裁员，之后就再没有裁员计划。

①用工制度

中国石油认真遵守《中华人民共和国劳动法》及上市地颁布的相关法律法规，严格履行中国政府批准的有关国际公约，建立了比较完善的用工管理制度体系，包括劳动合同管理制度、工资保险与福利制度、业绩考核制度、奖惩制度、职业培训制度、休假制度等；还坚持对不同国籍、民族、种族、性别、宗教信仰和文化背景的员工一视同仁、平等对待，坚决禁止雇佣童工，女性在公司与男性享有同等的权利。由表3-12可见，中国石油员工工资和福利均保持了同比增长，这与公司建立的用工制度体系是统一的。

表3-12　　　　　　　　中国石油员工收入　　　　　　（单位：百万）

	2001年	2002年	2003年	2004年	2005年	2006年	2007年	2008年
工资及薪金	9 244	10 631	12 893	14 926	19 351	26 629	32 562	38 933
社会保障成本	4 748	5 617	6 649	7 383	10 324	12 532	18 054	23 132
合计	13 992	16 248	19 542	22 309	29 675	39 161	50 616	62 065

注：社会保障方面主要是养老金和职工医疗保险。养老金方面：每月拿出相当于员工基本工资的16%~22%的供款；基本医疗保险是从2002年10月1日起实施，按职工缴费工资基数之和的6%~10%缴纳基本医疗保险费。

②保障生产安全

中国石油坚持"以人为本"的理念和"安全第一、预防为主"的基本方针，采用先进的安全管理方法和安全生产技术，全面实施HSE管理，不断改善安全生产条件，大力加强基层安全生产工作，为建设具有国际竞争力的跨国企业集团提供重要保障，以达到建立安全生产长效机制，追求"零伤害、零损失、零事故"的目标。这些安全意识和策略在实践中也得到了印证。由表 3 - 13 可知，相对于中国石油数量庞大的员工基数，40 个以下的死亡人数也许不显眼，但是相较起世界石油企业的"零伤害、零损失、零事故"，中国石油的安全管理任重道远。

表 3 - 13   中国石油历年事故死亡人数

年度	2000 年	2001 年	2002 年	2003 年	2004 年	2005 年	2006 年	2007 年	2008 年
人数	21	16	38	35	29	33	29	10	15

注：数据来自中国石油的自身统计，没有经过外部审核。数据中包含了中国石油生产经营活动中的健康安全环境数据，不包括承包商的健康安全环境数据。

资料来源：作者根据中国石油健康安全环境报告和社会责任报告整理。

③保障员工健康

中国石油竭力为职工提供安全、健康、卫生的工作条件和生活环境，保障职工职业健康，预防和减少职业病和其他疾病对职工的危害。坚持以"预防为主，防治结合"的方针和"以人为本、健康至上"的理念，充分保障员工健康。

中国石油 2004 年制定和印发了《中国石油天然气集团公司职业健康监护管理规范》和《中国石油天然气集团公司作业场所职业病危害因素检测规范》。2007 年，公司深入贯彻《中华人民共和国职业病防治法》，严格执行员工健康体检和职业病定期检查制度，为野外施工作业员工进行职业健康体检，对作业场所危害进行检测和评价，为员工进行义诊、健康指导和心理咨询；部分企业购置配备了健康体检车，为生产一线员工职业健康体检提供了良好的保障。

表 3 - 14   中国石油员工体检人数表

年度	2001 年	2002 年	2003 年	2004 年	2005 年	2006 年	2007 年	2008 年
人数	189 648	182 936	280 391	314 503	371 834	261 979	137 000	未披露

注：2008 年职工的具体体检人数没有披露，只说明了职业健康体检率为 96%，从事放射作业人员职业健康体检率和个人剂量检测率为 98% 以上，作业场所职业病危害因素检测率为 97%。

资料来源：作者根据中国石油健康安全环境报告和社会责任报告整理。

由表 3 - 14 可知，中国石油的安全意识和理念在实践中得到了充分的实施，每年体检的人数和危险场所以及职业病危害因素比例都超过 95%，保证了员工自身、工作环境的安全。此外，中国石油还比较重视员工的心理健康。2007 年中国石油针对行业的特点，为全体员工编制发放了《石油员工健康手册》，引导员工树立正确的健康观念，掌握正确的健康知识，选择健康的生活方式等。中国石油还组织员工参加全国《职业病防治法》宣传周活动，举办职业健康管理专题培训，普及职业病防治和职业健康常识，使员工的职业健康监护和保障能力得到进一步提升。

④员工培训

中国石油始终视员工成长、成才为公司发展的核心能力：应用现代企业培训理念，系统开展全员培训，努力创建学习型企业、培养知识型员工，实现员工成长与公司发展的良性互动。近几年，公司员工培训投资累计超过8亿元人民币，培训约280万人次，人均年培训时间超过5天。2001年，首批7个项目培训开始，降低成本305万。2001年，开始实施高层人才"143培养工程"计划。然后是接下来的围绕探索构建学习型企业而展开的培训工作。2007年，公司总部共组织了115期重点培训项目，培训9 151人次；地区公司举办各类专业培训1 600多期次，培训员工累计达52万人次，重点岗位、关键岗位专业人员培训率达到98%以上。此外，中国石油还坚持每年选派一批优秀的经营管理人员和专业技术骨干到国内外知名大学和培训机构参加外语、国际商务、工商管理、法律以及相关专业培训，培养员工的国际视野与国际化操作能力，促进员工全面、健康成长。

虽然中国石油根据国家的政策以及自己企业的发展需要制定了关于员工健康、安全以及权益方面的政策，也按照公司的承诺采取了相应的措施，但是重大事故仍不断发生，如1989年8月12日的黄岛油库特大火灾事故、2003年12月23日的重庆开县重大井喷事件、2004年4月14日中国石油川东钻探公司井喷特大事故、2005年11月13日吉化石化双苯厂发生的爆炸等。这些重大事件给企业带来损失的同时，也对员工造成了伤害。虽然中国石油进行了善后处理，如在中石油川东钻探公司"12·23"特大井喷事故中有190户遇难家属得到理赔，赔偿金额共计3 000万元，但是员工是企业存在和发展最基本的因素，因此合理保障员工安全是中国石油在今后发展中应着力解决的问题。

（4）中国石油对供应商和竞争者的社会责任

企业离不开供应商的原材料和设备，而竞争者则是企业获取资源的主要约束以及促进企业不断创新进取的动力。供应商和竞争者也是资源企业利益统筹需要考虑的主体。

遵守法律法规和社会公德、商业道德以及行业规则，保护知识产权，忠实履行合同，恪守商业信用，反对不正当竞争，杜绝商业活动中的腐败行为，是企业应做到的对供应商和竞争者的社会责任。

表3-15　　　　　　　　　　中国石油主要供应商

时间	主要供应商	从中油集团的采购额比重	从五个最大的供货商合计的采购额比重
2001年	中油集团	36%	38%
2002年	中油集团	37%	39%
2003年	中油集团	33%	42%
2004年	中油集团	33%	43%
2005年	中油集团	35%	45%
2006年	中油集团	38%	46%

表3-15（续）

时间	主要供应商	从中油集团的采购额比重	从五个最大的供货商合计的采购额比重
2007 年	中油集团	39%	47%
2008 年	中油集团	39%	47%

注：中国石油八年的年度报告都没有具体列出前五个最大的供货商名单以及是否有变化等，只列示了中油集团是公司的最大的产品和服务供应商。

资料来源：作者根据中国石油历年年度报告整理。

供应商的稳定性是中国石油可以长期保续高额盈利的动力和保障。由表3-15可知，中国石油最大的供应商是中油集团，而中油集团是中国石油的最大股东和实际控制人，即中国石油存在大量的内部关联交易，且交易量较大。

在竞争者方面，中国石油在国内的竞争者有中石化和中海油。中石化的工作重点和中国石油的不同。中石化的主要业务有实业投资及投资管理，石油、天然气的勘探、开采、储运（含管道运输）、销售和综合利用，石油炼制，汽油、煤油、柴油的批发，石油化工及其他化工产品的生产、销售、储存、运输，石油石化工程的勘探设计、施工、建筑安装，石油石化设备检修维修，机电设备制造，技术及信息、替代能源产品的研究、开发、应用、咨询服务，自营和代理各类商品和技术的进出口（国家限定公司经营或禁止进出口的商品和技术除外）。[①] 中海油和中国石油均经营油气勘探、开发、生产和销售，但是中海油还只是一个新兴企业，规模以及普及度不如中国石油。所以中国石油没有真正意义上的竞争者。

（5）中国石油对债权人的社会责任

财务杠杆的应用使得企业与其债权人之间有了代理关系。这种关系处理的好坏直接影响企业的发展。中国石油的主要往来银行从2001—2005年是中国工商银行、中国银行、中国建设银行、国家开发银行、交通银行、中信实业银行，2006年新增了中国农业银行，2007年新增了汇丰银行。

表3-16　　　　　　　　中国石油历年实际利息支出　　　　　　　　单位：百万

时间	2000 年	2001 年	2002 年	2003 年	2004 年	2005 年	2006 年	2007 年	2008 年
利息	8 692	4 461	4 564	3 769	3 405	3 628	3 700	4 154	3 984

资料来源：作者根据中国石油历年报表整理。

表3-16列示了中国石油历年的利息实际现金支付（非应付利息）。数据结果和企业生命周期是相符的。企业在成长期需要大量的资金投入追求技术进步及开展产品创新，因此举债较多；企业成熟期只需维持企业的规模和发展态势，举债较少。

---

① 中国石化主页：http：//www.sinopec.com。

（6）中国石油对社会大众的社会责任

企业的存在和发展离不开社区的支持。企业存在于社会中，是特殊的"企业公民"，在依靠社会取得利益的同时以公益事业方式回馈社会理所当然。从1999年支持三峡工程到2008年支持北京奥运会，从向苏丹、缅甸捐款到支持湖南、四川灾后重建，中国石油都走在了我国企业的前列。

表 3-17 中国石油天然气股份有限公司各年捐款

捐款时间	款项接收单位	原因	金额
1999 至今	三峡	支持三峡工程	1 600 万元
2003	哈萨克斯坦	支持农业发展	150 万美元
2004	苏丹	建造马拉维大桥	1 000 万美元
2004	印度洋海啸受灾国	海啸	1 223 万元
2004	新疆	定点扶贫	1 274.8 万元
2005	印度尼西亚政府	海啸	50 万美元
2005	泰国政府	海啸	500 万泰铢
2005	广东省	洪水和泥石流	200 万元
2005—2006	西藏	援藏	5 051 万元
2005	海南	防风救灾	100 万元
2005	西藏	特大风雪灾害	100 万元
2006	江西	抗洪救灾	100 万元
2006	贫困大学生	支助贫困大学生	100 万元
2006	四川、重庆	川渝抗旱救灾	1 000 万元
2006	贵州省妇联	助学捐款	95 万元
2006	全国妇联	"母亲水窖"捐款	1 030 万元
2006	河北	干旱、风雹、霜冻、病虫	4 676 万元
2006	广东	严重洪涝、滑坡	1 000 万元
2006	湖南	严重洪涝、滑坡	500 万元
2006	江西	严重洪涝、滑坡	100 万元
2006	广西	严重洪涝、滑坡	300 万元
2006	云南	严重洪涝、滑坡	200 万元
2006	中国残疾人联合会		1 000 万元
2007	甘肃、新疆农村学校	学校捐款	185 万元
2007	新疆、西藏、河南	定点扶贫	3 757.3 万元

表3-17(续)

捐款时间	款项接收单位	原因	金额
2007		其他地区扶贫	9 693.16 万元
2007		信息扶贫	3 800 万元
2007	云南省普洱市宁洱县	地震	400 万元
2007		捐建学校	6 425.27 万元
2007		资助"春雨工程"	100 万元
2007		资助"新长城"项目	50 万元
2007		资助贫困学生和教师	1 597.89
2007		中国石油各种奖学金	750.37 万元
2007	四川、湖南、重庆、新疆等	洪涝、干旱、暴风雪等	1.2 亿元
2007	中国绿色碳基金协会	捐助中国绿色碳基金	30 000 万元
2007	中华国际科学交流基金会	建设20所科技援助站	100 万元
2007	喀土穆州社会保障部	改善当地各种福利机构	100 万美元
2007		对孤、残、困等捐款	17 182.24 万元
2007		义务植树和绿化投入	2 747.27 万元
2007	西部沙漠、干旱地区	华夏绿洲助学行动	30 万元
2007	100个国家级贫困县	建设社会主义新农村	3 800 万元
2008	南方受灾地区	雪灾	3 734.051 6 万元
2008	西部沙漠、干旱地区	华夏绿洲助学行动	50 万元
2008	缅甸	热带风暴	30 万美元
2008	四川、甘肃、陕西	汶川大地震	3.2 亿元

注：由于个别物质捐款的价值难以计量，如在苏丹特大洪灾中捐赠的各种生活用品以及在北京奥运会中提供的各种能源等，所以本表只列示了现金捐献部分。

资料来源：作者根据中国石油主页相关资料整理。

由表3-17可知，中国石油在捐赠方面的社会责任履行得比较全面，赢得了社会的肯定。但是通过分析现金捐赠的支出方向，表明在我国企业社会责任管理的初步阶段，需要适当调整利用在社会责任上的资金结构，将更多资金放在人文素养提高等方面，可以促进社会文明化发展。

（7）中国石油对环境和资源保护的社会责任

作为资源企业，中国石油实现生态价值的最大目标就是要做到对环境的破坏最小，对资源的利用效率最大。

①环境保护

针对石油石化行业的作业特点，中国石油开展了环保专项行动，对列入"国家重点

70

监控企业名单"的36家所属企业的65个排污单位进行专项调研，对涉及饮用水源地保护、环境敏感区生产施工、炼化企业三级防控进行专项检查。

中国石油遵守环境保护法律法规，严格执行建设项目环境影响评价和环境保护"三同时"制度①，始终保持了环境影响评价执行率和环境保护验收执行率两个100%。2007年，中国石油制定了《环境监测管理规定》、《环境统计管理规定》和《重点污染源自动在线监测系统建设方案》等环境管理制度和方案，推进所属企业建立环境管理体系、污染减排指标体系、监测体系和考核体系。截至2007年，公司通过ISO14001国际标准认证的所属企业已达216家。

表 3-18　　　　　中国石油废水中各污染物的排放量及环保投入

年份 指标	2000	2001	2002	2003	2004	2005	2006	2007	2008
石油类（吨）	4 452	3 700	1 474	1 481	1 585	1 219	1 131	1 001	779
化学需氧量（吨）	44 673	32 338	28 973	27 866	27 503	23 416	22 264	23 427	19 751
悬浮物（吨）	27 352	19 521	15 035	—	—	—	—	—	—
二氧化硫（吨）	55 972	71 330	76 802	83 391	88 323	96 936	108 614	127 498	123 500
氮氧化物（吨）	48 186	54 393	59 147	48 726	53 251	55 080	53 957	—	—
环保投入（亿）	11.51	12.05	13.63	10.78	13.46	16.3	21.23	28.5	—

注：（1）2008年的具体数据没有披露。社会责任报告中说到，2008年由于实施了十大节能工程和十大减排工程，主要污染物保持全部达标排放，废水中化学需氧量、石油类以及废气中二氧化硫排放总量同比分别有较大幅度下降。（2）表格"－"处的数据无法获得，中国石油的社会责任报告、健康安全环境报告、年度报告都没有披露，其他渠道也无法获得很权威的数据。

资料来源：作者根据中国石油历年健康安全环境报告整理。

由表3-18可知，公司的环保理念和环保工作取得了一定的成效。废水中石油类、化学需氧量和悬浮物的排放量逐年递减，中国石油在环保方面的投入在不断增长。但是，废水中二氧化硫和氮氧化物的含量还是在逐渐增加，所以，中国石油应加大科技创新投入，争取将这些污染物的排放量降到最低。

2004年以来，中国石油一直组织所属企业开展办公生活区域绿化、厂区道路绿化和防护林建设等造林固碳工程。到2008年，公司生产生活区绿化道路达2 700多千米、绿化面积5 300多万平方米，油田、炼厂和管道等工业绿地总面积达4 500多万平方米，并建成油田矿区防护林5 500多万平方米，企业绿化覆盖率从22.5%提高到27.4%。2008年4月，公司参与协办由来自30多个国家、10多个国际组织以及非政府组织600余名代表出席的"气候变化与科技创新国际论坛"。这是在中国举办的第一次大规模、高级别的气候

---

① "三同时"制度是指新建、改建、扩建项目和技术改造项目以及区域性开发建设项目的污染治理设施必须与主体工程同时设计、同时施工、同时投产的制度。

变化国际盛会，为国内外企业界和学术界提供了一个分享应对气候变化最新技术及实践经验的交流平台。

②资源保护

中国石油将转变油气田开发方式和加快淘汰落后炼化生产能力作为节能减排的重要举措，全面实施"十大节能工程"和"十大减排工程"；加大了成熟适用、效益显著的节能技术的推广应用力度，重点安排空气回收、能量及水系统优化等节能项目112项和脱硫装置建设与改造、油田污水处理及配套管网改造等减排项目416项。

表3-19　　　　　　　　中国石油在资源保护与可持续发展方面的工作

时间	项目	内容	备注
1998	中国石油与加拿大国际发展署合作："中国塔里木盆地自然资源保护及可持续利用"	伴生气替代生物能源、天然气处理技术、健康安全环境管理体系、健康安全环境管理信息系统、环境监测系统、废物管理体系、人力资源管理系统、钻井示范项目、采油及油气处理示范项目等方面	中国石油投资7.91亿配套建设了天然气利用工程，并在高含盐和沙漠地区进行绿化先导性实验，人工造林7 000多亩。
2004	新疆油田合理规划稠油污水资源综合利用工程	利用泵出水深度处理回用热采锅炉给水技术	年节约新鲜水用量700万吨，取得热能利用经济效益2 450万元
2004	锦州石化分公司的500吨/小时污水回用工程	采用行业领先的除油、除氨、臭氧生物氧化工艺，将生化处理后的达标污水经三级滤器深度处理后回用于循环水场，替代新鲜水作为补充水	实现节水并减排320万吨，减排石油类16吨、COD208吨，为保护有限的水资源和企业的可持续发展发挥了积极作用
2005	大港石化QBR技术，吉林石化飞灰重熔技术、粉煤灰综合利用技术	大港石化运用QBR技术进行汽油碱渣处理，吉林石化应用动力锅炉飞灰重熔技术、粉煤灰综合利用等技术	回收资源再利用的同时减少污染物的排放，每年创效5 000多万元，实现了经济效益和环境效益的双赢
2007	水平井技术	应用水平井技术，达到"少井高产"、"少井高效"的目的，减少生产占地，降低环境污染风险；还可降低综合成本，有效开发低效储量，提升油气田的生产能力和开发效益	2007年，大力推广应用水平井和欠平衡钻井技术，全年完成水平井806口、欠平衡钻井155口，分别增长54.4%和93.7%
2007	启动了生物柴油"林—油"一体化项目	与国家林业局签署合作发展林业生物质能源框架协议（注1）	2007年确定了在南充市建立首个生物质能源开发生产示范基地，并与山西能源产业集团签署合作开发山西煤层气资源协议
2007	2007年，公司制定了2008—2010年节能减排实施方案	切实抓好十大节能工程、十大减排工程和三个循环经济试点示范单位（注2）	达到率先建成资源节约型和环境友好型企业的目标

表 3 - 19（续）

时间	项目	内容	备注
2007	节能新模式	以全面推进实施能量系统优化、提高设备能效等十大节能工程为重点，深入开展节能降耗各项工作，能源管理水平和能源综合利用水平进一步提高	全年共实现节能量 140 万吨标煤，节水量 5 500 万立方米，分别完成"十一五"节能节水总目标的 21.2% 和 21.6%。
2007	节能降耗	大力推进水平井、丛式井的应用	全年实施水平井 806 口，有效提高了油气资源的采出效率和土地利用率
2007	对油田伴生气的回收工程	采取增压回注地层、套管气回收、零散气撬装回收装置和天然气发电等措施	有效提高了伴生气资源的综合利用水平
2008	节能工程	十大节能工程	实现节能 176 万吨标煤，节水 5 336 万立方米

注：（1）合作发展林业生物质能源框架协议的内容为：商定 2007 年在河北、内蒙古、安徽、湖南、四川、陕西等 7 省（区）共同建设 6.8 万公顷柴油原料林示范基地，决定在林业生物质能源资源培育与开发、林业碳汇等方面开展全方位合作，启动以木本油料植物为原料的生物液体燃料示范项目。又与黑龙江、山东、陕西、河南、重庆、四川、云南等省市分别签署生物质能源等领域战略合作框架协议或备忘录。

（2）十大节能工程：能量系统优化、提高设备终端能效、自用油替代、供热系统优化运作、伴生气回收利用、能源计量与监控、电机及电力系统节能、非常规能源开发利用、降低油气损耗、水资源综合优化。十大减排工程：工艺废气达标排放、油田污水处理及配套网改造、燃煤电厂二氧化硫治理、炼化污水深度处理及回用、脱硫装置建设与改造、生产装置污染源治理与控制、清洁燃料替代、循环经济示范、工业废水达标排放、污染物自动在线监测体系。三个循环经济试点单位：冀东油田（建设绿色油田）、大连石化（建设生态工业园）、兰州石化（创建环境友好企业）。

（3）水平井单井产量相当于直井的 3~4 倍。

资料来源：作者根据中国石油历年健康安全环境报告和社会责任报告整理。

如表 3 - 19 所示，建设资源节约型、环境友好型企业的核心是不仅要深化环保理念，还要建立循环经济的发展策略。资源利用效率最大化不仅可以实现经济上的创收，为统筹各利益方的利益提供基础，实现人与人的和谐，还可以实现企业的环保理念，达到人与自然的和谐，实现生态价值。

（8）中国石油对政府的社会责任

国家依靠税收而发展，而税收来自企业。企业应该自觉照章纳税，以支持国家的可持续发展。由表 3 - 20 可知，中国石油历年的实际纳税和中国石油的主营业务收入成正方向增长关系。2008 年，由于调节了企业所得税（从 33% 调减到 25%），使得实际纳税额相对于主营业务收入有所减少。

表 3 - 20　　中国石油历年实际纳税　　单位：百万

时间	2000	2001	2002	2003	2004	2005	2006	2007	2008
税收	16 572	22 881	19 562	19 716	33 963	47 138	53 795	54 367	53 893

资料来源：作者根据中国石油历年年报整理。

（9）中国石油对媒体的社会责任

媒体是公司信息传播的主要途径，是公众获取公司信息的主要渠道，是公司与公众交流沟通的桥梁。中国石油充分尊重媒体和公众的知情权、监督权，严格按信息披露规则开展新闻信息发布工作。围绕媒体和公众关心的焦点、热点问题，中国石油逐年加大了新闻信息发布力度；通过组织新闻发布会、公司董事长和总裁接受现场采访以及公司网站发布等多种方式，及时准确传递公司重大信息。

3.4.2 中国石油社会责任管理的评价

虽然国家以及证券交易所都对企业社会责任信息披露的内容作了大体上的规定，但是具体内容没有统一的界定。根据李正、向锐[5]的观点，结合中国石油披露的2008年社会责任报告内容，对中国石油的社会责任披露进行了相应的总结。中国石油社会责任报告中进行了披露的项目打"√"，没有进行披露的项目打"×"。

表 3 - 21　　　　　　　　　中国石油社会责任披露的履行情况表

一级指标	二级指标	是否披露
环境问题类	污染控制	√
	环境恢复	√
	节约能源	√
	废旧原料回收	×
	有利于环保的产品	√
	其他环境披露	×
员工问题类	员工的健康和安全	×
	培训员工	√
	员工的业绩考核	×
	失业员工的安置	×
	员工其他福利	√
社区问题类	考虑企业所在社区的利益	×
一般社会问题类	考虑弱势群体的利益	×
	关注犯罪或公共安全或教育等	×
	公益或其他捐赠	√
消费者类	产品质量提高	√
其他类	考虑银行或债权人的利益	×

资料来源：作者根据李正、向锐所著《中国企业社会责任信息披露的内容界定、计量方法和现状研究》（会计研究，2007（7））以及中国石油的《社会责任报告》整理。

由表3-21可知，中国石油社会责任的披露信息还不完善，虽然大类别都涉及了，但在细节上还有所欠缺。自2006年开始，中国石油已连续三年披露社会责任报告，但内容依旧欠缺，说明中国企业在社会责任披露内容上的标准还不统一。尽管政府和证交所对大致的披露内容有规定，但各企业在具体实践中还是各行其是。

除了披露内容上的不完善外，社会责任履行的质量也相对薄弱。SA8000 是世界上第一个社会道德责任标准，是规范组织道德行为的一个新标准，是第一个作为第三方认证的准则。SA8000 认证是依据该标准的要求审查、评价组织是否与保护人类权益的基本标准相符，在全球所有的工商领域均可应用和实施。根据该认证体系，对中石油的社会责任履行情况作以下评价，见表 3-22。

表 3-22 　　　　　　**中国石油社会责任 SA8000 体系评价表**

项目	是否存在问题
童工	无
强迫性劳工	无
健康与安全	无
组织工会的自由与集体谈判的权利	有
歧视	无
惩戒性措施	无
工作时间	有
工资	无
管理体系	有

由于工会在我国整体的发展都不如西方，所以中国石油的组织工会的自由与集体谈判的权利还有待加强；企业为了盈利会加长员工的工作时间，生产更多的产品，在工作时间上也有异议；管理体系存在的问题与企业自身的发展背景密切相关，作为具有垄断优势的国有大型企业，需要在效率与激励方面进行管理创新。

但是，SA8000 虽然名义上是企业社会责任评价体系，但是内容基本上只涉及劳工保护，对其他利益相关者如股东、消费者、竞争者等的权益保护没有涉及，评价结果的可信度和说服力不强。为此，运用《全球契约》对中国石油的社会责任报告进行补充评价。

表 3-23 　　　　　　**用《全球契约》对中国石油的报告内容进行评价**

《全球契约》内容	中国石油报告中的具体内容
1. 人权方面：	
（1）企业应该尊重和维护国际公认的各项人权	用工制度、员工权益
（2）绝不参与任何漠视与践踏人权的行为	用工制度、员工权益
2. 劳工标准方面：	
（3）企业应该维护结社自由，承认劳资集体谈判的权利	员工权益
（4）彻底消除各种形式的强制性劳动	用工制度

表3-23（续）

《全球契约》内容	中国石油报告中的具体内容
（5）消除童工	用工制度
（6）杜绝任何在用工与行业方面的歧视行为	用工制度
3. 环境方面：	
（7）企业应对环境挑战未雨绸缪	气候变化
（8）主动增加对环保所承担的责任	夯实基础、节能减排
（9）鼓励无害环境技术的发展与推广	清洁能源
4. 反贪污：	
（10）企业应反对各种形式的贪污，包括敲诈、勒索和行贿受贿	关于我们

资料来源：根据中国石油历年健康安全环境报告整理。

由表3-23可知，《全球契约》对中国石油社会责任履行情况的评价效果较好，虽然中国石油在个别内容的履行质量上还存在欠缺，但总体上看，履行的内容较全面。

此外，还可以运用其他方法，如润灵公益事业咨询的社会责任评价体系，对中国石油的社会责任进行评价，可能会得出不同的结论。

本章参考文献

[1] CLARK, J MAURICE. The Changing Basis of Economic Responsibility [J]. The Journal of Political Economy, 1916.

[2] BERLE, ADOLF A, MEANS, GARDINER C. The Modern Corporation and Private Property [M]. New Brunswick: Transaction Publishers, 1932 (reprinted in 1991).

[3] DODD, E MERRRICK. For Whom are Corporate Managers Trustees? [J]. Harvard Law Review, 1932 (45): 1145-1163.

[4] 沈洪涛. 公司社会责任与公司财务业绩关系研究——基于相关利益者理论的分析 [D]. 厦门大学, 2005.

[5] 李正, 向锐. 中国企业社会责任信息披露的内容界定、计量方法和现状研究 [J]. 会计研究, 2007 (7).

4 资源企业环境会计管理

环境会计是资源企业与自然界进行交流的一门语言。资源企业的环境会计管理以环境会计确认、计量和环境信息披露为手段，是资源企业进行环境社会责任管理的重要工具。本章介绍了环境会计的定义、发展历程、国外先进的经验典范以及环境会计管理在我国的理论与实践，揭示了我国采掘业上市公司环境会计核算和环境信息披露过程中存在的问题；并以辰州矿业和壳牌集团、兰花科创为例，对其环境会计核算和环境信息披露情况进行了深入分析。

4.1 环境会计管理发展历程

美国环境保护局（United States Environmental Protection Agency，简称 EPA）对环境会计（Environment Accounting）的解释分为宏观和微观两个层面三个分支：宏观层面的国民收入核算和报告、微观层面的企业财务报告会计和管理会计。按照我国的习惯，应该分别理解为经济统计领域国民经济核算体系中的环境核算和企业会计领域的环境会计。换一种表述，对环境会计可以有广义和狭义两种理解：广义的理解包括宏观环境核算和微观环境会计，狭义的理解则专门指企业环境会计。[1]

20 世纪 30 年代初到 70 年代末，在世界范围内爆发了八次规模较大的震惊世界的环境污染事件：1930 年的比利时马斯河谷烟雾事件、1940 年的美国洛杉矶光化学烟雾事件、1948 年的美国多诺拉烟雾事件、1952 年的英国伦敦烟雾事件、1953 年的日本水俣病事件、1955 年的日本富山县痛痛病事件、1961 年的日本四日市哮喘病事件、1968 年的日本米糠油事件。这八次规模较大的污染事件无一例外地发生在当时工业革命发展迅猛的国家。并且其中的比利时马斯河谷烟雾事件、美国多诺拉烟雾事件、日本水俣病事件、日本富山市痛痛病事件、日本四日市哮喘病事件是资源企业在自身发展过程中对环境造成严重破坏而又不采取环保措施所带来的灾难性后果。这些事件的发生给人类拉响了警报。

有鉴于此，联合国（United Nations，简称 UN）于 1973 年 12 月 15 日成立了联合国环境规划署（United Nations Environment Programme，简称 UNEP）来解决重要的和新出现的环境问题。国际标准化组织（International Organization for Standardization，简称 ISO）也于 1996 年发布了 ISO 14000 环境管理体系标准，向各国政府及各类组织提供统一的环境管理体系，产品的国际标准和严格、规范的审核认证办法。

　　同时，资源企业自身也在不断地加强环境管理：无论是《财富》500强当中的资源企业（如表4-1所示），还是我国上市公司中的资源企业都在不同程度地披露和环境管理相关的信息。部分资源企业的年度报告中还包含了与企业从事环境活动相关的会计核算，甚至部分资源企业披露了包含环境报告的企业社会责任报告或是可持续发展报告。

表4-1　　　　2009《财富》500强前十名企业中资源企业的环境报告发布情况

排名	中文常用名称	总部所在地	主要业务	包含环境报告的非财务报告名称
1	皇家壳牌石油	荷兰	炼油	Sustainability Report
2	埃克森美孚	美国	炼油	Corporate Citizenship Report
4	英国石油	英国	炼油	Sustainability Report
5	雪佛龙	美国	炼油	Corporate Social Responsibility Report
6	道达尔	法国	炼油	Corporate Social Responsibility Report
7	康菲	美国	炼油	Sustainability Report
9	中国石化	中国	炼油	Corporate Social Responsibility Report

资料来源：作者根据2009《财富》500强排行榜榜单整理。

4.1.1　国际性组织关于环境会计的相关内容

　　环境会计理论研究发端于20世纪70年代[①]，在20世纪90年代出现大量研究成果。1998年2月11日至13日，在日内瓦万国宫召开的联合国国际会计和报告标准政府间专家工作组[②]第15次会议，讨论并通过了《环境会计和财务报告的立场公告》、《环境成本和负债的会计与财务报告》[③]，形成了环境会计的框架性意见。《环境会计和财务报告的立场公告》是迄今为止国际上第一份关于环境会计和报告的系统而完整的指南。[④]

　　《环境会计和财务报告的立场公告》将环境成本定义为"本着对环境负责的原则，为管理企业活动对环境造成的影响而采取或被要求采取的措施的成本，以及因企业执行环境目标和要求所付出的其他成本。如避免和处置废物，保持和提高空气质量，清除泄漏油

---

　　① 以Beams Floyd A, & Fertig Paul E (1971), Marlin, John Tepper (1973) 具有代表性。具体参见：Beams Floyd A, Fertig Paul E. Pollution Control through Social Cost Conversion [J]. The Journal of Accountancy, 1971 (11)：37-41.；Marlin, John Tepper. Accounting for Pollution [J]. The Journal of Accountancy, 1973 (2)：41-46.

　　② 联合国经济及社会理事会 (United Nations Economic and Social Council, 简称ECOSOC) 于1982年建立了联合国国际会计和报告标准政府间专家工作组 (Intergovernmental Working Group of Experts on International Standards of Accounting and Reporting, 简称ISAR)。截至2009年5月31日，该专家工作组共召开了25次会议，其中的8次会议涉及环境会计。

　　③ United Nations Conference on Trade and Development. Accounting and Financial Reporting for Environmental Costs and Liabilities [EB/OL]. [2009-07-11]. http://www.unctad.org/en/docs/ite eds4 __ en.pdf.

　　④ 报告的内容参见"陈毓圭. 环境会计和报告的第一份国际指南——联合国国际会计和报告标准政府间专家工作组第15次会议记述 [J]. 会计研究, 1998 (5)."

料，去除建筑物中的石棉，开发更有利于环境的产品，开展环境审计和检查等方面的成本。罚款、罚金和赔偿等方面的成本虽被视为与环境相关的成本，不属于这一环境成本的定义范围，但应予以披露"[1]；将环境资产定义为"由于符合资产的确认标准而被资本化的环境成本"[2]；将环境负债定义为"企业发生的，符合负债的确认标准，并与环境成本相关的义务"[3]。

世界银行（World Bank）倡导会计体系变革，建议增设环境会计账户，以更为真实地反映经济增长业绩。目前，以世界银行名义发表的论文和出版的书籍如表4-2所示。

表4-2　　　　　　　　　　　以世界银行名义发表的论文和出版的书籍

时间	性质	名称
1989	书籍	Environmental Accounting for Sustainable Development
1990	工作论文	A Survey of Resource and Environmental Accounting in Industrial Countries
1991	工作论文	Environmental – Economic Evaluation of Projects and Policies for Sustainable Development
1991	论文	Integrated – Environmental and Economic Accounting – Framework for a SNA Satellite System

资料来源：根据许家林、孟凡林的《环境会计》整理。

4.1.2　环境会计管理的经验典范

（1）美国

美国从20世纪70年代起就个别企业披露环境信息，在法律法规的要求和资本市场压力的双重约束下于90年代迅速增加。在企业环境信息披露的过程中，美国财务会计准则委员会（Financial Accounting Standards Board，简称FASB）、美国注册会计师协会（American Institute of Certified Public Accountants，简称AICPA）、美国会计学会（American Accounting Association，简称AAA）、美国管理会计师协会（Institute of Management Accountants，简称IMA）、美国证监会（Securities and Exchange Committee，简称SEC）和美国环境保护局（EPA）发挥了重要作用。这些机构和组织发布的和环境会计相关的法律、法规以及文件、政策、措施如表4-3所示。

---

① Environmental costs comprise the costs of steps taken, or required to be taken, to manage the environmental impacts of an enterprise's activity in an environmentally responsible manner, as well as other costs driven by the environmental objectives and requirements of the enterprise.

② Environmental assets are environmental costs that are capitalized and amortized over the current and future periods because they satisfy the criteria for recognition as an asset.

③ Environmental liabilities are obligations relating to environmental costs that are incurred by an enterprise and that meet the criteria for recognition as a liability.

表4-3　　　　　　　　环境会计相关的法律、法规以及文件、政策、措施

时间	发布机构	名称
1989	FASB	EITF 89-13: Accounting for the Cost of Asbestos Removal (EITF 89-13)
1990	FASB	EITF 90-8: Capitalization of Costs to Treat Environmental Contamination (EITF 90-8)
1993	FASB	EITF 93-5: Accounting for Environmental Liabilities Status (EITF 93-5)
1993	SEC	Staff Accounting Bulletin No. 92 (SAB 92)
1995	EPA	An Introduction to Environmental Accounting as a Business Management Tool: Key Concept and Terms
1996	AICPA	Statement of Position No. 96-1 (SOP No. 96-1)
1996	IMA	Tools and Techniques of Environmental Accounting for Business Decisions
2001	EPA	The Lean and Green Supply Chain: A Practical Guide for Materials Managers and Supply Chain Managers to Reduce Costs and Improve Environmental Performance

资料来源：根据"肖序．环境会计理论与实务研究［M］．大连：东北财经大学出版社，2007．；张英．构建我国环境会计体系的研究［M］．北京：经济科学出版社，2006．；魏素艳，肖淑芳，程隆云．环境会计：相关理论与实务［M］．北京：机械工业出版社，2005．；许家林，孟凡林．环境会计［M］．上海：上海财经大学出版社，2004．"整理。

（2）加拿大

加拿大特许会计师协会（Canadian Institute of Chartered Accountants，简称 CICA）在加拿大的环境会计管理中发挥着重要作用。到目前为止，CICA 已经完成并正式出版的几份有价值的研究报告如表4-4所示。

表4-4　　　　　　　　　　　　CICA 出版的研究报告

时间	发布机构	名称
1992	CICA	Environmental Auditing and the Role of the Accounting Profession
1993	CICA	Environmental Costs and Liabilities: Accounting and Financial Reporting Issues
1994	CICA	Reporting on Environmental Performance
1994	CICA	Environmental Reporting in Canada: A Survey of 1993 Reports
1995	CICA	Waste Management Systems: Guidelines for Implementation, Monitoring and Reporting

资料来源：作者根据"肖序．环境会计理论与实务研究［M］．大连：东北财经大学出版社，2007．"整理。

（3）日本[2]

日本环境会计的研究起步较晚，但发展较快。其中，日本环境省在推动环境会计实施和环境信息披露方面起了不容忽视的作用。日本政府制定的导则、指南如表4-5所示。

表4-5   日本政府指定的导则、指南

时间	发布机构	名称
1999	环境省	《环境保护成本控制与公开导则》（征求意见稿）
2000	环境省	《环境会计导则》
2000	环境省	《环境会计指南》
2001	环境省	《环境会计指南》（第2版）
2002	环境省	《环境会计导则》（2002版）
2002	环境省	《环境会计指南》（2002版）
2003	环境省	《环保成本分类指南》（2003版）
2004	环境省	《环境现状与课题》报告
2005	环境省	《环境会计导则》（2005版）
2005	经济产业省	《环境管理会计方法工作指南》

资料来源：大野木升司. 环境会计在日本［J］. 世界林业研究，2006（4）.

另外，由于每个行业的会计系统不同，日本各行业协会也分别制定了相应的环境会计导则如表4-6所示。

表4-6   日本各行业的环境会计导则

时间	行业	负责单位	名称
2000 [1]	燃气	日本瓦斯协会	《城市燃气事业环境会计引进指南》
2000	石油	石油产业发展中心	《关于石油产业会计引进的调研报告》
2000 [2]	橡胶	日本橡胶工业协会	《日本橡胶工业协会环境会计导则》
2001	食品生产	食品需求研究中心	《食品生产环境会计入门指南》
2001	机械制造	日本机械工业联合会	《机械工业相关企业环境会计与环境报告书》
2002	食品流通	食品产业中心	《食品流通业环境会计入门指南》
2002	建设	日本建设行业团体联合会等	《建设行业环境会计导则》（2002版）
2003	铁路	日本民营铁道协会	《民铁事业环境会计导则》（2003版）
2003	化学	日本Responsible care协会	《化学企业环境会计导则》

注："1"表示2002年9月修改，"2"表示2003年补充。

资料来源：大野木升司. 环境会计在日本［J］. 世界林业研究，2006（4）.

2008年毕马威（KPMG）对22个国家的前100名企业进行的调查结果显示：日本发行环境报告书的企业达到企业总数的93%，在发行环境报告书方面是最积极的国家。[①]

---

① KPMG. KPMG International Survey of Corporate Responsibility Reporting 2008［R］. Amstelveen：KPMG，2008.

（4）欧洲

欧洲各国于20世纪90年代起开始环境会计的理论与实践研究。英国特许注册会计师协会（Association of Chartered Certified Accountants，简称ACCA）多年来也一直积极开展关于环境会计的研究，于1991年推出了环境报告奖励计划，以鼓励企业披露环境信息。2001年11月，英国环境、食物和农村事务部会同英国贸易与工业部等发布了《环境报告通用指南》，指导各类组织编制环境报告。法国政府发布文件规定所有雇工在300人以上的企业都要提供包括环境信息在内的社会资产负债表。[3]

欧洲的许多大公司已自愿披露环境信息。1991年由Roberts对110家欧洲公司的调查显示，大约有68%的大公司提供了有关环境方面的信息。其中对法国选取的25家调查样本公司中有52%提供了有关环境信息，德国40家公司中有80%提供了环境信息，荷兰15家公司中有60%提供了环境信息，瑞典15家公司中有80%提供了环境信息，瑞士15家公司中有60%提供了环境信息。[4]

2008年毕马威（KPMG）对22个国家的前100名企业进行的调查结果显示：英国发行环境报告书的企业达到企业总数的91%，荷兰63%，西班牙63%，瑞典60%，意大利59%，法国59%，葡萄牙52%，瑞士49%，芬兰44%，挪威37%，匈牙利26%，丹麦24%，罗马尼亚23%，捷克14%。① 毕马威的调查结果如图4-1所示。

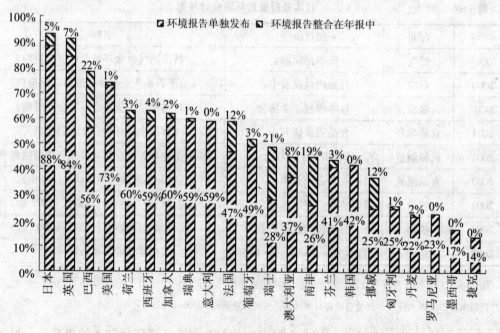

图4-1 22个国家前100名企业环境报告发布情况

资料来源：根据毕马威《KPMG International Survey of Corporate Responsibility Reporting 2008》中的数据整理。

---

① KPMG. KPMG International Survey of Corporate Responsibility Reporting 2008［R］. Amstelveen：KPMG, 2008.

4.1.3　我国环境会计理论的发展与实践

（1）理论研究

从现有的文献来看，我国对环境会计的研究始于 20 世纪 90 年代，当时是国际环境会计研究的繁荣期。葛家澍等在《会计研究》1992 年第 5 期上发表的《九十年代西方会计理论的一个新思潮——绿色会计》，揭开了我国环境会计研究的序幕。此后，许多学者在环境会计领域的研究成果相继见诸相关理论专著（如表 4-7 所示）以及国内专业期刊。

表 4-7　　　　　　　　　　环境会计领域的研究成果（相关理论专著）

时间	作者	出版社	书名
1997	翟新生	西南财经大学出版社	自然资源会计——大循环成本理论具体运用
1998	徐　泓	中国人民大学出版社	环境会计理论与实务研究
1998	陈思维	经济管理出版社	环境审计
1999	孟凡利	东北财经大学出版社	环境会计研究
2000	许家林	东北财经大学出版社	资源会计研究
2001	李连华	湖南人民出版社	环境会计学
2001	陈正兴	中国审计出版社	环境审计
2002	肖　序	中国财政经济出版社	环境成本论
2002	乔世震、乔　阳	中国财政经济出版社	漫话环境会计
2003	郭晓梅	厦门大学出版社	环境管理会计研究
2003	李静江	清华大学出版社	企业环境会计和环境报告书
2003	张白玲	中国财政经济出版社	环境核算体系研究
2004	许家林、孟凡利	上海财经大学出版社	环境会计
2005	魏素艳、肖淑芳	机械工业出版社	环境会计:相关理论与实务
2006	张　英	经济科学出版社	构建我国环境会计体系的研究
2006	李永臣	中国人民大学出版社	企业环境会计研究
2007	肖　序	东北财经大学出版社	环境会计理论与实务研究

根据对北京大学评出的 2008 年 13 种会计类核心期刊[①]中的环境会计研究论文的初步

---

① 这 13 种会计类核心期刊分别是：A. 《会计研究》、B. 《审计研究》、C. 《审计与经济研究》、D. 《财务与会计》、E. 《财会通讯》、F. 《会计之友》、G. 《财会月刊》、H. 《中国审计》、I. 《商业会计》、J. 《上海立信会计学院学报》、K. 《财会研究》、L. 《中国注册会计师》、M. 《财务与金融》（2008 年第三期开始更名，原名"事业财会"）。此处的顺序是按照北京大学图书馆主编的《中文核心期刊要目总览》（2008 版）排列的。虽然这 13 种期刊不能包揽我国环境会计研究的所有文献，但这些主流期刊既是发表环境会计有关文章较多的杂志，其载文的基本观点也代表了我国环境会计理论研究的最新思想和发展动向。

统计，从 1992 年到 2008 年，发表在上述会计主流期刊上涉及环境会计的文章共有 597 篇①。这些论文为我国环境会计的建立与发展奠定了基础。13 种会计类核心期刊发表环境会计类研究论文的数量结构如表 4 - 8 所示。

表 4 - 8　　　　　　　各种期刊刊登环境会计相关文章的数量结构分析

期刊名称	A	B	C	D	E	F	G
数量	35	35	29	16	115	125	122
比重（%）	5.86	5.86	4.86	2.68	19.26	20.94	20.44
期刊名称	H	I	J	K	L	M	合计
数量	23	28	5	41	7	16	597
比重（%）	3.85	4.69	0.84	6.87	1.17	2.68	100

从表 4 - 8 中反映的结果可以看出，13 种会计类核心期刊近年来刊发环境会计、环境信息披露、环境审计等方面的文章占前三位的分别是《会计之友》、《财会月刊》和《财会通讯》。

13 种会计类核心期刊在不同年份内发表环境会计类研究论文的数量结构如表 4 - 9 和图 4 - 2 所示。

表 4 - 9　　　　　　　各种期刊刊登环境会计相关文章年限分布情况表

年限	1992	1993	1994	1995	1996	1997	1998	1999	2000
数量	2	1	2	6	6	28	15	19	22
比重（%）	0.34	0.17	0.34	1.01	1.01	4.69	2.51	3.18	3.69
年限	2001	2002	2003	2004	2005	2006	2007	2008	合计
数量	20	33	34	48	58	77	103	123	597
比重（%）	3.35	5.53	5.7	8.04	9.72	12.9	17.3	20.6	100

从表 4 - 9 中反映的统计结果可以看出：自 1992 年以来有关环境会计的论文数量总体上呈增长趋势，而其中又存在两次较大的增长点，分别是 1997 年和 2002 年。

我国学者在环境会计领域的研究主要集中在以下几个方面：环境会计国外经验的介绍、环境会计必要性的研究、环境会计基础理论的研究、环境资产研究、环境负债研究、环境成本研究、环境绩效研究、环境信息披露研究、环境审计研究等。

---

①　在对 13 种期刊中分别检索相关论文时，我们采用了篇名检索的办法，分别在中国知网检索了"环境"、"生态"、"环保"、"绿色"、"资源"等，在此基础上选取了有关环境会计、绿色会计、环境成本、环境信息披露、绿色报告、环境审计等方面的论文。我们剔除了通讯一类的消息性文章，如《审计研究》1997 年第 3 期所载的《中国审计学会会长于明涛同志在环境审计研讨会上的讲话》。

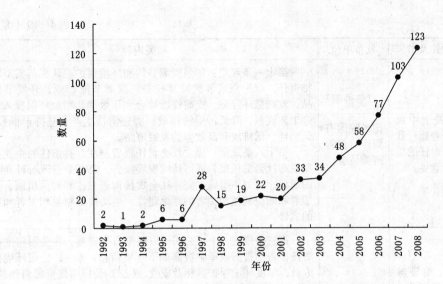

图 4-2　各种期刊刊登环境会计相关文章年限分布情况图

（2）实践探索

近年来，中国社会各界对企业环境治理和环境保护的关注持续升温。深圳证券交易所于 2006 年 9 月率先发布了《深圳证券交易所上市公司社会责任指引》，紧接着环境保护部于 2007 年 4 月发布了《环境信息公开办法（试行)》，国务院国有资产监督管理委员会于 2008 年 1 月发布了《关于中央企业履行社会责任的指导意见》，上海证券交易所于 2008 年 5 月发布了《上海证券交易所上市公司环境信息披露指引》。这些文件及措施的发布对推动上市公司披露环境信息发挥了重大作用。有关企业环境信息披露的文件及措施如表 4-10 所示。

表 4-10　　　　　　　　　有关企业环境信息披露的文件及措施

时间	文件及措施	发布单位	相关内容
2006 年 9 月	《深圳证券交易所上市公司社会责任指引》	深圳证券交易所	第三十六条规定：公司可将社会责任报告与年度报告同时对外披露。社会责任报告的内容至少应包括关于职工保护、环境污染、商品质量、社区关系等方面的社会责任制度的建设和执行情况。
2007 年 4 月	《环境信息公开办法（试行)》	中华人民共和国环境保护部	第二十二条规定：依照本办法第十九条规定，自愿公开环境信息的企业，可以将其环境信息通过媒体、互联网等方式，或者通过公布企业年度环境报告的形式向社会公开。

表4-10（续）

时间	文件及措施	发布单位	相关内容
2008年1月	《关于中央企业履行社会责任的指导意见》	国务院国有资产监督管理委员会	第十一条规定：加强资源节约和环境保护。认真落实节能减排责任，带头完成节能减排任务。发展节能产业，开发节能产品，发展循环经济，提高资源综合利用效率。增加环保投入，改进工艺流程，降低污染物排放，实施清洁生产，坚持走低投入、低消耗、低排放和高效率的发展道路。 第十八条规定：建立社会责任报告制度。有条件的企业要定期发布社会责任报告或可持续发展报告，公布企业履行社会责任的现状、规划和措施，完善社会责任沟通方式和对话机制，及时了解和回应利益相关者的意见建议，主动接受利益相关者和社会的监督。
2008年5月	《上海证券交易所上市公司环境信息披露指引》	上海证券交易所	第三条规定：上市公司可以根据自身需要，在公司年度社会责任报告中披露或单独披露如下环境信息：（一）公司环境保护方针、年度环境保护目标及成效；（二）公司年度资源消耗总量；（三）公司环保投资和环境技术开发情况；（四）公司排放污染物种类、数量、浓度和去向；（五）公司环保设施的建设和运行情况；（六）公司在生产过程中产生的废弃物的处理、处置情况，废弃产品的回收、综合利用情况；（七）与环保部门签订的改善环境行为的自愿协议；（八）公司受到环保部门奖励的情况；（九）企业自愿公开的其他环境信息。

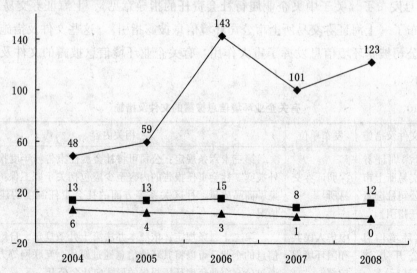

图4-3 我国特大、重大、较大及一般环境污染事件发生情况

资料来源：作者根据环境保护部2004—2008年中国环境状况公报中提供的数据整理。

　　同时，针对近年来不断突发的环境事件（如图4-3所示），环境保护部采取了更为严格的监管措施。2009年6月11日，环境保护部发布环法（2009）40号《中国第一重型机械集团公司行政处罚决定书》：中国第一重型机械集团公司建设国际一流铸锻钢基地及大型铸锻件国产化技术改造项目的环境影响评价文件未经环保部门批准，即于 2008 年 3 月 25 日擅自开工建设。上述行为违反了《中华人民共和国环境保护法》第十三条、《中华人民共和国环境影响评价法》第二十五条关于建设项目环境影响评价管理的规定，依法应当予以处罚。《中华人民共和国环境影响评价法》第三十一条规定，建设项目环境影响评价文件未经批准或者未经原审批部门重新审核同意，建设单位擅自开工建设的，由有权审批该项目环境影响评价文件的环境保护行政主管部门责令停止建设，可以处五万元以上二十万元以下的罚款。根据上述规定，环境保护部决定对中国第一重型机械集团公司处以二十万元罚款。① 2009 年 6 月 12 日，环境保护部发布环办函（2009）602 号《关于责令金沙江鲁地拉水电站停止建设的通知》：由于云南华电鲁地拉水电有限公司建设的金沙江鲁地拉水电站未经我部环境影响评价审批，已于 2009 年 1 月进行大江截流，截至 2009 年 5 月，上下游围堰已经基本建成，进入主体工程建设阶段。项目主体工程擅自开工，违反了《环境影响评价法》第二十五条的规定。依据该法第三十一条的规定，现责令云南华电鲁地拉水电有限公司立即停止该项目主坝工程建设。② 2009 年 6 月 12 日，环境保护部发布环办函（2009）603 号《关于责令金沙江龙开口水电站停止建设的通知》：华能龙开口水电有限公司建设的金沙江龙开口水电站未经我部环境影响评价审批，已于 2009 年 1 月大江截流，大坝主体工程进入混凝土浇筑阶段，截至 2009 年 5 月，上下游主围堰已经基本建成。项目主体工程擅自开工，违反了《环境影响评价法》第二十五条的规定，依据该法第三十一条的规定，现责令华能龙开口水电有限公司立即停止该项目主坝工程建设。③

4.2　资源企业环境会计核算

为了解我国资源企业对环境会计的认识，我们对在深圳证券交易所和上海证券交易所上市的 39 家 A 股采掘业④上市公司（不包括采掘服务业的三家上市公司——准油股份、海油工程和中海油服）2008 年的年度报告中的合并会计报表附注进行了统计分析。这 39 家 A 股采掘业上市公司如表 4 - 11 所示。

---

① 中华人民共和国环境保护部. 中国第一重型机械集团公司行政处罚决定书［EB/OL］.（2009 - 6 - 11）［2009 - 07 - 11］. http：//www. zhb. gov. cn/law/fzjs/xzcf/200906/t20090615 __152803. htm.

② 中华人民共和国环境保护部. 关于责令金沙江鲁地拉水电站停止建设的通知［EB/OL］.（2009 - 6 - 12）［2009 - 07 - 11］. http：//www. zhb. gov. cn/info/bgw/bbgth/200906/t20090615 __152780. htm.

③ 中华人民共和国环境保护部. 关于责令金沙江龙开口水电站停止建设的通知［EB/OL］.（2009 - 6 - 12）［2009 - 07 - 11］. http：//www. zhb. gov. cn/info/bgw/bbgth/200906/t20090615 __152787. htm.

④ 按照中国证券监督管理委员会 2001 年 4 月 3 日发布的《上市公司行业分类指引》进行的分类。

表 4-11　　　　　　　　　　39 家 A 股采掘业上市公司（不包括采掘服务业）

股票代码	股票简称	股票代码	股票简称
000552	靖远煤电	600395	盘江股份
000571	新大洲 A	600489	中金黄金
000655	金岭矿业	600497	驰宏锌锗
000723	美锦能源	600508	上海能源
000762	西藏矿业	600547	山东黄金
000780	平庄能源	600652	爱使股份
000933	神火股份	600971	恒源煤电
000937	金牛能源	600997	开滦股份
000968	煤气化	601001	大同煤业
000983	西山煤电	601088	中国神华
002128	露天煤业	601168	西部矿业
002155	辰州矿业	601600	中国铝业
600028	中国石化	601666	平煤股份
600121	郑州煤电	601699	潞安环能
600123	兰花科创	601857	中国石油
600139	西部资源	601898	中煤能源
600188	兖州煤业	601899	紫金矿业
600256	广汇股份	601918	国投新集
600348	国阳新能	601958	金钼股份
600381	ST 贤成		

统计结果显示，这 39 家资源上市公司中有 38 家或多或少地在合并会计报表附注部分提到环境会计，仅仅只有一家上市公司没有在合并会计报表附注部分提及环境会计。提及环境会计的这 38 家资源上市公司的合并会计报表附注部分涉及环境会计的二级科目共有 20 个。其中，资产类科目有 9 个，包括：预付款项、其他应收款、其他流动资产、长期股权投资、固定资产、在建工程、无形资产、长期待摊费用、递延所得税资产；负债类科目有 8 个，包括：应交税费、其他应付款、其他流动负债、长期应付款、专项应付款、预计负债、递延所得税负债、其他非流动负债；损益类科目有 3 个，包括：营业税金及附加、管理费用、营业外收入。

4.2.1　环境资产核算

按照环境资产的定义，结合会计学的资产分类标准，以及对 39 家 A 股采掘业上市公司 2008 年的年度报告中的合并会计报表附注部分的统计分析，可设置如下环境资产会计科目：环境预付款项、环境其他应收款、环境其他流动资产、环境长期股权投资、环境固定资产、环境在建工程、环境无形资产、环境长期待摊费用、环境递延所得税资产。

（1）环境预付款项

在披露了环境会计信息的 38 家 A 股采掘业样本公司中，2008 年的年度报告中的合并会计报表附注部分涉及环境预付款项科目的上市公司有 1 家，占样本总数的 2.63%。

例如：辰州矿业（002155）2007 年向沅陵克林克环保科技有限公司支付环境预付款 1 990 000.00 元。

（2）环境其他应收款

在披露了环境会计信息的 38 家 A 股采掘业样本公司中，2008 年的年度报告中的合并会计报表附注部分涉及环境其他应收款科目的上市公司有 3 家，占样本总数的 7.89%。

例如：爱使股份（600652）2008 年应收矿山地质环境治理保证金 1 500 000.00 元，辰州矿业（002155）2008 年应收湖南省国土资源厅环境治理备用金 3 941 260.00 元，兰花科创（600123）2008 年应收晋城市巴公污水处理有限公司 5 000 000.00 元。

（3）环境其他流动资产

在披露了环境会计信息的 38 家 A 股采掘业样本公司中，2008 年的年度报告中的合并会计报表附注部分涉及环境其他流动资产科目的上市公司有 1 家，占样本总数的 2.63%。

例如：兖州煤业（600188）2008 年预提土地塌陷费、复原费、重整及环保费 1 151 895 418.00 元作为其他流动资产。

（4）环境长期股权投资

在披露了环境会计信息的 38 家 A 股采掘业样本公司中，2008 年的年度报告中的合并会计报表附注部分涉及环境长期股权投资科目的上市公司有 1 家，占样本总数的 2.63%。

例如：兰花科创（600123）投资晋城市巴公污水处理有限公司期末余额 14 000 000.00 元。

（5）环境固定资产

在披露了环境会计信息的 38 家 A 股采掘业样本公司中，2008 年的年度报告中的合并会计报表附注部分涉及环境固定资产科目的上市公司有 11 家，占样本总数的 28.95%。

例如：开滦股份（600997）2008 年吕矿污水处理厂部分在建工程完工转入固定资产 3 600 715.00 元；中国铝业（601600）2008 年贵州分公司氧化铝挖潜扩建及环境治理项目部分在建工程完工转入固定资产 163 165 000.00 元，遵义铝业电解铝环保节能改造工程部分在建工程完工转入固定资产 445 950 000.00 元，连城分公司电解铝提高安全稳定性节能降耗提产项目部分在建工程完工转入固定资产 90 100 000.00 元。

（6）环境在建工程

在披露了环境会计信息的 38 家 A 股采掘业样本公司中，2008 年的年度报告中的合并会计报表附注部分涉及环境在建工程科目的上市公司有 13 家，占样本总数的 34.21%。

例如：ST贤成（600381）2008 年投资污水处理系统 33 800.00 元；开滦股份

（600997）2008 年投资 200 万吨/年焦化一期工程干熄焦节能改造项目 85 291 304.30 元，投资吕矿净化水厂工程 11 310 846.62 元。

（7）环境无形资产

在披露了环境会计信息的 38 家 A 股采掘业样本公司中，2008 年的年度报告中的合并会计报表附注部分涉及环境无形资产科目的上市公司有 1 家，占样本总数的 2.63%。

例如：西山煤电（000983）2008 年的安临环保系统软件账面价值为 101 400.00 元。

（8）环境长期待摊费用

在披露了环境会计信息的 38 家 A 股采掘业样本公司中，2008 年的年度报告中的合并会计报表附注部分涉及环境长期待摊费用科目的上市公司有 2 家，占样本总数的 5.26%。

例如：国投新集（601918）2008 年待摊绿化费账面价值为 1 547 023.36 元；兰花科创（600123）2008 年待摊脱硫剂 687 061.06 元，待摊脱碳液 2 365 661.00 元。

（9）环境递延所得税资产

在披露了环境会计信息的 38 家 A 股采掘业样本公司中，2008 年的年度报告中的合并会计报表附注部分涉及环境递延所得税资产科目的上市公司有 1 家，占样本总数的 2.63%。

例如：大同煤业（601001）2008 年递延所得税资产塔山复垦费为 495 225.45 元。

4.2.2　环境负债核算

按照环境负债的定义，结合会计学的负债分类标准，以及对 39 家 A 股采掘业上市公司 2008 年的年度报告中的合并会计报表附注部分的统计分析，可设置如下环境负债会计科目：环境应交税费、环境其他应付款、环境其他流动负债、环境长期应付款、环境专项应付款、环境预计负债、环境递延所得税负债、其他非流动负债。

（1）环境应交税费

在披露了环境会计信息的 38 家 A 股采掘业样本公司中，2008 年的年度报告中的合并会计报表附注部分涉及环境应交税费科目的上市公司有 35 家，占样本总数的 92.11%。

例如：西部资源（600139）2008 年应交资源税期末数为 538 956.61 元，应交矿产资源补偿费期末数为 4 837 177.12 元；金岭矿业（000655）2008 年应交资源税期末数为 760 954.20 元，应交矿产资源补偿费期末数为 1 217 941.60 元；靖远煤电（000552）2008 年应交资源税期末数为 1 014 963.01 元，应交矿产资源补偿费期末数为 6 799 252.54 元；露天煤业（002128）2008 年应交资源税期末数为 7 674 332.80 元，应交矿产资源补偿费期末数为 7 716 054.57 元；美锦能源（000723）2008 年应交排污费期末数为 2 095 539.75 元，应交水资源补偿费期末数为 2 668 975.00；西部矿业（601168）2008 年应交资源税期末数为 49 316 856.00 元，应交资源补偿费期末数为 27 375 036.00 元；西藏矿业（000762）2008 年应交资源税期末数为 459 965.40 元，应交资源补偿费期末数为 2 027 336.33 元；

新大洲A（000571）2008年应交资源税期末数为514 235.92元，应交矿产资源补偿费期末数为6 359 988.94元；郑州煤电（600121）2008年应交资源税期末数为989 062.28元，应交矿产资源补偿费期末数为2 668 453.32元。

（2）环境其他应付款

在披露了环境会计信息的38家A股采掘业样本公司中，2008年的年度报告中的合并会计报表附注部分涉及环境其他应付款科目的上市公司有2家，占样本总数的5.26%。

例如：驰宏锌锗（600497）2008年应付会泽县国土资源管理部门矿产资源使用费期末数为33 826 412.54元，潞安环能（601699）2008年应付山西省林业基金育林费期末数为5 696 827.19元。

（3）环境其他流动负债

在披露了环境会计信息的38家A股采掘业样本公司中，2008年的年度报告中的合并会计报表附注部分涉及环境其他流动负债科目的上市公司有2家，占样本总数的5.26%。

例如：西山煤电（000983）2008年计提造育林费14 998 102.53元，兖州煤业（600188）2008年计提土地塌陷、复原、重整及环保费450 978 948.00元。

（4）环境长期应付款

在披露了环境会计信息的38家A股采掘业样本公司中，2008年的年度报告中的合并会计报表附注部分涉及环境长期应付款科目的上市公司有4家，占样本总数的10.53%。

例如：煤气化（000968）2008年应付太原市环保局款项期末数为19 400 000.00元，盘江股份（600395）2008年应付造育林费期末数为1 372 312.80元，山东黄金（600547）2008年应付临沂环保局款项期末数为30 000.00元，紫金矿业（601899）2008年应付矿山生态环境恢复治理保证金期末数为59 588 184.00元。

（5）环境专项应付款

在披露了环境会计信息的38家A股采掘业样本公司中，2008年的年度报告中的合并会计报表附注部分涉及环境专项应付款科目的上市公司有3家，占样本总数的7.89%。

例如：盘江股份（600395）2008年环保专项资金期末数为2 830 000.00元；紫金矿业（601899）2008年资源保护、环保建设项目资金期末数为12 360 000.00元。

（6）环境预计负债

在披露了环境会计信息的38家A股采掘业样本公司中，2008年的年度报告中的合并会计报表附注部分涉及环境预计负债科目的上市公司有2家，占样本总数的5.26%。

例如：上海能源（600508）2008年计提复垦、弃置及环境清理义务期末数为449 713 050.48元，中煤能源（601898）2008年计提复垦、弃置及环境清理义务期末数为1 086 714 000.00元。

（7）环境递延所得税负债

在披露了环境会计信息的38家A股采掘业样本公司中，2008年的年度报告中的合并会计报表附注部分涉及环境递延所得税负债科目的上市公司有 4 家，占样本总数的 10.53%。

例如：大同煤业（601001）2008 年递延所得税负债环保基金余额期末数为 55 496 430.25 元，环保形成固定资产期末数 1 776 481.50 元，国阳新能（600348）2008 年递延所得税负债矿山环境恢复治理保证金期末数为 39 442 494.96 元，金牛能源（000937）2008 年递延所得税负债环境恢复治理保证金期末数为 4 805 019.70 元，潞安环能（601699）2008 年递延所得税负债矿山环境恢复治理保证金期末数为 77 552 781.45 元。

（8）环境其他非流动负债

在披露了环境会计信息的 38 家 A 股采掘业样本公司中，2008 年的年度报告中的合并会计报表附注部分涉及环境其他非流动负债科目的上市公司有 2 家，占样本总数的 5.26%。

例如：金牛能源（000937）2008 年环境保护专项资金期末数为 2 950 000.00 元，潞安环能（601699）2008 年污染治理项目环保专项资金期末数为 2 160 000.00 元，环保治理资金期末数为 4 200 000.00 元。

4.2.3 环境收入核算

按照环境收入的划分，结合会计学收入分类标准，以及对 39 家 A 股采掘业上市公司 2008 年的年度报告中的合并会计报表附注的统计分析，可设置如下环境收入会计科目——环境营业外收入。

在披露了环境会计信息的 38 家 A 股采掘业样本公司中，2008 年的年度报告中的合并会计报表附注部分涉及环境营业外收入科目的上市公司有 7 家，占样本总数的 18.42%。

例如：国投新集（601918）2008 年收到税费返还 13 250 900.00 元，减免矿产资源补偿费 10 474 280.48 元；金牛能源（000937）2008 年收到环境保护专项资金 2 950 000.00 元，矿产资源保护项目补助经费 6 500 000.00 元，余热发电节能补助 3 100 000.00 元；平煤股份（601666）2008 年收到十矿矸石山治理项目 550 000.00 元，十三矿矿产资源保护项目补助 1 000 000.00 元；紫金矿业（601899）2008 年收到环保拨款项目 2 950 000.00 元。

4.2.4 环境费用核算

按照环境费用的划分，结合会计学费用分类标准，以及对 39 家 A 股采掘业上市公司 2008 年的年度报告中的合并会计报表附注的统计分析，可设置如下环境费用会计科目——环境营业税金及附加、环境管理费用。

（1）环境营业税金及附加

在披露了环境会计信息的 38 家 A 股采掘业样本公司中，2008 年的年度报告中的合并会计报表附注部分涉及环境营业税金及附加科目的上市公司有 32 家，占样本总数的 84.21%。

例如：恒源煤电（600971）2008 年应交资源税 6 145 498.63 元；平庄能源（000780）2008 年应交资源税 29 465 919.33 元，神火股份（000933）2008 年应交资源税 19 719 724.80 元，中国神华（601088）2008 年应交资源税 603 000 000.00 元，中国石化（600028）2008 年应交资源税 857 000 000.00 元，中国石油（601857）2008 年应交资源税 4 292 000 000.00 元，中金黄金（600489）2008 年应交资源税 912 371 566.91 元。

（2）环境管理费用

在披露了环境会计信息的 38 家 A 股采掘业样本公司中，2008 年的年度报告中的合并会计报表附注部分涉及环境管理费用科目的上市公司有 3 家，占样本总数的 7.89%。

例如：辰州矿业（002155）2008 年产生排污费为 3 420 643.00 元，矿产资源补偿费为 6 611 986.21 元；驰宏锌锗（600497）2008 年产生排污费 6 602 746.10 元；煤气化（000968）2008 年产生排污费 26 256 334.08 元，矿产资源补偿费 11 071 451.13 元。

4.2.5 环境会计核算存在的问题

在披露了环境会计信息的 38 家 A 股采掘业样本公司中，2008 年的年度报告中的合并会计报表附注部分涉及环境资产类二级科目使用频率较高的是在建工程和固定资产，分别为 34.21% 和 28.95%，使用频率最少的是预付款项、其他流动资产、长期股权投资、无形资产、递延所得税资产，仅为 2.63%。环境资产类二级科目使用频数如图 4-4 所示。

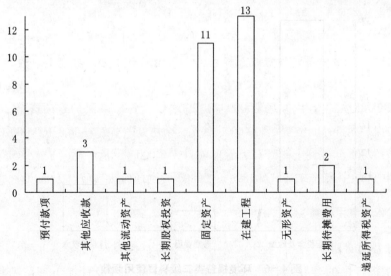

图 4-4 环境资产类二级科目使用频数

在披露了环境会计信息的 38 家 A 股采掘业样本公司中，2008 年的年度报告中的合并会计报表附注部分涉及环境负债类二级科目使用频率较高的是应交税费，为 92.11%；使用频率最少的是其他应付款、其他流动负债、预计负债、其他非流动负债，仅为 5.26%。

环境负债类二级科目使用频数如图4-5所示。

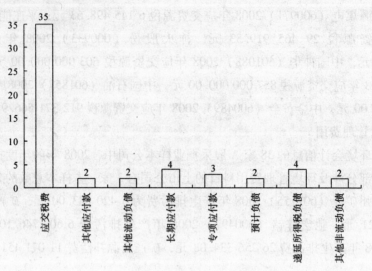

图4-5 环境负债类二级科目使用频数

在披露了环境会计信息的38家A股采掘业样本公司中，2008年的年度报告中的合并会计报表附注部分涉及环境损益类二级科目使用频率较高的是营业税金及附加，为84.21%；使用频率最少的是管理费用，仅为7.89%。环境损益类二级科目使用频数如图4-6所示。

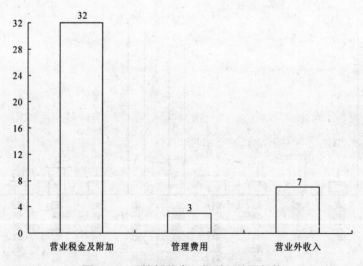

图4-6 环境损益类二级科目使用频数

尽管这38家A股采掘业样本公司2008年的年度报告中的合并会计报表附注部分涉及环境会计的二级科目共有20个，但是统计结果显示这20个涉及环境会计的二级科目的使用效率较低，平均使用率只有17.11%。同时，统计结果显示资源企业对环境会计的披露主要倾向于应交税费、营业税金及附加、在建工程和固定资产，具体表现为资源税、矿产资源补偿费、水资源补偿费、水土流失费、排污费、育林费、矿山生态保证金、可持续发展基金、改善自然环境和进行环境保护的投资。

　　统计结果还表明，这38家A股采掘业样本公司2008年年度报告中的合并会计报表附注部分使用环境会计二级科目的平均数量较少，为3个会计科目。使用环境会计二级科目数最多的样本公司共使用了7个环境会计二级科目，而使用环境会计二级科目数最少的样本公司仅仅使用了1个，并且占样本总数36.84%（14家）的样本公司仅使用了2个。这表明环境会计信息披露的力度还不够大。涉及环境会计二级科目数的样本分布如图4-7所示。

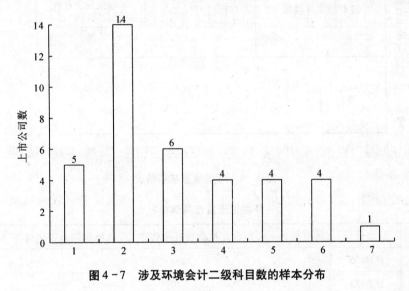

图4-7　涉及环境会计二级科目数的样本分布

　　虽然资源企业逐渐开始披露环境会计信息，但是从统计结果可以看出资源企业环境会计信息的披露明显存在一些问题。第一，环境会计二级科目的使用效率较低；第二，环境会计信息的披露力度还不够大。因此，如何提高环境会计二级科目的使用效率和加大环境会计信息的披露力度是资源企业亟待解决的问题。

　　由于企业内部环境会计体系的不完善，而我国财政部目前尚没有制定完整的环境会计制度，因此，美国、加拿大、日本和欧洲的经验可资借鉴。总结美国、加拿大、日本和欧洲的经验，可以看出，制订相应的环境会计准则是规范企业环境会计行为的基础。

4.3　资源企业环境信息披露

　　统计结果显示，在这39家资源上市公司中，有20家（占总数的51.28%）上市公司没有披露环境报告，有8家（占总数的20.51%）上市公司的年度报告中的社会责任报告中包含有环境报告，有11家（占总数的28.21%）上市公司的单独的社会责任报告中包含有环境报告。① 环境信息②披露情况如图4-8所示。环境报告发布具体情况如表4-12所示。

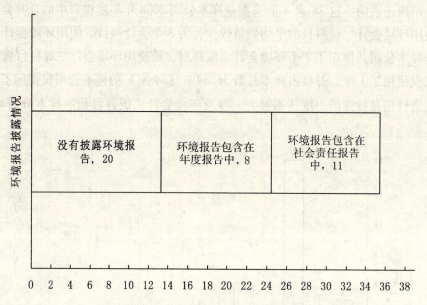

图4-8 环境信息披露情况

表4-12 环境报告发布具体情况

股票简称	股票代码	环境报告是否包含在社会责任报告中	环境报告是否包含在年度报告中
金岭矿业	000655	√	-
神火股份	000933	√	-
金牛能源	000937	√	-
煤气化	000968	√	-
西山煤电	000983	√	-
辰州矿业	002155	√	-
中国石化	600028	√	-
兖州煤业	600188	√	-
中国神华	601088	√	-
中国铝业	601600	√	-

---

① 中国石化（600028）2008年的环境报告包含在可持续发展报告中，在进行统计分析时，把其作为包含在社会责任报告中进行统计。

② 环境信息包括财务信息和非财务信息两大类。有别于前文的环境会计核算，此处的环境信息是指包含环境报告的企业社会责任报告、企业公民报告、企业健康安全环境报告、企业环境报告以及全球契约进展报告等非财务报告，不包含可以核算的环境会计部分（财务信息）和年度报告中零散披露的环境信息。

表4-12（续）

股票简称	股票代码	环境报告是否包含在社会责任报告中	环境报告是否包含在年度报告中
中国石油	601857	√	－
兰花科创	600123	×	√
ST 贤成	600381	×	√
驰宏锌锗	600497	×	√
上海能源	600508	×	√
开滦股份	600997	×	√
潞安环能	601699	×	√
中煤能源	601898	×	√
紫金矿业	601899	×	√

注："√"表示"是"，"×"表示"否"。"－"表示环境报告已包含在单独发布的社会责任报告中，就不再考虑其是否包含在年度报告中。

披露了环境信息的这19家资源上市公司的环境信息可以按《上海证券交易所上市公司环境信息披露指引》分为九大类：① ①公司环境保护方针、年度环境保护目标及成效；②公司年度资源消耗总量；③公司环保投资和环境技术开发情况；④公司排放污染物种类、数量、浓度和去向；⑤公司环保设施的建设和运行情况；⑥公司在生产过程中产生的废弃物的处理、处置情况，废弃产品的回收、综合利用情况；⑦与环保部门签订的改善环境行为的自愿协议；⑧公司受到环保部门奖励的情况；⑨企业自愿公开的其他环境信息。这19家资源上市公司的环境信息披露的具体情况如表4-13所示。

表4-13　　　　　　　　　　　　环境信息披露的具体情况

股票简称	(1)	(2)	(3)	(4)	(5)	(6)	(7)	(8)	(9)
金岭矿业	√	×	×	×	×	√	×	×	√
神火股份	×	×	×	×	×	×	×	×	√
金牛能源	√	×	×	×	×	√	×	×	√
煤气化	√	×	√	×	×	×	×	×	√
西山煤电	√	×	×	×	×	×	×	×	√
辰州矿业	√	×	×	×	×	×	×	×	√
中国石化	√	×	√	√	×	×	×	×	√

---

① 《上海证券交易所上市公司环境信息披露指引》对环境信息的分类源于中华人民共和国环境保护部于2007年4月发布的《环境信息公开办法》（试行）。

表 4 - 13（续）

股票简称	(1)	(2)	(3)	(4)	(5)	(6)	(7)	(8)	(9)
兖州煤业	√	√	√	×	×	√	×	√	√
中国神华	√	×	√	√	×	√	×	√	√
中国铝业	√	×	×	×	×	√	×	×	√
中国石油	√	×	√	√	√	√	×	√	√
兰花科创	√	×	√	√	√	√	×	√	√
ST贤成	×	×	×	×	×	×	×	×	√
驰宏锌锗	√	×	√	×	×	×	×	√	√
上海能源	√	√	√	√	×	√	×	√	√
开滦股份	√	×	√	×	×	×	×	×	√
潞安环能	√	√	×	×	×	√	×	√	√
中煤能源	√	×	√	√	×	√	×	√	√
紫金矿业	√	×	√	√	×	√	×	√	√

注：上表中的（1）～（9）分别对应《上海证券交易所上市公司环境信息披露指引》中规定的九大类环境信息。

4.3.1 环境信息披露内容

（1）公司环境保护方针、年度环境保护目标及成效

在披露了环境信息的 19 家 A 股采掘业样本公司中，2008 年披露的环境信息涉及公司环境保护方针、年度环境保护目标及成效的上市公司有 17 家，占样本总数的 89.47%。

例如：兰花科创（600123）的环境保护方针为加强投入、源头治理、清洁生产、循环利用、环境优美、科学发展；兖州煤业（600188）的环境保护方针为建设绿色企业，保护地球家园，追求生态地球家园，提供洁净精煤，合理开采能源，全员关注环境，综合持续发展。

（2）公司年度资源消耗总量

在披露了环境信息的 19 家 A 股采掘业样本公司中，2008 年披露的环境信息涉及公司年度资源消耗总量的上市公司有 3 家，占样本总数的 15.79%。

例如：兖州煤业（600188）的工业产值综合能耗为 0.12 吨标准煤/万元，上海能源（600508）的工业产值综合能耗为 1.46 吨标准煤/万元，潞安环能（601699）的工业产值综合能耗为 0.99 吨标准煤/万元。

（3）公司环保投资和环境技术开发情况

在所有披露了环境信息的 19 家 A 股采掘业样本公司中，2008 年披露的环境信息涉及公司环保投资和环境技术开发情况的上市公司有 11 家，占样本总数的 57.89%。

例如：中国石化（600028）2008 年全年累计投资 18.38 亿元，对 741 项安全环保隐患进行了集中治理，提高了装置设施的安全水平。公司在抚顺研究院、石化科学研究院、北京化工研究院、青岛安全工程研究院都设有专门的环保或水处理研究部门。公司总部还下设清洁生产技术中心、烟气脱硫技术中心、上海环保技术中心、北京环保技术中心。这些部门和单位为环保管理和污染治理提供了有力的技术支撑。中国神华（601088）2008 年的环保投入达 19.5 亿元，其总部有十余项环保技术项目立项，研发项目资金预算超过 1.1 亿元；项目集中在气体减排、矿井水综合利用、工业固体废弃物处理和综合利用等领域，具体包括神华国华锦界能源提高锅炉效率、降低烟气氮氧化物排放研究，神华二氧化碳捕获与封存（CCS）技术方案及示范性项目研究，神东矿区矿井水预处理技术研究，准格尔矿区粉煤灰综合利用工业化技术系统研发，锦界矿区水资源分布规律及防治与利用技术等。

（4）公司排放污染物总类、数量、浓度和去向

在所有披露了环境信息的 19 家 A 股采掘业样本公司中，2008 年披露的环境信息涉及公司排放污染物总量、数量、浓度和去向的上市公司有 7 家，占样本总数的 36.84%。

例如：中国石油（601857）2008 年废水中的主要污染物石油类和化学需氧量（COD）的排放分别为 1 068 吨和 24 991 吨，废气中的二氧化硫排放量为 15.07 万吨。紫金矿业（601899）2008 年废水排放量为 216.16 万立方米，总氰化物为 11.361 千克，浓度为 0.005 毫克/升，总铜为 275.363 千克，浓度为 0.13 毫克/升，总锌为 291.306 千克，浓度为 0.135 毫克/升，化学需氧量（COD）为 40 740 千克，浓度为 19 毫克/升。

（5）公司环保设施的建设和运行情况

在所有披露了环境信息的 19 家 A 股采掘业样本公司中，2008 年披露的环境信息涉及公司环保设施的建设和运行情况的上市公司有 2 家，占样本总数的 10.53%。

例如：西山煤电（000983）的各类环保设施运转合格率为 100%。兰花科创（600123）的环保设备运行稳定，公司共有环保设备 160 余台套，所有环保治理设施的运转率均保持在 95% 以上。

（6）公司在生产过程中产生的废弃物的处理、处置情况，废弃产品的回收、综合利用情况

在所有披露了环境信息的 19 家 A 股采掘业样本公司中，2008 年披露的环境信息涉及公司在生产过程中产生的废弃物的处理、处置情况，废弃产品的回收、综合利用情况的上市公司有 13 家，占样本总数的 68.42%。

例如：中国铝业（601600）利用氧化铝生产中的废弃物生产出了水泥、保温材料等多种产品，利用氧化铝生产中的蒸汽余热发电，利用氧化铝生产母液回收稀贵金属镓等进行综合利用，都取得了很好的经济效益和社会效益。辰州矿业（002155）建成并投产了除铅渣综合回收工程、多金属回收工程、渣含金回收生产线、二次砷碱渣清洁化生产技术

等技改项目，不仅提高了矿产资源中金和锑等主要金属的产出效率，而且使资源中铜、镍等微量元素得到了充分的利用，提高了资源的单位价值和企业综合效益，同时减少了有毒、有害物质的排放。

（7）与环保部门签订改善环境行为的自愿协议

在所有披露了环境信息的 19 家 A 股采掘业样本公司中，2008 年披露的环境信息涉及与环保部门签订改善环境行为的自愿协议的上市公司有 1 家，占样本总数的 5.26%。

例如：金牛能源（000937）2008 年与河北省政府签订了节能减排承诺书，承诺"十一五"实现节能量 10.3 万吨标准煤，2010 年底主要污染物化学需氧量（COD）、二氧化硫（SO_2）排放量分别控制在 180 吨和 8 968 吨以内，2008 年化学需氧量、二氧化硫分别比 2005 年削减 12.7%、12.4%，2009 年分别比 2005 年削减 15.9%、16.4%。

（8）公司受到环保部门奖励的情况

在所有披露了环境信息的 19 家 A 股采掘业样本公司中，2008 年披露的环境信息涉及公司受到环保部门奖励情况的上市公司有 12 家，占样本总数的 63.16%。

例如：神火股份（000933）2008 年获得国家节能减排项目奖励资金 2742 万元。潞安环能（601699）所辖王庄煤矿的旧矸石覆土绿化项目获得了国家环保局科技进步二等奖。

（9）企业自愿公开的其他环境信息

在所有披露了环境信息的 19 家 A 股采掘业样本公司中，2008 年披露的环境信息涉及企业自愿公开的其他环境信息的上市公司有 19 家，占样本总数的 100.00%。

例如：兰花科创（600123）披露其整体通过了 ISO14001 环境管理体系认证。中煤能源（601898）批露其平朔矿区新增复垦绿化面积 300 公顷，复垦率达到 41%。

4.3.2 环境信息披露存在的问题

在所有披露了环境信息的 19 家 A 股采掘业样本公司中，2008 年披露的环境信息分类排名前三位的是企业自愿公开的其他环境信息，公司环境保护方针、年度环境保护目标及成效，公司在生产过程中产生的废弃物的处理、处置情况以及废弃产品的回收、综合利用情况。其披露率分别为 100.00%、89.47%、48.42%。在所有披露了环境信息的 19 家 A 股采掘业样本公司中，2008 年披露的环境信息分类排名后三位的是与环保部门签订的改善环境行为的自愿协议、公司环保设施的建设和运行情况、公司年度资源消耗总量。其披露率分别为 5.26%、10.53%、15.79%。环境信息的平均披露率为 49.71%。同时，统计结果显示资源企业对环境信息的披露主要倾向于绩效描述、节能减排和循环经济。分类别环境信息披露情况如图 4-9 所示。

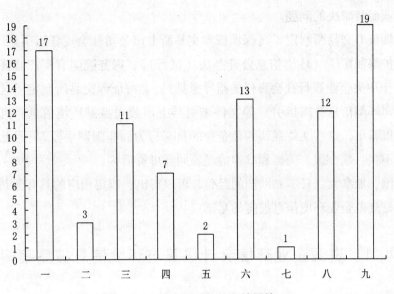

图4-9 分类别环境信息披露情况

注：上图中的一至九分别对应《上海证券交易所上市公司环境信息披露指引》中规定的九大类环境信息。

统计结果还表明，这19家A股采掘业样本公司2008年披露的环境信息平均为4.47类。披露环境信息类数最多的样本公司共披露了7类环境信息，而披露信息最少的样本公司仅披露了1类环境信息，并且占样本总数31.58%（6家）的样本公司仅披露了4类环境信息。这表明环境信息披露的力度还不够大。涉及环境信息类数的样本公司分布如图4-10所示。

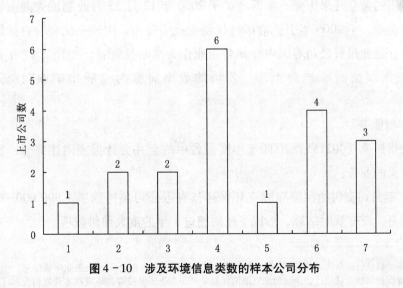

图4-10 涉及环境信息类数的样本公司分布

虽然资源企业逐渐开始披露环境信息，但是从统计结果可以看出资源企业环境信息的披露还存在明显的问题，环境信息披露的力度不够大。因此，如何提高环境信息的披露力度是资源企业亟待解决的问题。

尽管深圳证券交易所制定了《深圳证券交易所上市公司社会责任指引》，中华人民共和国环境保护部制定了《环境信息公开办法（试行）》，国务院国有资产监督管理委员会制定了《关于中央企业履行社会责任的指导意见》，上海证券交易所制定了《上海证券交易所上市公司环境信息披露指引》等文件来引导上市公司披露环境信息；但是从这些文件的内容可以看出，这些文件强调的是企业的自愿行为而非强制手段，[①] 因此使得这些文件的操作性不强。联合国、美国和日本的经验同样可资借鉴。

总结美国、加拿大、日本和欧洲的经验，可以得出：制定相应的具有强制性的环境信息披露标准是规范企业环境信息披露的基础。

4.4　资源企业环境会计核算与环境信息披露案例

4.4.1　环境会计核算案例

选取辰州矿业（002155）作为环境会计核算案例。该公司是39家A股采掘业上市公司中，在2008年的年度报告中的合并会计报表附注部分涉及环境会计二级科目数最多的上市公司。

（1）公司简介[②]

湖南辰州矿业股份有限公司的前身是冶金工业部湘西金矿，位于湖南省沅陵县境内，具有130多年的黄金开采历史。湘西金矿于2000年12月25日改制成为湖南省省属国有控股大中型企业，于2005年引进清华科技创业投资公司、中国—比利时直接股权投资基金、中信联合创业投资公司等国内外知名企业作为战略投资者，并在2007年首次公开发行股票后在深圳交易所挂牌上市。公司的股票简称为"辰州矿业"，证券代码为"002155"。

（2）环境业务

查阅辰州矿业（002155）2008年年度报告中的合并会计报表附注部分，发现如下和环境会计相关的业务：

①2007年公司支付给沅陵克林克环保科技有限公司预付款项1 990 000.00元，由于合同内容变更，没有及时结算，形成了账龄超过1年的重大预付款项。

---

① 如《环境信息公开办法（试行）》第十九条规定国家鼓励企业自愿公开下列企业环境信息：①企业环境保护方针、年度环境保护目标及成效；②企业年度资源消耗总量；③企业环保投资和环境技术开发情况；④企业排放污染物种类、数量、浓度和去向；⑤企业环保设施的建设和运行情况；⑥企业在生产过程中产生的废物的处理、处置情况，废弃产品的回收、综合利用情况；⑦与环保部门签订的改善环境行为的自愿协议；⑧企业履行社会责任的情况；⑨企业自愿公开的其他环境信息。

② http://www.hncmi.com/jianjie/jianjie.asp。

②收到湖南省国土资源厅返还环境治理备用金 3 953 405.00 元。

③公司本年度继续投资 4 016 082.95 元于 100 吨天炉渣处理建设工程。该工程期初余额为 653 529.15 元，年末完工，转入固定资产。

④公司本年度继续投资 2 390 088.90 元于砷碱渣清洁化生产项目工程，年末该工程完工，转入固定资产。

⑤公司收到资源综合利用和环境治理政府贴息项目的政府补助 2 092 858.00 元。

⑥公司收到新邵锑业环保治理资金项目政府补助 240 000.00 元。

⑦公司本年产生资源税 3 824 207.25 元。

⑧公司本年产生矿产资源补偿费 6 611 986.21 元。

⑨公司本年产生排污费 3 420 643.00 元。

⑩公司应缴资源税期初余额为 344 542.59 元，本年实际上缴资源税 4 643 773.85 元。

（3）复式记账

①2007 年公司支付给沅陵克林克环保科技有限公司预付款项 1 990 000.00 元，由于合同内容变更，没有及时结算，形成了账龄超过 1 年的重大预付款项。

这项环境业务涉及两个账户——环境银行存款和环境预付款项，它们同时属于环境资产类账户。该环境业务一方面带来公司环境银行存款的减少，另一方面导致公司环境预付款项的增加，因此应该分别计入环境银行存款账户的贷方和环境预付款项账户的借方。

借：环境预付款项——沅陵克林克环保科技有限公司　　　　　1 990 000.00

　　贷：环境银行存款　　　　　　　　　　　　　　　　　　　　　1 990 000.00

②收到湖南省国土资源厅返还环境治理备用金 3 953 405.00 元。①

这项环境业务涉及两个账户——环境银行存款和环境其他应收款，它们同时属于环境资产类账户。该环境业务一方面带来公司环境银行存款的增加，另一方面导致公司环境其他应收款的减少，因此，应该分别计入环境银行存款账户的借方和环境其他应收款账户的贷方。

借：环境银行存款　　　　　　　　　　　　　　　　　　　　　3 953 405.00

　　贷：环境其他应收款——湖南省国土资源厅　　　　　　　　　　3 953 405.00

③公司本年度继续投资 4 016 082.95 元于 100 吨天炉渣处理建设工程，该工程期初余额为 653 529.15 元，年末该工程完工，转入固定资产。

在建工程完工前，这项环境业务涉及两个账户——环境银行存款和环境在建工程，它们同时属于环境资产类账户。该环境业务一方面带来公司环境银行存款的减少，另一方面

---

① 湖南省人民政府关于印发《湖南省矿山地质环境治理备用金管理暂行办法》的通知第二条第一款规定：矿山地质环境治理备用金（以下简称备用金）是指采矿权人缴存的以备本矿山地质环境恢复与防治的资金；第二款规定：凡在本省行政区域内从事矿产资源开采活动的采矿权人，必须向县级以上国土资源行政主管部门作出恢复治理矿山地质环境的书面承诺，并向县级以上国土资源行政主管部门缴存备用金；第三款规定：备用金属采矿权人所有，采矿权人依承诺履行矿山地质环境治理义务，经验收合格后备用金及其利息收入返还采矿权人。

导致公司环境在建工程的增加，因此应该分别计入环境银行存款账户的贷方和环境在建工程账户的借方。

借：环境在建工程——100吨天炉渣处理建设工程   4 016 082.95

    贷：环境银行存款   4 016 082.95

在建工程完工后，该项环境在建工程转为环境固定资产，这项环境业务涉及两个账户——环境在建工程和环境固定资产，它们同时属于环境资产类账户。该环境业务一方面带来公司环境在建工程的减少，另一方面导致公司环境固定资产的增加，因此应该分别计入环境在建工程账户的贷方和环境固定资产账户的借方。

借：环境固定资产——100吨天炉渣处理建设工程   4 669 612.10

    贷：环境在建工程——100吨天炉渣处理建设工程   4 669 612.10

④公司本年度继续投资2 390 088.90元于砷碱渣清洁化生产项目工程。年末该工程完工，转入固定资产。

在建工程完工前，这项环境业务涉及两个账户——环境银行存款和环境在建工程，它们同时属于环境资产类账户。该环境业务一方面带来公司环境银行存款的减少，另一方面导致公司环境在建工程的增加，因此应该分别计入环境银行存款账户的贷方和环境在建工程账户的借方。

借：环境在建工程——砷碱渣清洁化生产项目工程   2 390 088.90

    贷：环境银行存款   2 390 088.90

在建工程完工后，该项环境在建工程转为环境固定资产。这项环境业务涉及两个账户——环境在建工程和环境固定资产，它们同时属于环境资产类账户。该环境业务一方面带来公司环境在建工程的减少，另一方面导致公司环境固定资产的增加，因此应该分别计入环境在建工程账户的贷方和环境固定资产账户的借方。

借：环境固定资产——砷碱渣清洁化生产项目工程   2 390 088.90

    贷：环境在建工程——砷碱渣清洁化生产项目工程   2 390 088.90

⑤公司收到资源综合利用和环境治理政府贴息项目的政府补助2 092 858.00元。

这项环境业务涉及两个账户——环境银行存款和环境营业外收入，它们分别属于环境资产类账户和环境收入类账户。该环境业务一方面带来公司环境银行存款的增加，另一方面导致公司环境营业外收入的增加，因此应该分别计入环境银行存款账户的借方和环境营业外收入账户的贷方。

借：环境银行存款   2 092 858.00

    贷：环境营业外收入——资源综合利用和环境治理政府贴息项目补助

     2 092 858.00

⑥公司收到新邵锑业环保治理资金项目政府补助240 000.00元。

这项环境业务涉及两个账户——环境银行存款和环境营业外收入，它们分别属于环境资产类账户和环境收入类账户。该环境业务一方面带来公司环境银行存款的增加，另一方面导致公司环境营业外收入的增加，因此应该分别计入环境银行存款账户的借方和环境营业外收入账户的贷方。

借：环境银行存款   240 000.00

  贷：环境营业外收入——新邵锑业环保治理资金项目补助 240 000.00

⑦公司本年产生资源税 3 824 207.25 元。

这项环境业务涉及两个账户——环境应交税费和环境营业税金及附加，它们分别属于负债类账户和费用类账户。该环境业务一方面带来公司环境应交税费的增加，另一方面导致公司环境营业税金及附加的增加，因此，应该分别计入环境营业税金及附加账户的借方和环境应交税费账户的贷方。

借：环境营业税金及附加——资源税   3 824 207.25

  贷：环境应交税费——资源税   3 824 207.25

⑧公司本年产生矿产资源补偿费 6 611 986.21 元。

这项环境业务涉及两个账户——环境银行存款和环境管理费用，它们分别属于资产类账户和费用类账户。该环境业务一方面带来公司环境银行存款的减少，另一方面导致公司环境管理费用的增加，因此应该分别计入环境银行存款账户的贷方和环境管理费用账户的借方。

借：环境管理费用——矿产资源补偿费   6 611 986.21

  贷：环境银行存款   6 611 986.21

⑨公司本年产生排污费 3 420 643.00 元。

这项环境业务涉及两个账户——环境银行存款和环境管理费用，它们分别属于资产类账户和费用类账户。该环境业务一方面带来公司环境银行存款的减少，另一方面导致公司环境管理费用的增加，因此应该分别计入环境银行存款账户的贷方和环境管理费用账户的借方。

借：环境管理费用——排污费   3 420 643.00

  贷：环境银行存款   3 420 643.00

⑩公司应缴资源税期初余额为 344 542.59 元，本年实际上缴资源税 4 643 773.85 元。

这项环境业务涉及两个账户——环境银行存款和环境应交税费，它们分别属于资产类账户和负债类账户。该环境业务一方面带来公司环境银行存款的减少，另一方面导致公司环境应交税费的减少，因此应该分别计入环境银行存款账户的贷方和环境应交税费账户的借方。

借：环境应交税费——资源税   4 643 773.85

  贷：环境银行存款   4 643 773.85

⑪将所有收入类科目余额转入环境本年利润科目。

借：环境营业外收入——资源综合利用和环境治理政府贴息项目补助

                                                   2 092 858.00

       环境营业外收入——新邵锑业环保治理资金项目补助   240 000.00

    贷：环境本年利润   2 332 858.00

⑫将所有费用类科目余额转入环境本年利润科目。

借：环境本年利润   13 856 836.46

    贷：环境营业税金及附加——资源税   3 824 207.25

       环境管理费用——矿产资源补偿费   6 611 986.21

       环境管理费用——排污费   3 420 643.00

（4）试算平衡表

根据以上复试记账内容，可以编制环境试算平衡表如表4－14所示：

表4－14   **湖南辰州矿业股份有限公司2008年度环境试算平衡表**

编制单位：湖南辰州矿业股份有限公司   2008年12月31日   单位：元

账户名称	期初余额		本期发生额		期末余额	
	借方	贷方	借方	贷方	借方	贷方
环境银行存款		19 878 198.56	6 286 263.00	21 082 574.91		34 674 510.47
环境预付款项	1 990 000.00				1 990 000.00	
环境其他应收款	7 894 665.00			3 953 405.00	1 990 000.00	
环境固定资产			7 059 701.00		3 941 260.00	7 059 701.00
环境在建工程	653 529.15		6 406 171.85	7 059 701.00		
环境资产合计		9 340 004.41	19 752 135.85	32 095 680.91		21 683 549.47
环境应交税费		344 542.59	4 643 773.85	3 824 207.25	475 024.01	
环境负债合计		344 542.59	4 643 773.85	3 824 207.25	475 024.01	
环境未分配利润	9 684 547.00		13 856 836.46	2 332 858.00	21 208 525.46	
环境所有者权益合计	9 684 547.00		13 856 836.46	2 332 858.00	21 208 525.46	
环境营业税金及附加			3 824 207.25	3 824 207.25		
环境管理费用			10 032 629.21	10 032 629.21		
环境营业外收入			2 332 858.00	2 332 858.00		

资料来源：作者根据上述复式记账内容整理。

（5）资产负债表

根据以上环境试算平衡表，可以编制环境资产负债表如表4－15所示：

表 4 – 15　　　　　湖南辰州矿业股份有限公司 2008 年度环境资产负债表

编制单位：湖南辰州矿业股份有限公司　　　　2008 年 12 月 31 日　　　　　单位：元

环境资产	期末余额	期初余额
环境流动资产：		
环境银行存款	(34 674 510.47)	(19 878 198.56)
环境预付款项	1 990 000.00	1 990 000.00
环境其他应收款	3 941 260.00	7 894 665.00
环境流动资产合计	(28 743 250.47)	(9 993 533.56)
环境非流动资产：		
环境固定资产	7 059 701.00	
环境在建工程		653 529.15
环境非流动资产合计	7 059 701.00	653 529.15
环境资产合计	(21 683 549.47)	(9 340 004.41)
环境负债和所有者权益		
环境流动负债：		
环境应交税费	(475 024.01)	344 542.59
环境流动负债合计	(475 024.01)	344 542.59
环境负债合计	(475 024.01)	344 542.59
环境所有者权益：		
环境未分配利润	(21 208 525.46)	(9 684 547.00)
环境所有者权益合计	(21 208 525.46)	(9 684 547.00)
环境负债和所有者权益合计	(21 683 549.47)	(9 340 004.41)

资料来源：作者根据上述试算平衡表整理。

4.4.2　环境信息披露案例

（1）荷兰皇家壳牌集团的案例

①公司简介

荷兰皇家壳牌集团由荷兰皇家石油与英国的壳牌两家公司合并组成。荷兰皇家石油于1890 年创立，并获得荷兰女王特别授权，因此被命名为荷兰皇家石油公司。为了与当时最大的石油公司——美国标准石油竞争，1907 年荷兰皇家石油与英国的壳牌运输贸易有限公司合并，成为国际上主要的石油、天然气和石油化工的生产商。目前，壳牌集团的业务已遍布全球 100 多个国家和地区，雇员总数近 10.2 万人。壳牌集团致力于以节约的、环保的、对社会负责任的方式来满足世界能源的需求。壳牌集团的产业链如图 4 – 11所示。

选择壳牌集团来进行经验介绍的原因有三点：首先，壳牌集团的主营业务为炼油，属

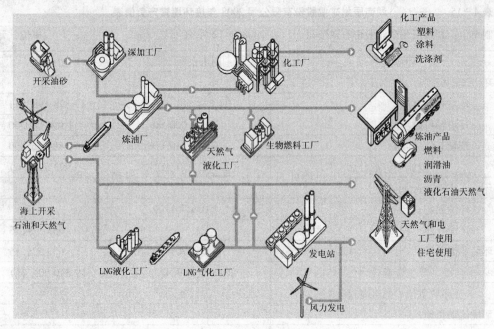

化工产品
塑料
涂料
洗涤剂

开采油砂
深加工厂
化工厂

炼油厂
天然气
液化工厂
生物燃料工厂

炼油产品
燃料
润滑油
沥青
液化石油天然气

海上开采
石油和天然气

LNG液化工厂
LNG气化工厂
发电站

天然气和电
工厂使用
住宅使用

风力发电

图4-11　壳牌集团的产业链

资料来源：Royal Dutch Shell Plc Sustainability Report 2008。

于资源企业的范畴；其次，壳牌集团采用"GRI指引"编制的2008年可持续发展报告被全球报告倡议组织评定为"A+"级，是目前全球报告倡议组织评定出来的最高级别；最后，在2009年《财富》杂志评选的世界500强企业排行榜中，壳牌集团排名第一。

②环境信息披露的制度①

A. 标准

壳牌集团有一个规范组织与管理的统一控制框架。它囊括壳牌集团商业原则、行为准则和健康、安全、安保与环境（HSSE）标准。控制框架适用于所有壳牌的独资与控股的合资企业，但壳牌集团在实际运营过程中也同意某合资企业按照实质相同的原则和标准经营。

壳牌集团的商业原则已存在30多年，它明确了壳牌的目标、核心价值观、责任以及开展业务的原则和行为方式，还包括壳牌对于可持续发展和支持基本人权的承诺，同时严禁贿赂、欺诈和反竞争行为。

可持续发展也是壳牌集团评定员工绩效与报酬不可或缺的部分，在决定奖金的员工绩效考评过程中占20%的权重。

① 壳牌中国. 壳牌中国2007年可持续发展报告［EB/OL］.［2009-07-10］. http://www.static.shell.com/static/responsible__energy/downloads/sustainability__reports/2007__translations/chinese__shell__sustainability__report__2007. pdf.

B. 公司治理

社会责任委员会是荷兰皇家壳牌董事会下属的四个委员会之一，由三个非执行董事组成。该委员会在评估有关商业原则、行为准则、HSSE 和其他公众关心的重要事务的政策和绩效方面发挥着积极的作用，并向董事会提出建议。

壳牌集团的首席执行官全面负责可持续发展事务。同时，集团可持续发展与 HSSE 工作组的负责人组成一个小组，这个小组负责审核可持续发展绩效，提出工作重点、关键绩效指标和目标。

可持续发展是每位管理者肩负的职责之一。所有业务都需要遵循公司的可持续发展要求，实现壳牌集团针对可持续发展提出的具体目标。

C. 合规监控

每年年底，壳牌集团的业务部门与职能部门负责人通过年度保证书方式，就商业原则和公司标准的遵循情况向首席执行官汇报工作。

壳牌集团内部审计部负责调查欺诈、合规和其他违规情况，将商业道德和法律事件上报至执行委员会和审计委员会。

壳牌集团还定期审核各分公司的 HSSE 管理体系，并任命了流程安全专员进行专门的安全审计。壳牌集团所有重要工厂都要求通过国际环境标准认证，例如 ISO14001。

③环境信息披露的内容①

A. 温室气体排放

2008 年，壳牌集团共排放温室气体（以二氧化碳当量测算）7500 万吨。与上一年相比，排放量减少了 700 万吨；与 1990 年相比，降低了 30%。

2008 年与 2007 年相比，温室气体排放量减少 700 万吨的原因有两个：一是壳牌集团的战略变化——2008 年壳牌集团出售了一定数量的炼油厂；二是壳牌集团减少了在尼日利亚勘探和生产过程中燃烧的火炬。壳牌集团 1999—2008 年的温室气体排放量如图 4-12 所示。

B. 燃烧的火炬

自 2001 年起，壳牌集团投资数十亿美元，关闭了持续燃烧的石油和天然气火炬，勘探和生产过程中燃烧的天然气火炬减少了 70%。2008 年，壳牌集团减少了在马来西亚和加蓬的勘探和生产过程中燃烧的天然气火炬，使得壳牌集团 2008 年燃烧的火炬继续减少。壳牌集团 1999—2008 年的烃排放量如图 4-13 所示。

---

① 根据壳牌集团 2008 年年度报告（http：//www. annualreportandform20f. shell. com/2008/servicepages/downloads/files/download. php？ file = entire __ shell __ 20f __ 08. pdf）整理。

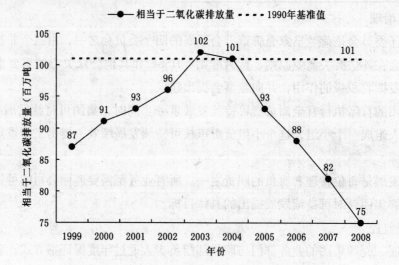

图4-12　壳牌集团1999—2008年温室气体排放量

资料来源：根据壳牌集团2008年年度报告、2008年可持续发展报告整理。

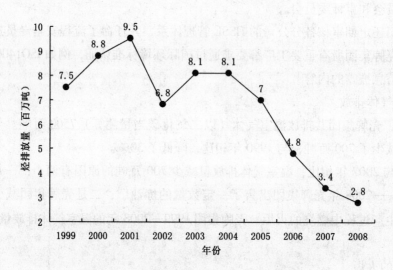

图4-13　壳牌集团1999—2008年烃排放量

资料来源：根据壳牌集团2008年年度报告、2008年可持续发展报告整理。

C. 能耗——勘探和生产

从整个石油和天然气开采行业来看，随着油气田年龄和开采量以及钻井难度的增加，每单位石油和天然气的开采能耗不断增加，壳牌集团也不例外。2000年以来，壳牌集团产业链上游的勘探和生产能耗上升了27%。为了降低勘探和生产能耗的上升幅度，壳牌集团于2007年制订了一项重大的勘探和生产节能方案。按照这一方案，壳牌集团所有产业链上游勘探和生产部门都将实施节能计划。壳牌集团1999—2008年勘探和开采部门的能耗如图4-14所示。

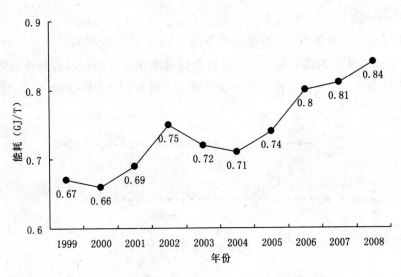

图 4 - 14　壳牌集团 1999—2008 年勘探和开采部门能耗

资料来源：根据壳牌集团 2008 年年度报告、2008 年可持续发展报告整理。

D. 能耗——炼油厂

　　壳牌集团炼油厂的能耗自 2002 年以来略有降低。与 2007 年相比，2008 年的能耗有所上升。造成 2008 年能耗上升的原因有四个：一是集团意外的停工有所增加；二是炼油厂的运行低于其生产能力；三是需求量下降；四是 2002—2005 年积累的一些节能成果没有继续持续下去。壳牌集团推出了能源管理系统，使工厂管理者能迅速发现能源损失，并立即作出更正，减少能源损失。壳牌集团 2002—2008 年炼油厂的能耗如图 4 - 15 所示。

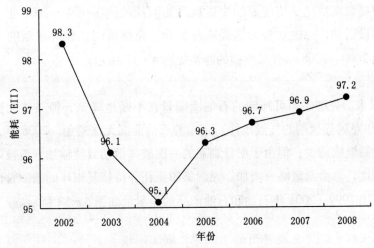

图 4 - 15　壳牌集团 2002—2008 年炼油厂能耗

资料来源：根据壳牌集团 2008 年年度报告、2008 年可持续发展报告整理。

E. 能耗——化工厂

2000 年以来，壳牌集团化工厂的能耗下降了 7%。由于受飓风"艾克"的影响，壳牌集团关闭了其设在美国的部分化工厂。重新开启这些化工厂需要消耗额外的能源，因此，2008 年壳牌集团化工厂的能耗没能进一步下降。壳牌集团 2000—2008 年化工厂的能耗如图 4-16 所示。

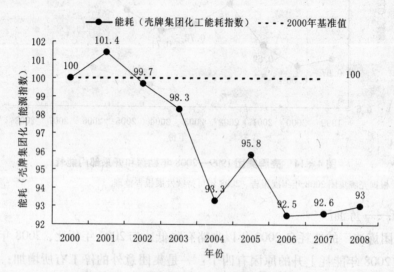

图 4-16　壳牌集团 2000—2008 年化工厂能耗

资料来源：根据壳牌集团 2008 年年度报告、2008 年可持续发展报告整理。

F. 能耗——油砂

从油砂中提取汽油比从传统原油中提取汽油消耗的能源更多。2007 年，由于工厂停产、维护和建设活动，油砂业务的能耗略有上升。壳牌集团正在寻求新的方式来减少能耗。壳牌集团 2000—2008 年开采油砂的能耗如图 4-17 所示。

G. 石油泄漏

1997 年以来，壳牌集团可控制的石油泄漏量在不断地降低，但某些无法预料的事件（如破坏活动和飓风等极端的气候条件）带来的石油泄漏无法避免。2008 年，壳牌集团可控制的石油泄漏继续减少；但由于尼日利亚的一次破坏活动致使输油管道被爆炸破坏，导致与上一年相比，总泄漏量略有增加。壳牌集团正在等待修复损坏的输油管道并重新启动运作。壳牌集团 1999—2008 年石油和石油产品的泄漏量如图 4-18 所示。

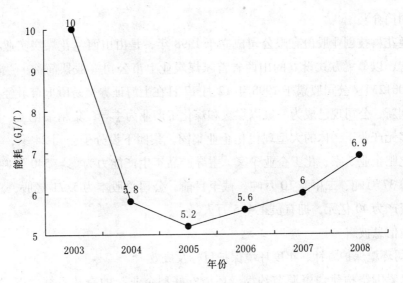

图 4 - 17 壳牌集团 2000—2008 年开采油砂能耗

资料来源：根据壳牌集团 2008 年年度报告、2008 年可持续发展报告整理。

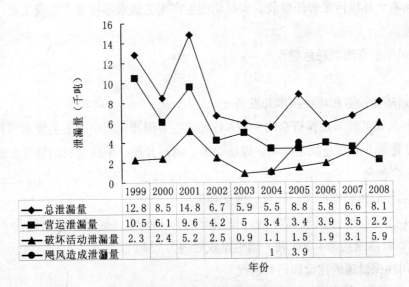

	1999	2000	2001	2002	2003	2004	2005	2006	2007	2008
◆ 总泄漏量	12.8	8.5	14.8	6.7	5.9	5.5	8.8	5.8	6.6	8.1
■ 营运泄漏量	10.5	6.1	9.6	4.2	5	3.4	3.4	3.9	3.5	2.2
▲ 破坏活动泄漏量	2.3	2.4	5.2	2.5	0.9	1.1	1.5	1.9	3.1	5.9
● 飓风造成泄漏量						1	3.9			

图 4 - 18 壳牌集团 1999—2008 年石油和石油产品泄漏量

资料来源：根据壳牌集团 2008 年年度报告、2008 年可持续发展报告整理。

（2）兰花科创的案例

选取 39 家 A 股采掘业上市公司中 2008 年披露环境信息类数最多的上市公司兰花科创（600123）作为环境信息披露案例。

①公司简介①

山西兰花科技创业股份有限公司成立于1998年，是由山西兰花煤炭实业集团有限公司独家发起、以募集方式设立的山西省首家煤炭业上市公司（股票简称：兰花科创，股票代码：600123）。公司股票于1998年12月17日在上海证券交易所上市。经过十年的改革发展和创新，公司现已成为一家以煤炭和煤化工产业为主导，集精细化工、新能源、机械制造等多元产业于一体的大型现代化企业集团。集团下设分子公司24家，其中煤炭企业8家、化肥企业5家、化工企业3家，主导产品年生产能力为煤炭540万吨、尿素120万吨、甲醇37万吨、二甲醚10万吨。截至目前，公司总股本为5.71亿股，总资产为92亿元，净资产为40亿元，拥有员工1.5万人。

②环境信息披露

A. 公司环境保护方针、年度环境保护目标及成效

公司紧紧围绕构建"资源节约型、环境友好型企业"的奋斗目标，以"加强投入、源头治理、清洁生产、循环利用、环境优美、科学发展"为环境保护方针，以杜绝生态破坏事故和重大环境污染责任事故、实现化肥生产工艺废水零排放、实现工业污染源全面达标为目标。

B. 公司年度资源消耗总量

（无）

C. 公司环保投资和环境技术开发情况

2008年公司共投入环保资金约9 777万元，主要围绕化肥生产工艺废水零排放、煤矿矿井水深度处理、块煤仓除尘降噪、煤场喷淋、清污分流、事故池及污染源在线监控等项目实施了综合治理。

D. 公司排放污染物种类、数量、浓度和去向

2008年公司COD（氮氧化合物）排放量约为180吨，氨氮排放量约为67吨，SO_2（二氧化硫）排放量约为1 208吨，烟尘排放量约为732吨。

E. 公司环保设施的建设和运行情况

公司环保设备运行稳定。公司共有环保设备160余台套，煤矿企业主要配备有矿井水、生活污水处理设施、储煤场挡风抑尘墙及喷雾降尘装置、锅炉除尘装置、风井噪声治理装置、油烟净化装置及煤泥水闭路循环系统等；化工企业主要配备有污水处理装置、锅炉脱硫除尘装置、硫回收装置、氨回收装置、尿素解吸废液及深度水解处理装置等。公司在严格现场和设备管理的同时，加强环保设备的使用和管理，将环保装置作为重要装置进行严格的管理，通过班组、车间日常巡检，分公司、公司专项检查，多年来公司所有环保

---

① 山西兰花科技创业股份有限公司. 公司简介［EB/OL］.［2009 - 07 - 11］. http：//www.chinalanhua.com/gsgk/gsjjcon.asp.

治理设施的运转率均保持在 95% 以上。

F. 公司在生产过程中产生的废弃物的处理、处置情况，废弃产品的回收、综合利用情况

工业固体废物煤矸石、燃煤锅炉产生的煤灰（渣）、废催化剂等安全处置率达到了 100%。唐安煤矿分公司建有 6 000 万标块/年的煤矸石制砖厂，利用煤矸石制作烧结砖。伯方、大阳两矿 6 000 万标块/年的煤矸石制砖厂正在建设。暂时未能制砖的煤矸石全部按照环保要求采取集中堆放、覆土、绿化等措施进行处置；煤灰（渣）主要立足于综合利用，部分按国家标准要求进行堆存；废催化剂均由其生产厂家回收利用。

G. 与环保部门签订改善环境行为的自愿协议

（无）

H. 公司受到环保部门奖励的情况

公司环境行为评价等级分别获得了绿色和蓝色等级，煤矿企业全部取得了"省级生态示范矿井"称号。

I. 企业自愿公开的其他环境信息

公司整体通过 ISO14001 环境管理体系。

③环境信息披露评价

自 1992 年起，Sustainability 平均每两年开展一次企业环境与可持续发展报告的调查。1993 年，Sustainability 发布了第一份调查报告——《清洁追求（Coming Clean）》；1994 年，Sustainability 与 UNEP 合作发布了第一份基准调查报告——《企业环境报告》；1996 年，Sustainability 转向可持续发展报告，并发布了调查报告——《利益相关方参与（Engaging Stakeholders）》。Sustainability 的报告评估方法经过了五次修改，最终形成了现在的 4 个一级指标、29 个二级指标的评估体系。与以往的方法相比，该方法更注重报告的实质性，可以更好评估有关企业核心业务流程的报告情况。[①]

这 4 个一级指标分别是：

治理与战略指标（含 11 个二级指标），评估企业如何阐述其业务与经济、环境和社会的相关性，可持续发展绩效的治理，将可持续发展引入企业战略的情况。

管理指标（含 9 个二级指标），评估企业如何阐述内部管理体系与可持续发展走向的关联、企业对外部利益相关方及市场的影响。

绩效陈述（含 5 个二级指标）评估企业如何陈述与解释具有实质性因素的绩效。

可获得性与审计（含 4 个二级指标）评估企业如何设计报告以满足主要读者的需求，包括如何让读者对报告信息充满信心。

---

① 企业可持续发展报告资源中心 ［EB/OL］. ［2009 - 07 - 10］. http：//www. syntao. com/Sustain/syspageShow. asp？ SPId = 3.

具体的企业环境与可持续发展报告评价指标体系见表 4 - 16。

表 4 - 16　　　　　　　　　企业环境与可持续发展报告评价指标体系

标准	说明
治理与战略	
公司和行业介绍	描述公司及所在行业的基本信息，尤其是其所在的社会、环境背景
高管声明	CEO、董事长等公司高管关于社会责任、可持续发展的致词、声明
指出问题并说明优先次序	描述公司活动与经济、环境、社会的正面或反面关系，说明其相对的重要程度
价值观、原则与政策	公司对可持续发展的总体态度、商业原则、行为准则等
企业战略与可持续发展愿景	企业如何看待业务与可持续发展的关系，如何处理好两者的关系
商业案例	提供案例说明，并阐明案例与可持续发展的关系
实现可持续发展目标的挑战	公司在推动可持续发展中所遇到的障碍
公司治理责任与架构	公司设立相关治理机构如委员会，以监督与可持续发展相关的问题
风险管理	公司如何评估和管理风险，尤其是那些与可持续发展有密切关联的风险
着眼未来商机	公司开发新产品、技术或服务以应对未来可能出现的与可持续发展相关的需求
消费者及市场影响力	公司通过广告、市场等手段影响消费者与可持续发展有关的消费倾向和模式
管理	
管理程序	公司对环境、社会、经济事务的管理方法和程序或步骤
价值链管理	公司运用系统的方法管理供应商和价值链（合资或其他合作伙伴）的可持续发展
利益相关方参与	公司与利益相关方个人或团体之间存在常规的征询、对话和合作机制
个人绩效管理、培训和职业发展	公司投资于员工个人知识和技能的提高，以改进公司绩效
学习和知识管理	公司引入和运用一些有关可持续发展的知识
政策及法规事务	公司与政策法规的互动情况，披露公司参与有关政策法规对话的状况和程度
行业影响力	公司是否努力对行业的可持续发展施加影响
慈善与社会投资	公司的慈善与社会投资活动，包括捐赠与对外部机构的援助
投资者关系	公司将可持续发展作为投资者关系管理的内容
绩效陈述	
绩效及其战略相关性	公司陈述与可持续发展实质相关的方面的绩效及其与公司战略的相关性
可持续发展绩效测评	公司陈述与可持续发展实质相关的绩效指标
行文与阐释	与可持续发展相关的信息是否阐述清楚，让读者容易理解
制定目标	公司制定明确、量化的绩效目标

表 4 - 16（续）

标准	说明
将绩效与标杆对照	公司将期望绩效与特定的法律要求、一般规范或自愿标准对照，并进行内部监控
可获得性和审计	
审计	审核、审计声明、管理层评估、认证、专家声明或利益相关方评论
报告承诺、政策与战略	公司承诺定期披露可持续发展信息，说明信息搜集撰写过程及与利益相关方的沟通
报告标准	公司承诺运用某种实用标准撰写和改进报告
信息的可获得性	报告的语言版本、全面性、实用性及信息的可获得性，并考虑有特殊需要的人群

资料来源：企业可持续发展报告资源中心．企业可持续发展报告资源中心［EB/OL］．［2009 - 07 - 11］. http：//www. syntao. com/Sustain/syspageShow. asp？SPId = 3.

注：每一个指标赋值为 0～4，0 为最低分，4 为最高分。

在对兰花科创（600123）2008 年的环境报告进行评价时，将结合 Sustainability 企业环境与可持续发展报告评价指标体系，运用模糊综合评价法[①]对其进行综合评价。

A. 模糊综合评判的一般提法

设 $U = \{u_1, u_2, \cdots, u_n\}$ 为研究对象的 n 种因素（或指标），称之为因素集（或指标集），$V = \{v_1, v_2, \cdots, v_m\}$ 为诸因素（或指标）的 m 种评判所构成的评判集（或称评语集、评价集、决策集等）。它们的因素个数和名称均可根据实际问题的需要和决策人主观确定。实际中，很多问题的因素评判集都是模糊的，因此综合评判应该是 V 上的一个模糊子集 $B = (b_1, b_2, \cdots, b_m) \in F(V)$，其中 b_k 为评判 v_k 对模糊子集 B 的隶属度：$\mu_B(v_k) = b_k (k = 1, 2, \cdots, m)$，反映了第 k 种评判 v_k 在综合评价中所起的作用。综合评判 B 依赖于各因素的权重，即它应该是 U 上的模糊子集 $A = (a_1, a_2, \cdots, a_n) \in F(U)$，且 $\sum_{i=1}^{n} a_i = 1$，其中 a_i 表示第 i 种因素的权重。于是，当权重 A 给定以后，则相应地就可以给定一个综合评判 B。

B. 模糊评判的一般步骤

第一，确定因素集 $U = \{u_1, u_2, \cdots, u_n\}$。

第二，确定评判集 $V = \{v_1, v_2, \cdots, v_m\}$。

第三，确定模糊评判矩阵 $R = (r_{ij})_{n \times m}$。

首先，对每一个因素 u_i 作一个评判 $f(u_i)(i = 1, 2, \cdots, n)$，则可以得 U 到 V 的一个模糊映射 f，即 $f:U \rightarrow F(U), u_i \rightarrow f(u_i) = (r_{i1}, r_{i2}, \cdots, r_{im}) \in F(V)$。

然后，由模糊映射可以诱导出模糊关系 $R_f \in F(U \times V)$，即 $R_f(u_i, v_j) = f(u_i)(v_j) = $

---

① 韩中庚．数学建模方法及其应用［M］．北京：高等教育出版社，2005.

$r_{ij}(i = 1,2,\cdots,n;j = 1,2,\cdots,m)$。因此,可以确定出模糊评判矩阵 $R = (r_{ij})_{n \times m}$,而且称$(U,V,R)$为模糊综合评判模型,$U$、$V$、$R$ 称为该模型的三要素。

第四,综合评判。对于权重 $A = (a_1,a_2,\cdots,a_n) \in F(U)$,用模型 $M(\cdot,+)$ 运算,可以得到综合评判 $B = A \times R$,即 $b_j = \sum_{i=1}^{n} (a_i \times r_{ij})(j = 1,2,\cdots,m)$。

C. 基于模糊综合评判法的环境信息披露评价

a. 确定环境信息披露的评价因素集

选取表 4 – 14 中的 4 个一级指标作为兰花科创(600123)环境信息披露的评价因素集 U:
$U = \{u_1,u_2,u_3,u_4\}$ = {治理与战略,管理,绩效陈述,可获得性和审计}。

b. 确定环境信息披露的评判集

鉴于 Sustainability 将每个评价指标的得分定为 0 ~ 4 分,因此,将兰花科创(600123)环境信息披露的评判集 V 设置为五个等级:$V = \{v_1,v_2,v_3,v_4\}$ = {0,1,2,3,4}。

c. 建立从 U 到 V 的单因素评判矩阵 R

我们可以选取一组具有广泛代表性的专家(共 10 人)组成兰花科创(600123)环境信息披露的专家评判组,由其对兰花科创(600123)环境信息披露进行评分。在专家组成员对兰花科创(600123)环境信息披露进行深入了解后,由专家组成员独立地对兰花科创(600123)环境信息披露的评价因素给出评判分数。

假如专家组对 Sustainability 的四个一级指标进行模糊评判,就得到如下结论:

就兰花科创(600123)环境信息披露中提及的治理与战略而言,评 0 分的专家为 0 人,评 1 分的专家为 4 人,评 2 分的专家为 4 人,评 3 分的专家为 2 人,评 4 分的专家为 0 人。则对评价因素一的评判隶属度为:0,0.4,0.4,0.2,0。模糊向量为:R_1 = (0,0.4,0.4,0.2,0)

就兰花科创(600123)环境信息披露中提及的管理而言,评 0 分的专家为 0 人,评 1 分的专家为 1 人,评 2 分的专家为 7 人,评 3 分的专家为 1 人,评 4 分的专家为 1 人。则对评价因素二的评判隶属度为:0,0.1,0.7,0.1,0.1。模糊向量为:R_2 = (0,0.1,0.7,0.1,0.1)

就兰花科创(600123)环境信息披露中提及的绩效陈述而言,评 0 分的专家为 0 人,评 1 分的专家为 2 人,评 2 分的专家为 6 人,评 3 分的专家为 2 人,评 4 分的专家为 0 人。则对评价因素三的评判隶属度为:0,0.2,0.6,0.2,0。模糊向量为:R_3 = (0,0.2,0.6,0.2,0)

就兰花科创(600123)环境信息披露中提及的可获得性和审计而言,评 0 分的专家为 0 人,评 1 分的专家为 5 人,评 2 分的专家为 4 人,评 3 分的专家为 1 人,评 4 分的专家为 0 人。则对评价因素四的评判隶属度为:0,0.5,0.4,0.1,0。模糊向量为:R_4 = (0,0.5,0.4,0.1,0)

由以上四个单因素评判结果，得到单因素评判矩阵为：

$$R = (r_{ij})_{4 \times 5} = \begin{bmatrix} 0 & 0.4 & 0.4 & 0.2 & 0 \\ 0 & 0.1 & 0.7 & 0.1 & 0.1 \\ 0 & 0.2 & 0.6 & 0.2 & 0 \\ 0 & 0.5 & 0.4 & 0.1 & 0 \end{bmatrix}$$

d. 确定指标权重

根据 Sustainability 的 4 个评价指标在可持续发展报告评价中的影响程度，设定各因素的权重分配，见表 4 - 17。

表 4 - 17　　　　　Sustainability 的 4 个评价指标在环境信息披露评价中的权重

评价因素	治理与战略	管理	绩效陈述	可获得性和审计
权重	0.2	0.4	0.3	0.1

各评价因素的权重集可以表示为因素集 U 上的一个模糊集：$A = (a_1, a_2, a_3, a_4) = (0.2, 0.4, 0.3, 0.1)$

e. 作出综合评价

专家对兰花科创（600123）环境信息披露的综合评价结果为：

$$B = A \times R = (0.2, 0.4, 0.3, 0.1) \begin{bmatrix} 0 & 0.4 & 0.4 & 0.2 & 0 \\ 0 & 0.1 & 0.7 & 0.1 & 0.1 \\ 0 & 0.2 & 0.6 & 0.2 & 0 \\ 0 & 0.5 & 0.4 & 0.1 & 0 \end{bmatrix}$$

$$= (0, 0.23, 0.58, 0.15, 0.04)$$

这一结果表明 0% 的专家认为兰花科创（600123）环境信息披露为 0 分，23% 的专家认为兰花科创（600123）环境信息披露为 1 分，58% 的专家认为兰花科创（600123）环境信息披露为 2 分，15% 的专家认为兰花科创（600123）环境信息披露为 3 分，4% 的专家认为兰花科创（600123）环境信息披露为 4 分。

f. 评价结论

根据最大隶属度原则，B 集中隶属度最大者 "0.58" 所对应的那个评判分数 "2 分"应作为兰花科创（600123）环境信息披露的综合评价结果，即：按照我们对专家组评分的假定，兰花科创（600123）环境信息披露的评分为 2 分。

D. 结论

我们利用模糊综合评价法对兰花科创（600123）环境信息披露进行了尽量客观的评分，但仍存在一些局限：

由于专家组成员对环境信息披露的认识不同，对评分标准的理解和把握不可避免地存在偏差，同时评分时也难以完全避免主观性。

由于专家组成员自身缺乏对环境信息披露评价的经验，对评分标准的理解和把握也会存在偏差。

对评价因素的权重分配上也难免过于主观。

在后续评价中应当考虑：

在进行评价时采用严格意义上的德尔菲法，必要时可寻求国外专家的帮助。

专家组成员应持续关注环境信息披露，定期对报告评分，积累评分经验。

尽可能地选取多种评价标准同时进行评价，以减少主观性。

此外，还可以将 Sustainability 的 29 个二级指标作为评价因素集，运用模糊综合评价法对兰花科创（600123）环境信息披露进行评价。

本章参考文献

[1] Rob Gray, Jan Bebbington. 环境会计与管理 [M]. 王立彦，耿建新，译. 北京：北京大学出版社，2004.

[2] 大野木升司. 环境会计在日本 [J]. 世界林业研究，2006 (4).

[3] 肖序. 环境会计理论与实务研究 [M]. 大连：东北财经大学出版社，2007.

[4] 李挚萍. 经济法的生态化 [M]. 北京：法律出版社，2003.

5 资源企业循环经济管理

　　循环经济本质上是生态经济，倡导一种与环境和谐共生的经济发展观，而资源企业是典型的与环境互动性较强的经济实体。作为资源企业社会责任管理的中观机制，循环经济以产业链整合为载体，通过对清洁生产、废物利用、污染处理等技术难题的解决，在资源流、资本流、知识流、生态流和谐统一的基础上，实现利益统筹和管理创新。本章首先介绍了循环经济管理的定义、起源和发展历程，以及先进的经验典范以及循环经济管理的理论与实践在我国的发展；在此基础上，从技术层次、产业层次和利益层次上建立了资源企业循环经济管理的概念模型，通过对龙蟒集团、宜宾天原、泰格林纸集团的案例分析，总结出了研发优势驱动型、生态效益驱动型、一体化驱动型的资源企业循环经济管理模式。

5.1　循环经济管理发展历程

5.1.1　循环经济的起源与发展

（1）定义

　　《现代汉语词典》（第5版）将"循环经济"一词定义为"运用生态学规律，以资源的节约和反复利用为特征，力求有效地保护自然资源、维护生态平衡、减少环境污染的经济运行模式"。[1]

（2）起源

　　1962年，美国海洋生物学家蕾切尔·卡逊（Rachel Carson）的经典环保名著《寂静的春天》（Silent Spring）问世，直面生物界以及人类面临的危险与困境。[2]同时，以此书为代表的环保运动的兴起孕育了循环经济思想的萌芽。循环经济这一理念，首先由美国经济学家肯尼斯·鲍尔丁（Kenneth Ewert Boulding）在《The Economics of the Coming Spaceship Earth》[3]中提出，主要指在人、自然资源和科学技术的大系统内，在资源投入、企业生产、产品消费及其废弃的全过程中，把传统的依赖资源消耗的线性增长的经济模式（如图5-1所示），转变为依靠生态型资源循环来发展的经济模式（如图5-2所示）。其"宇宙飞船理论"可以作为循环经济的早期代表，大致内容是：地球就像在太空中飞行的宇宙飞船，要靠不断消耗自身有限的资源而生存；如果不合理开发资源，破坏环境，地球就会像宇宙飞船那样走向毁灭。①

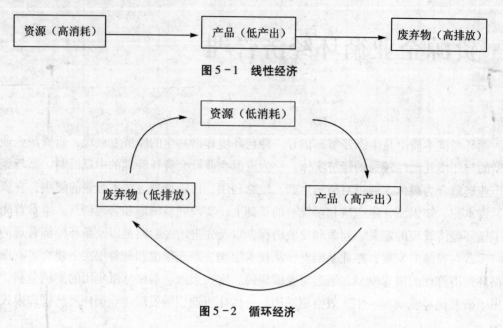

图 5-1　线性经济

图 5-2　循环经济

（3）发展

20 世纪 70 年代两次世界性能源危机暴露出的经济增长与资源短缺之间的突出矛盾，进一步引发了人们对经济增长方式的深刻反思。②

1972 年，罗马俱乐部发表著名报告《增长的极限》，系统地考察了经济增长与人口、自然资源、生态环境和科学技术进步之间的关系，向全世界发出了"100 年后经济增长将会因资源短缺和环境污染而停滞"的警告，如图 5-3 所示。[4]

20 世纪七八十年代，以德国为代表的发达工业国家，在为解决环保问题而处理废弃物的过程中，逐步由单纯的末端治理，发展到从源头预防，减少废弃物的产生，并对废弃物进行资源化处理后再生循环利用，而且确立了废弃物处置的顺序：尽量抑制废弃物产生，对其再使用、再生利用、热回收、无害处理。至此，强调资源的高效循环利用和污染的源头防控的循环经济模式呼之欲出。③

　　① 国外循环经济经验，www. chemintel. net/wk/200509. pdf。
　　② 周宏春，刘燕华. 循环经济学［M］. 北京：中国发展出版社，2005. 1973—1974 年，由于中东战争引发了世界上第一次石油危机。国际市场上的石油价格从每桶 3 美元涨到 12 美元，上涨了 3 倍。石油价格暴涨引起了西方国家的经济衰退。据美国经济学家的估计，那次危机使美国国内生产总值增长下降了 4.7%，使欧洲的增长下降了 2.5%，日本则下降了 7%。1979—1980 年，伊朗爆发革命后和伊拉克开战，使石油日产量锐减，国际石油市场价格骤升，并因此引发第二次石油危机，每桶石油的价格从 14 美元涨到了 35 美元。第二次石油危机也导致了西方主要工业国的经济衰退。据美国政府估计，美国国内生产总值在第二次石油危机中大概下降了 3%。
　　③ 国外循环经济经验，www. chemintel. net/wk/200509. pdf。

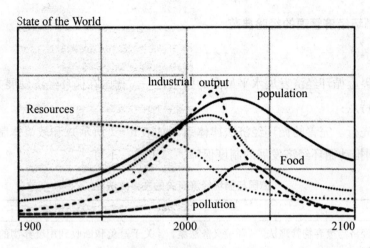

图 5-3　世界模型的标准趋势

资料来源：DONELLA H，MEADOWS，et al. The Limits to Growth [M]. New York：Universe Books，1972.

1990 年，英国环境经济学家珀斯和特纳在其《自然资源和环境经济学》一书中首次正式使用了"循环经济"（Circular Economy）一词。[5]

我国从 20 世纪 90 年代起引入了循环经济的思想。此后，对于循环经济的理论研究和实践不断深入。表 5-1 列示了第十一届至第十五届和循环经济有关的国家级企业管理现代化创新成果。

表 5-1　　　　　　　　　　国家级企业管理现代化创新成果名单

成果等级	届次	成果名称	申报单位
一等	第十一届	煤炭企业循环经济园区的建设	新汶矿业集团有限责任公司华丰煤矿
一等	第十二届	造纸企业循环经济产业链的构建与管理	湖南泰格林纸集团有限责任公司
一等	第十三届	以循环经济为导向的生物能源开发战略及实施	河南天冠企业集团有限公司
一等	第十三届	铜冶炼企业可持续发展的循环经济建设	云南铜业股份有限公司
一等	第十四届	提升酿酒企业价值的循环经济建设	四川省宜宾五粮液集团有限公司
一等	第十四届	钢铁企业促进循环经济发展的财务管理	武汉钢铁（集团）公司
二等	第十二届	以发展区域循环经济为目标的企业经营与管理	山东海化集团有限公司
二等	第十二届	创建循环经济型煤化工基地的决策与实施	贵州水晶有机化工（集团）有限公司
二等	第十三届	以核心企业为主体的循环经济圈建设	福建省三钢（集团）有限责任公司
二等	第十四届	民营控股企业循环经济产业链构建	八方控股集团
二等	第十四届	化工企业循环经济体系建设	重庆长风化工厂
二等	第十五届	城市发电企业循环经济体系的构建与实施	华电青岛发电有限公司

5.1.2 循环经济管理的经验典范

（1）德国[6]

德国是世界上循环经济发展水平最高的国家之一。德国在循环经济发展方面的做法突出体现了以下特点：

一是立法先行。完善的循环经济法律体系（如表 5-2 所示）和政策体制（如表 5-3 所示），是德国推动循环经济发展的制度保障，二者缺一不可。

表 5-2　　　　　　　　　　德国与循环经济有关的主要立法

类型	名称
法案	《循环经济与废弃物管理法》《环境义务法案》《关于避免和回收利用废弃物的法案》《德国废弃物法案》
条例	《有毒废弃物以及残余废弃物的分类条例》《废弃物和残余物控制条例》《废弃物处置条例》《包装以及包装废弃物管理条例》《污水污泥管理条例》
指南	《废弃物管理技术指南》《城市固体废弃物管理技术指南》

资料来源：作者根据周长益、李冠新的《德国如何推动循环经济发展》整理。

表 5-3　　　　　　　　　　德国与循环经济有关的主要政策体制

政策名称	内容
废弃物收费政策	垃圾处理费的征收主要有两类：一类是向城市居民收费，一类是向生产商收费。
产品责任政策	生产者对其产品的整个生命周期都负有严格的管理责任，即谁开发、生产、加工、处理或销售产品，谁承担实现循环经济目标的产品责任。
抵押金返还政策	顾客在购买所有用塑料瓶和易拉罐包装的矿泉水、啤酒、可乐和汽水时，均要支付相应的押金。顾客只有把容器按要求返还时，押金才能退回。
生态税政策	为那些使用了对环境有害的材料和消耗了不可再生资源的产品而增加了一个税种。
垃圾处理产业化政策	德国政府较早地认识到垃圾处理是全民的事业；由于其投资巨大，不能完全依靠政府来解决垃圾问题，必须广泛吸引私人经济参与才能迅速发展，以便推动垃圾处理市场化和产业化。

资料来源：作者根据周长益、李冠新的《德国如何推动循环经济发展》整理。

二是企业主导。正是由于企业在循环经济发展方面的责任明确，使得循环经济理念成为所有企业自身发展不可分割的一部分，形成了发展循环经济的良好风气。

三是公众参与。发展循环经济不仅需要政府的倡导和企业的自律，更需要提高公众的参与意识和参与能力。

（2）日本[7]

日本是世界上最早提出和推进循环经济并取得显著成效的发达国家之一。其特点是提出了循环型社会的新理念。在循环型社会思想的指导下，日本的循环经济有如下特点：

一是注重立法。日本是发达国家中循环经济立法最全面的国家，其立法的目标是建立一个"循环型社会"。日本与循环经济有关的主要立法如表 5-4 所示。

表 5-4　　　　　　　　　　　日本与循环经济有关的主要立法

类型	名称
基本法	《环境基本法》《建立循环型社会基本法》
综合法	《废弃物处理法》《资源有效利用促进法》
专项法	《容器和包装物的分类收集与循环法》《特种家用机器循环法》《建筑材料循环法》《可循环性食品资源循环法》《绿色采购法》《多氯联苯废弃物妥善处理特别措施法》《车辆再生法》

资料来源：作者根据董慧凝的《略论日本循环经济立法对我国环境立法的启示》整理。

二是注重科学技术。日本非常注重依靠科学技术，如用污染治理技术、废弃物利用技术以及清洁生产技术等来开发资源、提高资源利用效率、保护环境进而推进循环经济和建设循环型社会体系。日本与循环经济有关的主要计划如表 5-5 所示。

表 5-5　　　　　　　　　　　日本与循环经济有关的主要计划

计划名称	内容
防止地球变暖行动计划	要努力把 2000 年以后二氧化碳的总排放量控制在 1990 年的水平上。
绿色行星计划	主要是为了提示和预测因地球变暖而进行观测的研究计划。
21 世纪新地球计划	为使地球从过去 200 年间因二氧化碳和其他温室气体急剧增加所造成的破坏中恢复过来而采取的行动计划的框架。计划的头 50 年将分为任务各不相同的 5 个阶段。第一个 10 年的重点是提高和实施能源效率标准；第二个 10 年的目标是增加对诸如核能和其他可再生能源等清洁能源的利用；第三个 10 年的目标是推广用代替含氯氟烃的非温室气体、二氧化碳的重复利用技术和低能耗产品加工技术的运用；第四个 10 年中，对二氧化碳的吸收将通过运用生物技术进行的重新造林和沙漠地带的绿化而大大加快。利用海洋浮游生物加强对二氧化碳吸收的技术也将在这个期间投入使用。第五个 10 年将是核聚变、把太阳能发电站送入轨道、利用岩浆发电以及超导和与能源有关的新技术诞生的时代。
阳光计划	从 1974 年 7 月开始实施，主要由政府投资，对太阳能、地热、煤炭、氢气、海洋温差发电等进行技术开发。
月光计划	主要研究提高能源利用效率和能源的再利用技术，如复合发电系统、电磁流体（MHD）发电等。

三是注重政府职能。为谋求建立循环经济体系和循环型社会体系，日本政府设置了"环之国"会议机制，该机制由日本内阁成员与10位日本民间有识之士组成。其基本理念是彻底抛弃20世纪的"大量生产、大量消费、大量废弃"的社会模式，谋求建立"以可持续发展为基本理念的简洁、高质量的循环型社会"，以及"以清洁生产、资源综合利用、生态设计和可持续消费等为指导思想的，运用生态学规律来指导人类社会经济活动的循环经济发展模式"。

5.1.3　我国发展循环经济的理论与实践

我国从20世纪90年代起引入了循环经济的思想，此后对于循环经济的理论研究和实践不断深入。

（1）理论研究

通过对读秀学术搜索数据库中标题含有"循环经济"的图书进行的初步统计，2001—2008年，出版的标题含有"循环经济"的图书共有272本，其中2007年出版的标题含有"循环经济"的图书共有86本，达到了一个峰值。

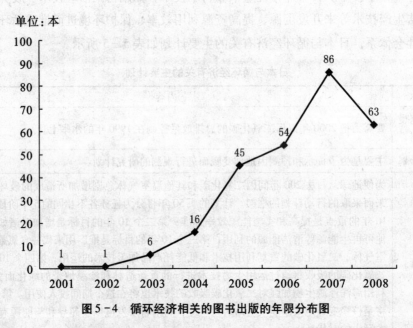

图5-4　循环经济相关的图书出版的年限分布图

根据我们对中国知网数据库中标题含有"循环经济"的论文进行的初步统计，1998—2008年，入选中国知网数据库的标题含有"循环经济"的论文共有10 662篇，其中2006年入选中国知网数据库的标题含有"循环经济"的论文共有2 735篇，达到了一个峰值。

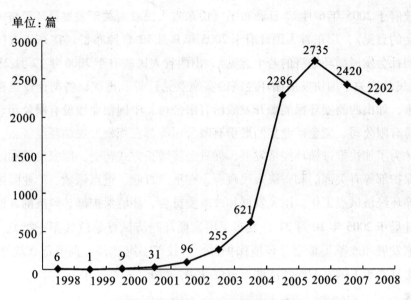

图 5 - 5　各种期刊刊登循环经济相关文章的年限分布情况图

从图 5 - 4 和图 5 - 5 的统计结果可以看出：自 20 世纪 90 年代引入了循环经济的思想后，循环经济的研究不断深入，到 2006 年出现了循环经济研究的一段繁荣期。①

我国学者在循环经济领域的研究主要集中在以下几个方面：循环经济国外经验的介绍、循环经济必要性的研究、循环经济基础理论的研究、循环经济立法的研究、循环经济技术的研究、循环经济评价的研究、循环经济模式的研究等。

（2）实践探索

近年来，社会各界对循环经济的关注持续升温。首先，国家通过完善法律体系和政策体制来推动循环经济的发展。如中华人民共和国第九届全国人民代表大会常务委员会第二十八次会议于 2002 年 6 月 29 日通过了《中华人民共和国清洁生产促进法》，中华人民共和国第十届全国人民代表大会常务委员会第十四次会议于 2005 年 2 月 28 日通过了《中华人民共和国可再生能源法》，中华人民共和国第十届全国人民代表大会常务委员会第三十次会议于 2007 年 10 月 28 日修订通过了《中华人民共和国节约能源法》②，中华人民共和国第十一届全国人民代表大会常务委员会第四次会议于 2008 年 8 月 29 日通过了《中华人民共和国循环经济促进法》等。其次，地方政府根据《国务院关于加快发展循环经济的若干意见》（国发〔2005〕22 号）的精神，也制定了相应的政策法规。如四川省人民政府于 2005 年 12 月 28 日颁布了《四川省人民政府关于加快发展循环经济的实施意见》，山

---

① 虽说有关循环经济研究的图书出版最多的年份是 2007 年，有关循环经济研究的论文发表最多的年份是 2006 年，但考虑到图书出版的滞后性，本书将 2006 年作为循环经济研究的繁荣期。

② 1997 年 11 月 1 日，第八届全国人民代表大会常务委员会第二十八次会议通过了《中华人民共和国节约能源法》；2007 年 10 月 28 日，第十届全国人民代表大会常务委员会第三十次会议对其进行了修订。

东省人民政府于 2005 年 6 月 17 日颁布了《山东省人民政府关于发展循环经济，建设资源节约型社会的意见》，广东省人民政府于 2005 年 9 月 12 日颁布了《广东省人民政府关于建设节约型社会发展循环经济的若干意见》，山西省人民政府于 2006 年 12 月 23 日颁布了《山西省人民政府关于加快发展循环经济的实施意见》等。再次，各类企业也在进行循环经济的探索，如山西潞安环保能源开发股份有限公司、中国铝业股份有限公司、中国石油天然气股份有限公司、紫金矿业集团股份有限公司等都在积极发展循环经济。

同时，为了加快推进循环经济发展，促进经济增长方式转变，国家发展和改革委员会会同环境保护部等有关部门和省级人民政府，在重点行业、重点领域、产业园区和省市组织开展了循环经济试点工作。国家发展和改革委员会、环境保护部、科技部、财政部、商务部、统计局于 2005 年 10 月 27 日发布了国家循环经济试点单位（第一批），如表 5－6 所示。国家发展和改革委员会、环境保护部、科技部、财政部、商务部、统计局于 2007 年 12 月 13 日发布了国家循环经济试点单位（第二批）。

表 5－6　　　　　　　　　国家循环经济试点单位（第一批）

一、重点行业	
（一）钢铁	鞍本钢铁集团、攀枝花钢铁集团有限公司、包头钢铁集团有限公司、济南钢铁集团有限公司、莱芜钢铁集团有限公司
（二）有色	金川集团有限公司、中国铝业公司中州分公司、江西铜业集团公司、株洲冶炼集团有限责任公司、包头铝业有限责任公司、河南省商电铝业集团公司、云南驰宏锌锗股份有限公司、安徽铜陵有色金属（集团）公司
（三）煤炭	淮南矿业集团有限责任公司、河南平顶山煤业集团有限公司、新汶矿业集团公司、抚顺矿业集团、山西焦煤集团西山煤矿总公司
（四）电力	天津北疆发电厂、河北西柏坡发电有限责任公司、重庆发电厂
（五）化工	山西焦化集团有限公司、山东鲁北企业集团有限公司、四川宜宾天原化工股份有限公司、河北冀衡集团有限公司、湖南智成化工有限公司、贵州宏福实业有限公司、贵阳开阳磷化工集团公司、山东海化集团有限公司、新疆天业（集团）有限公司、宁夏金昱元化工集团有限公司、福建三明市环科化工橡胶有限公司、烟台万华合成革集团有限公司
（六）建材	北京水泥厂有限责任公司、内蒙古乌兰水泥厂有限公司、吉林亚泰集团股份有限公司
（七）轻工	河南天冠企业集团公司、贵州赤天化纸业股份有限公司、山东泉林纸业有限公司、宜宾五粮液集团有限公司、广西贵糖（集团）股份有限公司、广东省江门甘蔗化工（集团）股份有限公司

表5-6（续）

二、重点领域	
（一）再生资源回收利用体系建设	北京市朝阳区中兴再生资源回收利用公司、石家庄市物资回收总公司、吉林省吉林市再生资源集散市场、湖南汨罗再生资源集散市场、广东清远再生资源集散市场、深圳报业集团、天津大通铜业有限公司、上海新格有色金属有限公司、河南豫光金铅集团有限责任公司、
（二）废旧金属再生利用	江苏春兴合金集团有限公司、深圳东江环保公司、广东新会双水拆船钢铁有限公司
（三）废旧家电回收利用	浙江省、青岛市、广东贵屿镇
（四）再制造	济南复强动力有限公司、北京金运通大型轮胎翻修厂
三、产业园区	天津经济技术开发区、苏州高新技术产业开发区、大连经济技术开发区、烟台经济技术开发区、河北省曹妃甸循环经济示范区、内蒙古蒙西高新技术工业园区、黑龙江省牡丹江经济技术开发区、上海化学工业区、江苏省张家港扬子江冶金工业园、湖北省武汉市东西湖工业园区、四川西部化工城、青海省柴达木循环经济试验区、陕西省杨凌农业高新技术产业示范区
四、省市	北京市、辽宁省、上海市、江苏省、山东省、重庆市（三峡库区）、宁波市、铜陵市、贵阳市、鹤壁市

资料来源：中华人民共和国国家发展和改革委员会。

5.2 资源企业循环经济管理的概念模型

循环经济是清洁生产发展到高级阶段的一种管理模式。它和线性经济最大的不同就在于它是物质能量流动的闭合系统，通过废弃物和中间物的再次利用，使得生产链上的浪费和冗余最小化，效率和效益最大化。通常意义上的循环经济是从微观、中观、宏观三个层次进行解释的，分别对应着微观企业的循环经济管理、中观生态园区的建设、宏观社会循环体系的构建，本章着重探讨循环经济的微观基础，即企业的循环经济管理。

自然资源的刚性约束决定了循环经济管理对于资源企业的重要性。数量有限和品位各异的自然资源严格限制了资源企业产品生产和开发的能力和潜力。不同于相对容易以低成本获得的人力资本和资金成本，先天设定了使用边界的资源输入要求资源企业必须要充分利用具有不可再生性的原材料，在对生态环境不构成威胁的前提下，最大限度地提高其利用率。因此，资源企业也比其他类型的企业更加需要循环经济管理，而循环经济管理的成效也在资源企业上体现得尤为明显。

循环经济管理是资源企业产业链整合的有效途径之一。产业链是通过由点到线、由线到面、由面到网的演化突破来实现整合的。循环经济管理既可以通过废弃物的再利用延伸主链，也可以通过和其他资源产业链的衍生物交叉利用产生新链，某些能源还可以辅助促进其他类型产业链的发展，从而实现资源产业链的纵向、横向和侧向整合。面临着资源约束日益强化以及资源争夺日趋激烈的客观现实，产业链整合是资源企业取得竞争优势的关键，而以节约资源、降低能耗、减少外部化为目标的循环经济管理无疑为产业链整合提供了一条有效的捷径，循环经济管理将对产业链整合起到积极的作用。

循环经济管理是资源企业为适应竞争环境的变革，基于利益统筹原则的技术革新和管理创新。资源企业的利益相关者包括政府、管理者、股东、社区公众等。不同利益主体的利益要求权和利益表达平台均有差异，而差异会引发矛盾。利益矛盾是资源企业管理过程中诸多问题的集中表现。逐步积聚的矛盾在资源企业发展中具有隐蔽性，在绩效增长出现波折的情况下可能发生突变，直接影响资源企业的科学发展。循环经济管理是利益矛盾化解的统筹机制之一。循环经济管理既是技术层面也是管理层面的创新，通过攻克技术难关，寻找产业链间实现整合的接口。把循环经济的"3R"思想引入管理，反过来通过营造企业循环经济的管理文化促进知识驱动的产业链整合，从而协调利益主体间差异化的利益诉求：在对生态环境不构成威胁的前提下提高资源企业经营效率，在维持所在地社区群众生存价值不递减的基础上谋求股东利益最大化和区域经济又好又快的增长，以可持续发展愿景下多方利益主体关系整合为基础，以价值增值为目标优化资源企业的管理绩效。

循环经济本质上是生态经济，倡导一种与环境和谐共生的经济发展观，而资源企业是典型的与环境互动性较强的经济实体。作为资源企业管理的有效手段，循环经济以产业链整合为载体，通过清洁生产、废物利用、污染处理等技术难题的解决，在资源流、资本流、知识流、生态流和谐统一的基础上，实现利益统筹和管理创新。图5-6是资源企业循环经济管理的概念模型，从中我们可以看出资源企业循环经济管理应该囊括的三大层次：技术层次、产业层次、利益层次。

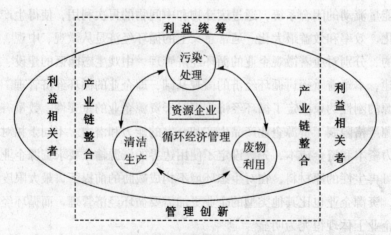

图5-6　资源企业循环经济管理的概念模型

首先，技术层次是资源企业循环经济管理要解决的最基本问题，包括了清洁生产、废物利用和污染处理，三者形成了层层递进的逻辑关系。清洁生产侧重于事前的预防，从初级矿产资源一进入生产流程开始，在整个产业链的运作过程中就尽量减少废弃物和污染物的产生和排放，从源头上控制事后治理的总量；废物利用侧重于事中的控制，通过分析经过清洁生产后产生的废弃物的物理和化学属性，将其进行二次开发和利用，如作为另一条资源产业链的上游原料输入、通过中间处理转化为能源、作为添加物嵌入新的产业链等；污染处理侧重于事后的弥补，把必须产生且无法再利用的污染物处理后再向外界排放，将对自然环境的污染和破坏降到最低限度。资源企业循环经济管理的第一步就是要从技术层次上实现这三个目标。

其次，产业层次强调的是资源企业的循环经济管理与产业链整合是互相促进的关系。产业链是打破空间约束的一种资源整合机制，资源企业发展循环经济是以资源的高效流动为终极目标；但是以资源循环为中心的模式可能衍生出单向依赖的风险成本问题，不仅包括了经济成本，还包括了社会成本和环境成本等。这具体表现为资源企业严重依赖资源禀赋，以透支生态环境为代价谋求粗放型的发展。而产业链整合将有效化解资源企业循环经济管理过程中的风险，通过将资源产品生产过程中的衍生物内部化，降低外部环境吸纳污染物的承载压力，将风险因素合理地分摊到其他类型的资源产业链或提供附加服务的产业链中。因此，产业链整合也可以看做资源企业循环经济管理的风险转移和化解机制。同时，循环经济管理为资源企业的产业链整合提供了契机，清洁生产、废物利用和污染处理等方面某个关键技术难题的突破都将使得资源产业链的纵向延伸、横向交叉、侧向整合成为可能。

最后，利益统筹是资源企业循环经济管理在突破技术和产业层次后要实现的最高目标。资源企业因资源开发利用形成的利益矛盾是客观与主观因素综合作用的结果。客观因素包括了矿产资源地理分布、矿产资源开发利用阶段、资源产业发展水平、矿产资源开发利用技术水平、矿产资源利用区域等差异性，这些差异性决定了利益矛盾的客观存在性；主观因素包括了市场体系发育程度的差异性、资源管理体制的相对统一性、资源收益分配的相对固定性、矿权制度改革的渐进性，这些因素决定了利益矛盾的主观存在性。循环经济管理以资源产业链为载体，以提高资源利用效率为核心，尽可能地减少资源消耗和环境成本，用产业链整合资源来解决利益错位，通过链上资源流、知识流、生态流、资本流的共生互动，构建生态工业园区，加强资源企业与其他行业以及社会之间物质和能量的循环利用，扩展利益诉求空间，疏导利益表达通道，使产业链成为主体相互制衡的利益共同体。平衡资源企业经营过程中利益矛盾形成因素的客观性与主观性，有助于资源企业在管理中化解利益矛盾。

5.3 资源企业循环经济管理的案例分析

5.3.1 龙蟒集团的循环经济管理

（1）龙蟒集团概况[①]

四川龙蟒集团是集磷化工、钛化工、生物化工和钒钛磁铁矿综合开发利用为一体的大型企业集团，创建于 1985 年，现有职工 7 000 人，其中各类专业技术人员 1 500 余人，生产基地主要分布于四川的成都、德阳、绵竹、攀枝花、盐边，云南的寻甸、富源和湖北南漳等地，2008 年实现销售收入 30 多亿元、出口创汇 8 000 多万美元。四川龙蟒集团是国家科技创新型星火龙头企业，"国家级企业技术中心"企业，是"十一五"期间四川重点培育的 25 户"百亿工程"企业和 79 户"大企业大集团"之一。

（2）龙蟒集团的循环经济发展之路

龙蟒集团的发展不仅得益于天然的资源，如丰富的磷矿石，更关键的是得益于在资源的生产过程中注重知识的生产。研发强度是衡量一个企业科技投入的重要指标，龙蟒集团研发投入占销售收入的比例从 1998 年的 2% 已逐渐增加到 2005 年的 5%。为充分提高知识生产能力，整合国内外优势智力资源，龙蟒集团与国内 30 多家科研院所及大学和国外 10 多家独立研发机构建立了长期稳定的合作关系，将自主研发和合作研发紧密结合，现已拥有各项专利技术 100 余项，形成了"硫—磷—钛产业相互嫁接、二次资源再生利用的循环经济"模式，得到了国家发改委的充分肯定和推广，荣获了四川省科技进步一等奖。传统硫酸法钛白粉生产的全过程如图 5-7 所示，龙蟒集团的硫酸法钛白粉生产的全过程如图 5-8 所示。

围绕磷、钛等自然资源进行相关领域的知识生产为龙蟒集团的发展提供了坚实的基础。知识外溢效应在资源产业链整合中发挥了重要作用，其中的代表性成果是以突破钛白粉生产工艺为核心的"钛—硫—磷"产业链的整合。目前世界上成熟的钛白粉生产工艺主要有硫酸法和氯化法两种。氯化法为美国杜邦等极少数世界大公司所垄断，而我国钛资源具有钙镁含量高的特点，决定了国内钛白粉生产主要采用硫酸法。资源利用率低，副产的废稀硫酸、硫酸亚铁对环境污染严重等缺陷，从根本上制约了我国钛白粉工业的发展。

龙蟒集团从 2000 年开始，重点开发我国优势钛资源，生产高品质金红石型钛白粉，大力进行技术创新，成功开发了"钛白粉—硫酸—磷化工"相互嫁接的循环经济产业链技术体系；通过资源产业链优化，较好地解决了制约我国传统硫酸法钛白粉生产的瓶颈，为我国钛白粉工业发展闯出了一条新路。首先,该集团首先采用自主研发的浓缩净化技术,

---

① http：//www. lomon. com/About __ Us. aspx？ParameterType = GroupProfile，2009 - 7 - 6。

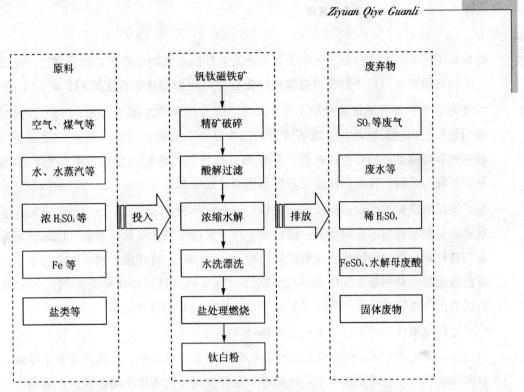

图5-7 传统硫酸法钛白粉生产全过程

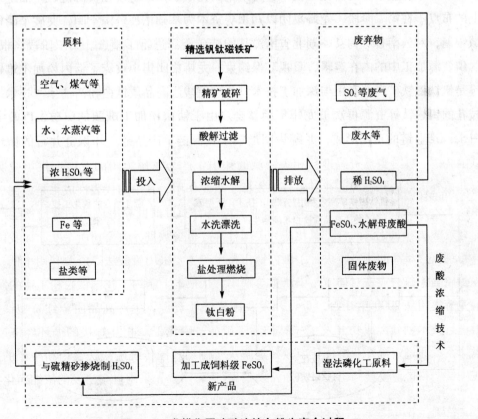

图5-8 龙蟒集团硫酸法钛白粉生产全过程

将每年生产 2 万吨钛白粉产生的 3 万吨硫酸亚铁以及水解母废酸一部分通过净化处理后加工成饲料添加剂，另一部分通过浓缩净化处理后用做湿法磷化工原料；将产生的 15 万吨浓度为 20% ~25% 的稀硫酸加工成 5 万吨浓度为 60% 的浓缩净化酸，再经过净化处理后，可用做湿法磷化工原料，实现了资源的二次循环。其次，开发"废酸浓缩过程——水硫酸亚铁掺烧硫铁矿循环生产硫酸"新技术，每年约能消化钛白粉废酸浓缩产生的硫酸亚铁 1 万吨。最后，提高钒钛磁铁资源利用率。在原料开发方面，通过产学研合作攻关，开发了钒钛磁铁矿的高效选矿技术，使钛资源利用率提高了 2 ~3 倍，有效地解决了我国钒钛磁铁矿资源利用率长期低下、钛白粉生产中大量浪费钛资源的问题。国家新近发布的产业调整目录在继续限制传统硫酸法钛白粉发展的同时，将质量达到国际先进水平、废酸及亚铁通过循环利用等要求作为新型硫酸法的标准纳入目录。龙蟒集团的"磷硫钛循环经济优势产业链技术体系"构筑了钛白粉产业的核心竞争优势。

龙蟒集团以知识与资本驱动的循环经济模式如图 5 - 9 所示。从资源链来看，在第一阶段，龙蟒集团立足于四川德阳市丰富的磷矿石、石灰石矿、天然气等基本原料，生产饲料磷酸盐、高浓度磷复肥、工业硫酸等十余种农用及精细化学品。通过积累资本，以及在磷资源加工中肥盐结合的磷化工技术，龙蟒集团完成了第一阶段在资源链、产品链、知识链上的布点。在第二阶段，龙蟒集团以知识与资本为基础拓展资源空间，突破了磷资源的地域限制，对云南省寻甸县、湖北省南漳县的磷矿资源进行了整合。第三阶段，根据钛、硫、磷资源加工中的内在逻辑，重视环保约束，龙蟒集团集中攻克了钛白粉加工难题，其关键是钒钛磁铁矿高效利用与深加工技术、新型硫酸法高品质钛白粉清洁生产技术。位于攀枝花的钒、钛等资源再次被龙蟒集团整合。由于钛白粉加工难题的突破，以及"钛—硫—磷"产业链的正式形成，龙蟒集团形成了资源链、产品链、知识链并行的循环经济模式。

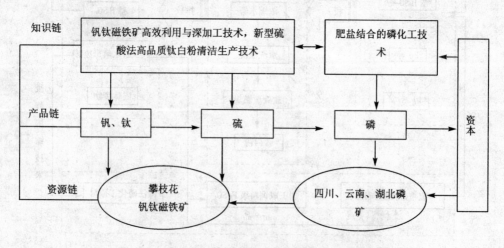

图 5 -9　资本与知识驱动的龙蟒集团循环经济模式

龙蟒集团以磷加工主业为核心的知识积累，通过知识外溢效应与资本的纽带作用将关键点进行串联，从而形成具有整体竞争优势的资源产业链。龙蟒集团以资源、知识与资本的互动构建了"钛—硫—磷"产业链，形成了资源链、产品链、知识链并行的循环经济模式，通过纵向与横向拓展实现了资源的综合利用，提高了资源的集约利用效应与产品深加工能力，提升了企业综合竞争力。龙蟒集团确立的"夯实磷化工、拓展钛化工、培育生物化工"的产业发展思路意味着龙蟒集团未来将成为具有核心竞争优势的资源型企业集团。随着知识与资本驱动的循环经济模式的构建，龙蟒集团将不断强化其优势地位。

5.3.2　泰格林纸的循环经济管理

（1）泰格林纸集团概况①

湖南泰格林纸集团有限责任公司是集制浆造纸、林业开发、板材生产、轻机制造、港口贸易、房地产开发、小化工等于一体的国有大型一类企业，是湖南省加快推进工业化进程而实施"十大标志性工程"的龙头企业，是全国国有造纸企业的旗舰。截至 2008 年上半年，公司拥有总资产 146 亿元，净资产 59 亿元，年生产纸及纸板的能力超过 130 万吨，拥有自营纸材林基地 200 万亩（1 亩 = 0.066 7 公顷）。加上订单、合作造林、收购青山等营林模式，公司可控林业资源超过 500 万亩。2007 年公司实现主营业务收入 56.5 亿元，实现利税 5.9 亿元。

（2）泰格林纸集团循环经济发展之路[8-10]

泰格林纸集团的发展得益于循环经济的实施。2006 年泰格林纸集团的《造纸企业循环经济产业链的构建与管理》荣获第十二届国家级企业管理现代化创新成果一等奖。2007 年泰格林纸集团入选国家循环经济试点单位（第二批）。泰格林纸集团始终坚持资源创造原则（Resource Creating）、减量化原则（Reducing）、再利用原则（Reusing）、再循环原则（Recycling）。泰格林纸集团的循环经济管理如图 5 - 10 所示，泰格林纸集团的循环经济项目如表 5 - 7 所示。

---

① http：//www.tigerfp.com/jtjs/index.htm，2009 - 7 - 7。

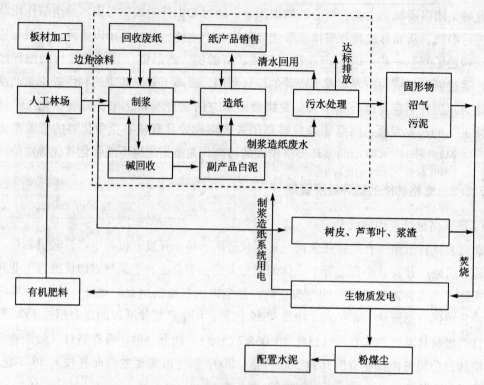

图 5 - 10   泰格林纸集团的循环经济实施图

表 5 - 7 泰格林纸集团的循环经济项目

类别	项目名称	实施后的效果
废纸回收利用	用于配抄高档印刷纸的办公废纸浆的技术研发与生产；国内废纸回收网络建设	废纸浆产品达到配抄高档文化用纸要求，替代商品化学木浆，废纸浆配抄高档文化用纸比例上升到32%。加大国内废纸回收，提高利用率，节约纤维原料资源。
黑液碱回收及塔尔油副产品综合利用	提高草浆碱回收率技术开发及白泥综合利用产业化项目；塔尔油回收及深加工	提高草类浆黑液提取率，解决世界性二次污染问题，在行业内可起示范作用；年创效益达1 600万元，减少白泥排放量3万吨，蒸汽发电相当于节约标煤20.88万吨，回收塔尔油，减少粉尘315吨；碱回收率达到93%。
固体废弃物再利用	粉煤灰收集及综合利用；碱回收白泥制备轻质碳酸钙	减排煤灰量50万吨，生产建材50万吨，煤灰利用率100%。白泥减排量19万吨，同时产生石灰13万吨、填料碳酸钙6万吨，白泥利用率90%以上。
烟气处理	烟气脱硫	锅炉烟气经脱硫，SO_2的排放浓度可满足《火电厂大气污染排放标准》；SO_2除去率90%以上，消减SO_2排放量。

表 5 - 7（续）

类别	项目名称	实施后的效果
废水处理	废水处理（厌氧、好氧、活性污泥、气浮法）系统沼气发电工程；制浆废液膜分离关键技术研究攻关与产业化示范工程建设项目；SPR 高效污水净化及再生回用技术应用示范工程建设项目	年减少 COD 排放量 1 224 吨、BOD 排放量 306 吨、SS 排放量 204 吨、AOX 排放量 122.4 吨；沼气发电可年创利润 118 万元，年发电 362 万千瓦时，相当于年节约标煤 7 300 吨。每年可减少 COD 排放量 5 138 吨，节水 191 万吨，节能 1.08 万吨标煤，SO_2 减排 97 吨，具有推广价值。每年节约水资源 952 万立方米，减少 COD 2 500 吨；起到示范带动作用，为节能减排提供技术支撑；减少制浆造纸取水量和废水排放量。

资料来源：刘海军．发展循环经济，实现可持续发展——泰格林纸集团循环经济发展实施方案［J］．中华纸业，2008（21）．

①资源创造性原则：林纸一体化。打破传统林木和造纸分离的管理生产模式，将制浆造纸与营造林木基地有机结合起来，形成以纸养林、以林促纸、林纸结合的产业化新格局，实现经济效益、生态效益、社会效益的统一，促进经济的可持续发展。泰格林纸集团通过"公司＋基地＋农户"的方式，在湖南、湖北两省的 56 个县、市开展了大规模的工业造林，累计投资近 7 亿元用于植树造林，自主造林 10 万平方公顷，拥有林地面积达 32 万平方公顷。目前公司自营林已进入轮伐期，实现了从被动消耗资源到自主创造、培养新的资源，从消极污染环境到积极创造条件改进环境，该原则创造性地运用了循环经济理念。

②减量化原则：减少进入生产环境的原材料。第一，引进先进工艺、设备。泰格林纸集团在 20 世纪 90 年代初，率先从奥地利 Andritz 公司引进 75t/d 碱性过氧化氢机械浆（APMP）生产线。这是国内首条 APMP 高得率化学机械浆生产线，该生产线采用 NaOH 化学预浸、盘磨漂白技术，生产过程无氯无硫污染，避免了采用传统的化学法制浆产生"二噁英"的危害，而且纸浆得率可达 90% 以上（一般化学浆得率 45% 左右）。在生产过程中，清水耗量仅为 $20m^3/t$ 浆（同行业 $100m^3/t$ 浆左右），比同行水耗要低 80% ~90%；所产生的污染负荷比传统的化学制浆工艺要低 70% ~80%。在生产过程中，通过不断对相关工艺技术进行系统的优化和装备改造，现日产量已从 75 吨提高至 120 吨，已超过设计能力 60%。由于积累了 APMP 生产的经验，在 20 万吨新闻纸/轻涂纸项目的建设中，公司毫不犹豫地选择了高得率化学机械浆与之配套，建成了世界第一条工业化 PRC—APMP 制浆生产线。这是当今世界上最环保、最清洁的制浆工艺生产线。这条生产线比第一条 APMP 生产线的得率更高，消耗更少，质量更佳，经济效益和环保效益更显著。APMP 制浆获得了巨大成功，为我国高得率制浆的发展和赶超世界先进水平作出了重大贡献，被原国家经贸委确定为国内化机浆生产线的样板工程。公司的科技成果"意大利杨 APMP 新工

艺制浆及其应用"获 2003 年度国家科技进步二等奖。APMP 制浆生产线的成功建设，彻底改变了我国造纸工业污染大、消耗高的落后形象。第二，综合节水工程。通过投入大量资金实施综合节水工程，用国际最新技术对系统进行技术改造，用以降低用水量，降低排污负荷。泰格林纸集团从 1999 年造纸产能 7 万 t/a，用水量 10 万 t/d，发展到现在造纸产能 40 万 t/a，用水量仅 8 万 t/d。公司投资近 9 000 万元，采用国际最新的节水技术，分两期对岳阳纸业老的制浆系统进行了综合节水改造，每天总节水量达 2.5 万立方米左右，排污负荷得到了进一步降低；实施并优化纸机封闭循环用水技术，共投资 2 200 万元对纸机的白水系统进行了治理，白水回用率达 80%；全公司纤维流失量下降了 60%，既节约了水资源，又避免了水污染。引进先进工艺、设备和综合节水工程，减少了公司在生产过程中用于生产的物质量，较好地实施了减量化原则。

③再利用原则：通过再利用措施努力减少废物的产生。第一，废水治理。对生产中产生的废水，建立碱回收及配套系统，通过回收碱既减少了污染的排放，又可以将回收的碱继续用于生产，产生巨大经济效益。公司投资 8800 万元，采用世界上最先进的厌氧和好氧生化处理技术，建成了中段废水处理站，总处理能力 8 万 m^3/t，经处理后的水质为：CODcr 小于 350mg/L、BOD5 小于 80mg/L、SS 小于 100mg/L。第二，造纸废水循环。通过技术设备处理，生产过程中产生的废水中污染物大幅度下降，处理后的废水能回收继续用于生产。公司投资 SPR 高效污水净化及再生回用技术应用示范工程建设项目，每年节约水资源 952 万立方米，减少 COD 2 500 吨，起到了示范带动作用，为节能减排提供了技术支撑，减少了制浆造纸取水量和废水排放量。废水治理和造纸废水循环，大大减少了生产中废弃物的产生、排放；通过再利用，在防止物质过早成为废弃物的同时也能为公司创造经济效益。

④再循环原则：通过多种措施把废弃物再次变为有价值资源。第一，粉煤灰利用。通过改造生产设备和建设配套废弃物利用工程，既能解决烟尘浓度超标的问题，同时也能化废为宝，通过配制法生产粉煤灰硅酸盐水泥为公司创造经济效益。由于造纸工业需要消耗大量蒸汽，一般的规模造纸企业都建有自备热电站，而粉煤灰是热电站产出的、严重污染大气的主要污染物。近几年，公司花费大量资金，改造小锅炉，增设静电除尘装置，解决烟尘林格曼黑度超标的问题；同时投资 2 000 多万元建成了粉煤灰综合利用工程，将粉煤灰通过配制法生产硅酸盐水泥，年生产能力达到 30 万吨，年综合利用粉煤灰 12 万吨，年创经济效益 300 万元。第二，生物质发电供热。通过建立具有国际先进水平的生物质发电系统，可利用生产废弃物中的可燃生物质发电供热，不但能缓解生产对能源的需求压力，又能减少固体废弃物的排放。造纸业的固体废弃物较多，如树皮、锯木屑、芦苇渣和生物污泥等，年产生量近 20 万吨。它们绝大部分是可燃的生物质，如将其堆存或填埋，不仅占用大量土地，还可能造成二次污染。为此，公司已投资 1.5 亿元引进一套具有国际先进水平的生物质发电的技术和设备，所产热能及电力供企业内部使用，不但缓解了公司用

电、用汽的压力，而且缓解了对燃料煤的需求压力，又能减少固体废弃物的排放，属于一举三得的项目。该项目每年可发电 6 000 多万度，供汽 49 万吨，年经济效益达 4 000 万元以上。第三，制浆黑液资源化。通过回收黑液中的木质素，使制浆废水得到治理，而回收的木质素可用于开发造林专用复合肥等。造纸植物纤维原料主要由纤维素、半纤维素和木质素组成。化学法制浆保留了其中的大部分纤维素和部分半纤维素，余下的成分在蒸煮过程中被碱溶解于黑液中，如果不经提取，既浪费了大量资源，又造成黑液回收的困难和环境的污染。为了充分利用草类纤维的木质素，公司开展了从黑液中提取木质素的研究并取得了显著成效。回收的木质素经磺化改性处理，可生产生态有机复合肥和土壤改良剂，开发意大利杨专用复合肥等，用于"哺苇育林"。第四，废纸制浆造纸。通过回收废纸、利用纤维造纸，可以大大减少林木、水、电消耗和污染物排放。泰格林纸集团为了打造再生资源回收利用的产业链，于 2002 年引进了一条日产 300 吨的废纸脱墨浆生产线（DIP）。该生产线的主要原料是废旧报纸，生产线的主体设备从芬兰 Metso 公司引进，采用了世界最先进的脱墨浆生产设备、工艺和自动控制技术。为了充分对社会再生资源——国内废纸进行回收与利用，泰格林纸集团专门成立了"国废"采购组，建立了废纸回收渠道和采购网络体系，国产废纸月收购量逐步上升。目前，月收购废纸量已达 1 万吨左右。为了扩大废纸的使用，泰格林纸大力开展了 DIP 配抄书刊及高档印刷纸的研究。2003 年 10 月，公司利用 DIP 浆配抄高质量的轻涂纸（LWC）获得成功，成为国内第一家利用 DIP 浆生产轻涂纸的厂家。同时，通过对脱墨浆生产工艺的优化和设备的改进，DIP 生产线已大大超过设计生产能力，日产量已达到 460 吨，年使用废纸量已超过 18 万吨。近几年，泰格林纸集团在新上项目的产品选型上，充分考虑用废纸浆替代原生木浆来造纸。如 2003 年湘江纸业新上 3 300mm 纸板机，就配套建设了日产 100 吨的 AOCC 生产线，利用废旧瓦楞纸板来生产牛皮卡纸等产品。目前，利用废纸造纸已成为泰格林纸集团生态循环经济产业链中十分重要的一环。粉煤灰利用、生物质发电供热将一种形态的废弃物转变为另外形态的可利用资源，废纸制浆造纸的实施减少了对原始资源的投入量，而制浆黑液资源化实施则是促进了自然资源的再利用。

5.3.3 宜宾天原的循环经济管理①

（1）公司概况

宜宾天原创建于 1944 年，是中国最早的氯碱化工企业之一。经过 60 多年的创业发展，公司现为中国制造业企业 500 强，中国西部最大的氯碱化工企业，中国最大的电石法聚氯乙烯制造企业。公司目前已拥有从电石到聚氯乙烯、从水合肼到环保水泥等全套先进

---

① 宜宾天原循环经济管理的主要内容来自作者公开发表在《山西化工》2008 年第 3 期上的论文《自主创新驱动下化工企业循环经济发展模式》。

专利专有技术近 70 项，自有知识产权专利 30 项，其中 7 项专利具有世界先进水平。该企业成功地创建了中国氯碱行业烧碱和聚氯乙烯生产集氯碱、能源、热电、电石、化工、建材为一体的循环经济发展模式。

（2）循环经济特征路径分析

①持续和快速的技术创新模式

循环经济发展模式离不开技术进步，宜宾天原在循环经济发展之路上以持续、快速的技术创新模式形成了核心竞争力，坚持以核心技术推进清洁生产，资源综合利用成效显著。公司自 1998 年进行重大调整之后，提出了新的经营管理思路，强调创新无止境，重视创新成果的工程化，2001 年正式发展循环经济。宜宾天原通过从企业内部发掘潜力，鼓励内部创新、工艺环节创新，形成了持续快速的创新机制，这成为循环经济模式顺利实施的有力支撑。

根据宜宾天原董事长肖池权在接受期刊《环境保护》的记者邵洁采访时的介绍："公司在氯碱主系统重点突出技术与装备重塑，加大自主创新力度，大力研发核心技术，推进关键设备向高效化、大型化转变，关键工艺、关键岗位向自动化控制转变，关键技术向清洁化、精细化方向转变。加大科技成果的转化运用，坚持用自有专利和高新技术改造传统产业项目，不仅创造了新的经济效益，降低了公司主要大宗原料消耗，能源、原辅材料消耗及水资源消耗等；而且通过对废水、废渣、废盐、废酸、废碱和废气尾气的回收，变废为宝，资源综合利用成效显现，实现环保技术领先、环保成效领先。公司仅电石渣制水泥和电石清液回用等资源综合利用项目就减少排污费总计 1 079 万元，创造直接经济效益达 4 370 万元，总计实现经济效益 5 440 万元。2005 年 1 月，公司实现环保达标。[①]"宜宾天原以知识驱动为主要特征的循环经济发展模式强调技术的创新以及创新成果的及时转化利用，由技术领先优势带动企业的产业链整合。

表 5-8 为宜宾天原 2001—2007 年的创新成果。从表 5-8 可以看出，每一年宜宾天原在创新成果的数量与质量上都体现了其卓著的创新成效，不仅在技术工艺上为企业创造了发展契机，而且为企业赢得了相关优惠政策，如 2006 年公司获得在技术开发、人才培养以及税收方面的优先支持。有形资产的价值容易估量，但无形资产如公司声誉、优惠政策及企业文化对于企业的价值创造却是无穷的。通过一系列技术创新方面的投入，宜宾天原取得了显著的经济效益和持续的竞争优势。

表 5-9 为宜宾天原创新项目和技改项目。由表 5-9 所列的项目和所用时间可见，宜宾天原具备了突出的科技创新能力与科技成果转化能力，这两种能力成为保证其建立持续、快速创新机制的重要基础。从宜宾天原每项技改项目的投产均远远低于行业平均水平

---

① 邵洁. 走循环经济道路，实现可持续发展——访宜宾天原公司党委书记、董事长肖池权 [J]. 环境保护，2006（04A）：97-100.

以及创新、技改项目数量的逐年变化可以直观地看出，在循环经济发展的路径上，技改项目在2005年出现了一个高点。这个高点的出现并非偶然，它是公司持续、快速创新模式与循环经济模式相互作用、相互促进的产物。

表5-8   宜宾天原创新成果一览表

年份	企业内部创新成果
2001	本体聚氯乙烯新工艺（超过法国技术指标水平）
2002	科技创新成果32项，"2改4"本体法聚氯乙烯扩建工程
2003	91项技术创新成果，110项管理创新成果，自主知识产权的本体法聚氯乙烯新工艺，水合肼生产新工艺
2005	公司独创的中国最清洁和节能的大型电石专利技术
2006	烧碱生产中盐水钙法除硝新技术，优化尿素法生产水合肼工艺
2007	高浓度次氯酸钠连续生产技术

表5-9   宜宾天原创新项目和技改项目

年份	项目合计项	项目名称	所用时间（月）
2001	3	6万t/a PVC扩建工程	9
		年产2.7万t/a离子膜烧碱技改工程开车成功	9
		独具特色的天原本体新工艺	13
2002	2	总攻"2改4"本体法聚氯乙烯扩建工程投产	
		4万t/a烧碱技改和6万t/a新蒸碱扩建	2
2003	1	热电厂3#机、4#炉技改一次性并网发电成功	10
2004	2	100万t/a电石渣制特种水泥环保一期34万t/a工程、	9
		12万t/a三聚磷酸钠一期8万t/a工程建成投产	3.5
2005	8	12万吨水富电石工程建成投产	6
		6 000t/aADC新工艺项目建成投运	<8
		3 000万套/a包装生产线技改项目投运	<5
		2 500t/a水合肼扩建项目一次性开车成功	<4
		10万t/a离子膜烧碱扩建工程建成投运	16
		12万t/a本体法聚氯乙烯扩建工程投运	15
		12万t/aVCM扩建工程建成投运	15

②一体化循环经济发展模式

宜宾天原在具体循环经济模式的选择上并未局限于目前企业层面普遍适用的杜邦内部循环模式与瑞典工业园区模式，而是跳出了循环经济模式选择矩阵，依托企业持续、快速的技术创新能力，通过推行全面清洁生产和资源综合利用，将企业内部产生的各种排放物变废为宝，成功地创造出国内氯碱行业烧碱和聚氯乙烯生产集能源、热电、电石、化工、建材为一体的循环经济发展模式，彻底解决了制约电石法聚氯乙烯行业发展的瓶颈问题。

宜宾天原的循环经济模式如图 5-11 所示。

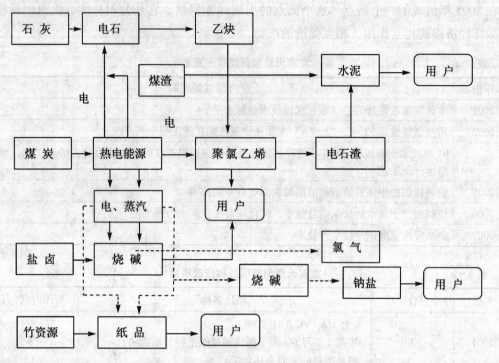

图 5-11 宜宾天原的循环经济模式

从图 5-11 可以看出,宜宾天原的一体化循环经济发展模式走的是一条在市场竞争机制较弱、外部交易成本很高的情况下将市场交易向企业内部转移的有效途径。公司依托不同产品化学属性间的关联,将电石厂、水泥厂一系列产业链的上、下游企业纳入到统一的管理模式下,减少了由信息不对称、管理模式不同、生产环节不对等所造成的交易成本,实现了电力—化工—水泥的共生循环。

由于电石是生产聚氯乙烯的主要原料,公司首先推进产业链向上延伸,成功建成电石原料基地,控制了产业链的战略性资源,掌握了产业链的关键环节。公司依托周边燃煤、电力、石灰石、盐卤等资源向上游资源性产业发展,建设了生产能力为 6 万千瓦的自备热电厂和清洁型、效益型的屏山电石原料战略基地,实现了电力资源的有力调控和对战略性原料资源的控制,2003 年已形成年产 12 万吨电石的能力。其内燃式电石炉工艺和环保排放经国家发改委、国家环保总局鉴定,成为我国电石行业准入依据,并被四川省电石溶解乙炔行业协会授予“电石生产技术培训基地”。其次,推进产业链向下延伸,创建环保型循环经济模式。公司加快产品结构调整,不断向下游高附加值、高效益化工及其深加工产品扩展、延伸,利用烧碱产品加快发展精细化工,成功创建了南溪烧碱深加工钠盐基地,2004 年已形成年产 10 万吨的三聚磷酸钠能力。2005 年,通过采取电石渣水泥和电石清液回用等资源综合利用措施,减少排污费总计 1 079 万元,废电石渣进入回转窑产出高标号水泥和水循环使用产生直接经济效益 4 370 万元，给企业带来了高达 5 449 万元的利润，更为重要的是因此降低的成本比同行业高 20%，使得宜宾天原聚氯乙烯产量虽然排名全国第三，但利润却连续 3 年居全国同行第一。公司首家建成了国内最大的年产 70 万吨全废渣制水泥环保装置，使公司年排放量已达近 70 万吨的电石渣、煤渣全部得到综合利用，将上一个生产环节所形成的废料、废渣、废弃物作为下一个生产环节的原料，形成一个闭路循环的生产链条，变废为宝，实现了资源综合利用。宜宾天原零排放循环经济工艺流程如图 5 - 12 所示。

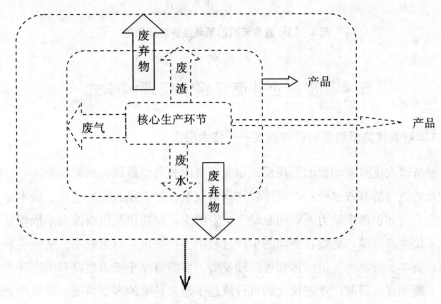

图 5 - 12　零排放循环经济工艺流程

　　宜宾天原通过以核心产品为主导的产业上、下游拓展及循环，使公司产品从内到外发展，形成了以主业为基础的星型产品体系。产品的完成并不意味着生产环节的结束，伴随着成品的产出、废弃物的产生，下一环节的生产展开以上一环节的废弃物为生产原料；只要有废弃物存在，生产环节就在继续。图 5 - 12 中的生产环节是无限地向外延伸的放射型过程，直到废弃物用完，产出的全部是高价值的产品。这种发展模式一方面提高了资源的利用效率，另一方面把原先的废物变成企业新的价值创造源泉，实现了废弃物的无限利用与零排放，不仅为公司产生经济效益，而且减少了环境污染，获得了良好的生态效益和社会效益。

　　零排放循环经济的工艺流程充分体现了宜宾天原循环经济管理的主要思想。通过充分利用核心生产环节产生的废渣、废气、废水，层层递进式地研发新产品，在"抽丝剥茧"式地开发废弃物使用价值的同时，使产业链在核心生产环节的基础之上得到无限延伸，如图 5 - 13 所示。宜宾天原以废弃物为管理重心，挖掘其利用开发潜力；随着对废弃物的加工程度不断深入，废弃物越来越少，可出售的产品种类越来越多，实现了最优化的替代组合。

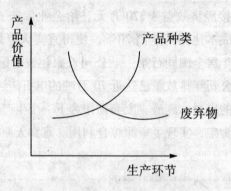

图 5-13　宜宾天原的循环经济管理思想

5.4　资源企业循环经济管理的模式

5.4.1　研发优势驱动型的管理模式——技术层次

循环经济研发优势驱动型的管理模式以龙蟒集团为典型范例,资源企业循环经济管理是资源产业链整合的有效途径:产业链越往高端发展,知识越具有共享性,资本越具有横断性。在资本与知识两个动力要素的驱动下,资源企业要构建利用资源而不依赖资源的发展模式,不仅生产资源,更要在资源的生产过程中生产知识并积累资本,从而实现资源产业链知识、资本、资源的三位一体和可持续发展。面临着由于资源禀赋和生态环境承载能力的约束不断加强,资源产业链优化的可行域趋于越来越窄的客观情况,资源产业链整合的空间范围也在不断萎缩。因此,资源企业亟须另辟蹊径来谋求发展,从其他维度来增大资源整合的可行域,对可行域的边界施加反作用力,扩大其隐性的概念边界。在较大可行域的基础之上,才更有可能寻求最优化的定位。而研发优势驱动型的循环经济管理就为资源产业优化整合的可行域扩大提供了新的维度和一个良好的发展范式。

研发优势驱动型的循环经济管理关键是要攻克行业内公认的核心技术和瓶颈技术,这要求建立能力结构互补的高素质研发团队,引进先进的技术、人才和设备等生产要素,加大研发投入,以求在短时间内快速掌握制胜的关键工艺,以支撑循环经济管理技术层次的突破,为产业层次和利益层次的实现奠定基础。研发优势可以体现在以清洁生产零排放为目标的配套生产流水线、废弃物的萃取提炼再利用技术、精密的生产排污标准实时监控系统、污染物的处理工艺、事先的预警与事后的应急处理体系等。

在研发优势驱动型的循环经济管理模式下,资源企业可以沿着自己设定的技术轨道前进,对不同的管理战略进行创新和再设计,如产品战略、工艺战略、设备战略等。不同于其他的循环经济管理模式,采用研发优势驱动型的资源企业,其主营业务往往"归核化"而非多元化,只要企业专注于某一核心工艺的研发并成功掌握相关技术后,就能大大提升行业地位和定价话语权，赢得利益相关者的信任，并获得持续的竞争优势。其风险在于：首先，技术优势可能容易被模仿，并且技术革新的速度跟不上产品更新换代的步伐，企业必须投入大量人力和资本以维持技术优势。其次，研发优势驱动型循环经济管理可能会误导管理者，使得他们关注的视角较为狭隘。循环经济管理要取得成效必须以掌握某些技术为前提，但光靠技术优势未必会达到预期目标。有的资源企业盲目跟风实施循环经济管理，但却由于对技术难题攻克的可行性分析不足，导致资源企业在花费了大量的沉没性成本以后，研发成功的可能性依然很小。因此，面临刚性的技术瓶颈约束，资源企业可以寻求其他的替代方式，比如充分利用可以取得的现有技术组合尽量减少污染物的产生和排放，将某些环节分离给市场，与专业的环保公司合作处理废弃物等。

5.4.2 生态效益驱动型的管理模式——产业层次

循环经济生态效益驱动型的管理模式以泰格林纸业集团为典型范例。循环经济理论是实现生态效益的核心思想。生态效益就是要用循环经济的理论来规划、设计和建设产业链，解决生产过程对环境的污染、生态的破坏、资源浪费的问题。循环经济的核心是以物质闭环流动为特征，运用生态学规律把经济活动重构组织成一个"资源—产品—再生资源"的反馈式流程和"低开采、高利用、低排放"的循环利用模式，使得经济系统和谐地被纳入自然生态系统的物质循环过程中，从而实现经济活动的生态化，达到消除环境破坏、提高经济发展规模和质量的目的。

生态效益驱动型的循环经济管理关键是要实现资源的再创造，比如泰格林纸业集团制浆工艺的原材料部分来自板材加工的边角涂料、回收的废纸、人工林场创造的二次资源，制浆造纸系统所用的电能部分来源于公司利用废弃物进行生物质发电，制浆造纸系统所用的清水部分源于公司污水处理系统，制浆造纸系统所用的碳酸钙部分源于公司碱回收白泥精制成沉淀碳酸钙的专利技术。

生态效益驱动型的循环经济管理的优势在于：实现了从被动消耗资源到自主创造、培养新的资源，从消极污染环境到积极创造条件改进环境，创造性地运用了循环经济理念。通过引进先进的生产技术和生产工艺减少了稀缺资源的消耗，不仅降低了生产成本，而且节约了资源。大大减少生产中废弃物的产生、排放；通过再使用，在防止物质过早成为废弃物的同时也能为公司创造经济效益，同时达到环境保护的目的。通过科技创新和引进先进生产技术和工艺，把一种形式的废弃物转变为另一种形式的可利用资源，同时减少资源的消耗量，促进自然资源的再创造，实现资源的再循环。其劣势在于：企业要实施循环经济，必须有配套的技术予以支撑。企业采用先进的生产设备和技术改造等需要大量资金，资源创造需要长期规划和实施，企业在资源创造的投资和获利之间有较长的时间差，投资前期也需要大量的资金予以支持。

5.4.3 一体化驱动型的管理模式——利益层次

循环经济一体化驱动型的管理模式以宜宾天原为典型范例，通过产业链整合，充分挖掘废弃物的使用价值，开发新型产品。产业链向上延伸主要解决资源短缺的问题，把生产原料供给以及能源供给内部化，减少外部输入的不确定性。产业链向下延伸主要解决环境污染的问题，在推进清洁生产工艺、废料回收生产技术和零排放生产过程全控制的同时，丰富企业的产品结构，引进以环保节能为主要特征的副产品。既减少了排污和处理废料的成本，达到了环保目标，为企业赢得了良好的市场声誉，又使得产业链延伸到多元化的相关产业，不同的产业之间形成共享资源和互换中间产品的共生体，扩展了企业的资源配置平台。而资源企业的利益相关者在这一过程中，利益需求的分歧也得到了缓解，使资源企业更容易以较低成本协调各方关系，实施认同度更高的利益统筹。

一体化驱动型的循环经济管理关键是要确定可供产业链双向延伸的交叉点。比如宜宾天原产业链向上延伸是以建设电石原料基地和掌握内燃式电石炉工艺技术为前提的，而向下延伸是依托于发展精细化工和废渣利用生产水泥等关键技术。交叉点的定位既可以根据主导产品的化学属性与其他的资源产业链实现对接，也可以围绕废弃物的利用，开发下游产品，还可以选择资源企业所在地拥有的优势资源加以利用，如丰富的水资源、低廉的电价、优惠的政策、就近的能源等，作为产业链延伸的基础条件。

一体化驱动型的循环经济管理的优势在于将产业链的关键环节保留在企业内部。企业依托循环经济管理，通过清洁生产、废物利用、污染处理等途径来掌握产业链的资源控制权，由一体化带来的整合收益抵减企业循环经济管理研发技术、生态园区建设可能达不到预期目标的风险损失，减少外部环境变化的不确定性。而站在利益统筹的角度，一体化有助于具有共同目标和愿景的利益共同体的产生与和谐产业链的打造。基于我国各级市场体系发育非均衡的客观背景，市场体系的运行成本往往较高。一体化可以将企业与市场组织在激励和控制上的差异最小化，实现企业内部管理成本与社会必要承载成本的优化组合，从而为以利益统筹为基础的和谐产业链的形成提供前提条件。其风险在于企业在循环经济管理的技术层面知识积累尚不成熟的情况下盲目一体化。根据资源企业循环经济管理的概念模型，技术层次是实现产业层次和利益层次的底线。在技术创新力度不足的情况下进行一体化带来的后果包括：内部管理方法和效率跟不上业务扩张的速度；产品流程没有形成闭路循环；产品的附加价值尽管有所上升，但考虑到市场的可容纳力度，企业的抗风险能力反而有所下降。

本章参考文献

［1］中国社会科学院语言研究所词典编辑室．现代汉语词典：5 版［M］．北京：商务印书馆，2005．

［2］RACHEL CARSON. Silent Spring［M］. Boston, Massachusetts：Houghton Mifflin, 1962.

［3］KENNETH EWART BOULDING. The Economics of the Coming Spaceship Earth［G］// H. Jarrett. Environmental Quality in a Growing Economy. Baltimore：Johns Hopkins University Press, 1966.

［4］DONELLA H, MEADOWS, et al. The Limits to Growth［M］. New York：Universe Books, 1972.

［5］D W PEARCE, R K TURNER. Economics of natural resources and the environment［M］. London：Harvester Wheatsheaf, 1990.

［6］周长益，李冠新．德国如何推动循环经济发展［G］//张小冲，张学军．循环经济发展之路．北京：人民出版社，2006．

［7］董慧凝．略论日本循环经济立法对我国环境立法的启示［J］．现代法学，2006（1）．

［8］郭勇为．打造循环经济产业链，实现企业的良性发展［J］．湖南造纸，2005（3）．

［9］黄荣，李艳军．从 3R 到 4R——解析泰格林纸集团循环经济模式［J］．中华纸业，2006（6）．

［10］刘海军．发展循环经济，实现可持续发展——泰格林纸集团循环经济发展实施方案［J］．中华纸业，2008（21）．

6 资源企业安全管理

安全管理是企业最基本的社会责任，保证员工的生命安全和健康是企业发展的基础。资源企业多属于高危行业，安全管理不仅关系到企业自身的发展，重大安全事故的发生也会对公共安全和周边环境造成负面影响。能本安全管理模型辨析了资源企业"想安全"和"能安全"之间的关系："想安全"必须以资源企业"能安全"为基础。在资源企业持续改进和外部驱动的相互作用下，能本安全管理旨在优化资源企业的安全管理，并通过向外辐射维护社会公共安全。本章首先介绍了资源企业安全管理的发展历程，对我国资源企业安全管理事故情况进行了统计，并总结了事故发生原因；针对我国资源企业安全事故多发的客观背景，构建了能本安全管理模型，并以中石油开县井喷事故和中国神华本质安全管理体系为例，对其安全管理的情况进行了分析。

6.1 资源企业安全管理的发展历程

6.1.1 资源企业安全管理的发展背景

安全管理是随着社会生产的发展而发展的。在生产发展初期，由于生产规模不大，安全问题不是很突出，企业积累了一些安全防护的经验。18 世纪中叶，蒸汽机的发明引发了工业革命，传统手工业劳动被大规模的机械化生产所替代，一方面大大提高了劳动生产率，另一方面增加了安全事故。而资本家认为发生伤亡事故是工业进步必须付出的代价，企业对工人的安全不负责任，这迫使工人奋起反抗，维护自身的安全和健康。19 世纪初，英、法等国相继颁布了安全法令，开始注重安全管理。另外，由于事故造成极大的损失，资本家出于自身利益的考虑也要关注安全问题。这些都在一定程度上促进了安全技术和安全管理的发展。[1]

进入 20 世纪，工业发展速度加快，对资源的需求使得资源企业迅速发展；同时由于安全管理方面的缺陷，重大工业事故相继发生，给社会带来了极大的危害（见表 6-1）。生产规模越大，技术越新，一旦发生事故，其危害也就越严重。资源企业一般属于高危行业，容易发生重大事故，造成重大经济损失和严重社会影响。矿难事故、井喷事故、爆炸事故等恶性事件的发生不仅造成人员伤亡，也对家庭及社会造成了巨大伤害。而对于经济发展来说，企业损失的将是生产效率和竞争力。安全事故的发生将极大的影响社会的可持续发展。

表 6-1   20 世纪以来资源企业发生的重大安全事故

时间	国家	事件	事故概况
1906	法国	Courrieres Mine Disaster	1906 年 3 月 10 日，法国北部 Lens 发生特大矿难事故，造成 1 099 人死亡，是欧洲历史上最大的一次矿难。
1907	美国	Monongah Mining Disaster	1907 年 12 月 6 日，美国西维吉尼亚州的费尔蒙特公司孟农加煤矿发生爆炸事故，造成 362 人死亡。
1913	英国	Senghenydd Colliery Disaster	1913 年 10 月 14 日，英国威尔士 Universal Colliery 发生煤尘爆炸事故，造成 439 人死亡。
1934	英国	Gresford Disaster	1934 年 9 月 22 日，东北威尔士雷克萨姆附近的格雷斯福德煤矿发生矿难，造成 266 人死亡。
1946	德国	Zeche Monopol Schacht Grimberg	1946 年 2 月 20 日，原西德 Bergkamen 发生矿难事故，死亡 405 人。
1960	中国	山西大同矿难	1960 年 5 月 9 日，山西大同矿务局老白洞煤矿发生煤尘爆炸事故，死亡 682 人，伤 213 人。
1961	南非	南非 Coalbrook 矿难事故	1961 年 1 月 21 日，南非 Coalbrook 塌方导致 437 人被困，417 人死于瓦斯中毒。
1963	日本	三池煤矿煤尘爆炸事故	1963 年 11 月 9 日，日本三井三池煤矿发生的煤尘爆炸事故，造成 458 名矿工死亡。
1984	墨西哥	墨西哥城天然气爆炸事故	1984 年 11 月 19 日，墨西哥国家石油公司液化石油气储运站发生爆炸事故，导致 450 人死亡、几千人受伤。
1984	印度	博帕尔毒气泄漏事故	1984 年 12 月 3 日，美国联合碳化物公司设在印度博帕尔的一家农药厂发生异氰酸甲酯（MIC）毒气泄漏事件，直接导致 3 150 人死亡、20 多万人受到不同程度伤害。
1988	英国	阿尔法平台爆炸事故	1988 年 7 月 6 日，英国北海阿尔法平台天然气生产平台发生爆炸，造成 165 人死亡、34 亿美元的经济损失。
2003	中国	中石油开县井喷	2003 年 12 月 23 日，中石油位于开县境内的罗家 16H 天然气井发生井喷事故，因硫化氢中毒导致 243 人死亡、2 142 人住院治疗、6.5 万人被紧急疏散。
2007	俄罗斯	Ulyanovskaya Mine Disaster	2007 年 3 月 19 日，俄罗斯中南部乌里扬诺夫斯克煤矿发生爆炸事故，造成 110 人死亡，是近 10 年来俄罗斯最大的矿难事故。
2008	中国	山西襄汾尾矿溃坝事故	2008 年 9 月 8 日，山西省临汾市襄汾县新塔矿业有限公司（铁矿）980 沟尾矿库发生溃坝事故，造成 277 人死亡、4 人失踪、33 人受伤。

资源企业的安全事故不仅对企业自身产生较大影响，还会对周边环境和居民安全产生较大威胁。如 1984 年美国联合碳化物公司在印度博帕尔的毒气泄漏事故，45 吨剧毒物质异氰酸甲脂泄露，直接导致 3 150 人死亡、5 万多人失明、2 万多人受到严重毒害、近 8

万人终身残疾、15 万人接受治疗，受这起事件影响的人口多达 150 余万。另外，博帕尔市空气、水等被严重污染，损失数以亿计。[①] 因为博帕尔农药厂毒气泄漏事故，美国联合碳化物公司的股票每股价值迅速下跌 10 美元，全部股票价值下跌了 4.4 亿美元，该公司不得不求助于联邦破产保护。[②]

特大安全事故的发生造成的严重影响，也使得世界各国从中吸取教训，探索安全管理的改革和创新。博帕尔事件发生后，两次国际会议相继召开，希望以此为鉴，制定出一套积极、有效的应对之策。许多国家为此还专门修改或制定了新的法律——美国公众知权法、知情法的制定，欧洲爱卫索法的修订等，都是这一事件的直接后果。20 世纪 80 年代后期，石油业发生了几次重大事故，如 1987 年的瑞士 SANDEZ 大火、1988 年英国北海油田的帕玻尔·阿尔法平台事故，以及 1989 年的埃克森公司 VALDEZ 泄油等，石油行业安全管理引起国际重视，石油行业的健康安全环境（HSE）管理体系逐渐形成并得到广泛应用。

鉴于安全事故的严重影响，各国纷纷建立和完善安全生产和职业健康法规，设立相应的执法机构和研究机构，加大安全健康教育的力度，重视安全技术开发工作，提出了一系列有关安全分析、危险评价和风险管理的理论和方法，使安全管理水平有了较大的提高，也促进了这些国家安全工作的飞速发展。

此外，资源企业自身也在不断加强企业安全管理。如壳牌公司 1985 年首次在石油勘探开发领域提出了强化安全管理（Enhance Safety Management）的构想和方法。1986 年，在强化安全管理的基础上，形成了安全管理手册，HSE 管理体系初现端倪；在 1990 年制定了自己的安全管理体系（SMS）；1991 年，颁布了健康、安全与环境（HSE）方针指南；1992 年，正式出版安全管理体系标准 EP92—01100；1994 年，正式颁布健康、安全与环境管理体系导则。[③] 目前，壳牌公司建立了健康、安全、保安与环境管理标准。[④]目前，部分资源企业上市公司发布的各种报告开始披露企业的安全生产和职业健康管理的相关内容。

20 世纪末，人们对安全生产有了更深的认识。资源企业的安全管理树立了"以人为本"的核心思想，以人的生命安全、身心健康为本，改善员工作业环境及周边地区环境质量，保障员工和周围居民健康。在企业安全生产和职业健康方面，不少国际性组织和地区性组织起到重要作用。国际劳工组织（ILO）和世界卫生组织（WHO）一直致力于国际职业安全与健康的发展，将社会公正理念贯穿到安全生产中。WTO 的最基本原则"公

---

① 杨伟利. 印度博帕尔毒气泄漏事件 [J]. 环境, 2006 (1).
② 江涌. 博帕尔灾难凸显公害危机 [N]. 中国经营报, 2003 - 11 - 28.
③ 根据中国安全网（www. safety. com. cn/oshms）关于 HSE 管理的相关内容整理.
④ 壳牌中国. 壳牌中国 2007 年可持续发展报告 [EB/OL]. [2009 - 07 - 10]. http：//www - static. shell. com/static/responsible __ energy/downloads/sustainability __ reports/2007 __ translations/chinese __ shell __ sustainability __ report __ 2007. pdf.

平竞争"中就包括环境保护和职业健康安全问题。一些区域性或行业性的安全管理体系标准也逐渐被越来越多的人接受,并在世界上得到推广。

6.1.2 国际性组织关于安全管理的相关内容

(1) 国际劳工组织(ILO)

国际劳工组织(ILO)一直致力于世界安全生产与健康的发展,自成立以来,在保护工人健康、改善劳工工作状况方面作出了突出贡献,通过了很多重要的国际公约(见表6-2)。《职业安全卫生和工作环境公约》(简称155号公约)是关于职业安全与健康方面的基础性、框架性国际公约。《预防重大工业事故公约》(174号公约)旨在预防重大工业事故的发生和减轻重大事故的后果。

表6-2 国际劳工组织关于安全防护的部分相关公约

年份	公约号	名称
1925	18	工人的职业疾病赔偿公约
1960	115	保护工人以防电离辐射公约
1976	139	预防和控制致癌物质和制剂导致职业危害公约
1977	148	保护工人以防工作环境中因空气污染、噪音及震动引起职业危害公约
1981	155	职业安全卫生和工作环境公约
1985	161	职业卫生设施公约
1986	162	安全使用石棉公约
1993	174	预防重大工业事故公约

2001年4月24日,国际劳工组织批准将4月28日作为世界安全生产与健康日。

国际劳工组织一直秉承"体面的工作必须是安全的工作"的理念,在2003年6月的第91次会议上通过了"职业安全健康全球战略"。此战略的出台充分体现了国际劳工组织在保护劳工权益方面的重要作用。它呼吁整个国际社会在加强安全文化素质方面的协同动作,共同关注安全生产工作的实施及宣传,普及安全理念。

(2) 世界卫生组织(WHO)

世界卫生组织(WHO)一直关注全球职业卫生发展,制定了"全球职业安全战略"。WHO认为所有的劳动者,不论工种或地位都有权利享受职业健康服务,免受职业危害。世界卫生组织主张对劳动者健康采取一种整体的思路,并发出了《劳动者健康全球行动计划》,促进成员国不断完善与劳动者相关的法律政策,从政治层面推进职业病和工作有关疾病的预防和控制行动。世界卫生组织在成员国内推动基本职业卫生服务(BOHS),保护劳动者健康。另外,世界卫生组织在职业健康和职业病防治方面开展了和国际劳工组织的多方合作，为成员国提供政策、项目开发、能力建设、协作伙伴和监测研究等方面的支持。

6.1.3 先进安全管理体系简介

（1）职业健康安全管理体系（OHSMS）[1]

职业健康安全管理体系（Occupational Health and Safety Management System，简称OHSMS）是 20 世纪 80 年代后期在国际上兴起的现代安全管理模式，它是一套系统化、程序化和具有高度自我约束、自我完善能力的科学管理体系。OHSMS 以系统安全的思想为基础，把企业中人、物、环境、信息的组合作为一个系统，以整个系统中导致事故的根源——危险源作为管理核心，通过危险辨识、控制事故发生、风险评价、风险控制等手段来达到保障劳动者安全与健康的目的。

20 世纪 80 年代末开始，一些发达国家率先开展了研究及实施职业安全健康管理体系的活动。随后，国际标准化组织（ISO）及国际劳工组织（ILO）也开始研究和讨论职业安全健康管理体系标准化问题，许多国家和地区性组织也相应建立了自己的工作小组开展这方面的研究，并在本国或所在地区发展这一标准。亚太地区职业安全卫生组织（APOSHO）在几次年会上都组织各成员对此进行研讨。特别是在 1998 年的第 14 届年会上建议，各成员组织参照 ISO14000 和 APOSHO1000（草案）开发本国的标准。

为了适应全球日益增加的职业安全健康管理体系认证需求，1999 年英国标准协会（BSI）、挪威船级社（DNV）等 13 个组织提出了职业安全卫生评价系列（OHSAS）标准，即 OHSAS18001 和 OHSAS18002，得到国际标准化组织（ISO）、国际劳工组织（ILO）和世界卫生组织（WHO）的支持，成为国际上普遍采用的职业安全与卫生管理体系认证标准。

（2）HSE 管理体系[2]

HSE 是健康（Health）、安全（Safety）和环境（Environment）的简称。HSE 管理体系是将组织实施健康、安全和环境管理的机构、职责、做法、程序、过程和资源等要素构成有机整体，并把这些要素通过先进、科学、系统的运行模式有机地融合在一起，相互关联、相互作用，形成动态管理体系。HSE 管理是全球石油公司在石油勘探开发（E&P）活动中共同认可的做法，没有建立 HSE 体系的企业是没有资格参与竞争的，即 HSE 体系是石油企业参与国际市场竞争的通行证。

HSE 最初由国际知名的石油化工企业最先提出。1991 年，在荷兰海牙召开了第一届油气勘探、开发的健康、安全、环保国际会议，HSE 这一概念逐步为大家所接受。1994

---

[1] 根据中国安全网（www. safety. com. cn/oshms）关于职业健康安全管理体系的相关内容整理。

[2] 根据中国管理咨询认证网（http：//www. chinaglzx. cn/shownews. asp？id=1688）关于 HSE 管理体系认证的相关内容整理。

年，油气开发的安全、环保国际会议在印度尼西亚的雅加达召开。由于这次会议由 SPE 发起，并得到 IPICA（国际石油工业保护协会）和 AAPG 的支持，影响面很大，全球各大石油公司和服务厂商积极参与，HSE 的活动在全球范围内迅速展开。1996 年 1 月，ISO/TC67 的 SC6 分委会发布 ISO/CD14690《石油和天然气工业健康、安全与环境管理体系》，成为 HSE 管理体系在国际石油业普遍推行的里程碑，HSE 管理体系在全球范围内进入了一个蓬勃发展时期。

HSE 管理体系要求组织进行风险分析，确定其自身活动可能发生的危害和后果，从而采取有效的防范手段和控制措施防止其发生，以便减少可能引起的人员伤害、财产损失和环境污染。它强调预防和持续改进，拥有高度自我约束、自我完善、自我激励机制，是一种现代化的管理模式。

（3）NOSA 安全五星管理体系[①]

NOSA（National Occupational Safety Association）是（南非）"国家职业安全协会"的简称。它创建于 1951 年，是一个非营利性组织。当时，由于南非工矿企业较多，工作环境差，人员素质低，经常发生人员伤亡事故。南非政府为改善这种不安全状况，安排南非劳动局制定一系列的安全审核制度，通过对企业的定期安全审核，对安全表现提供客观的评估，指出需要改善的地方，以减少企业不安全因素，从而提高安全水平，并取得了显著成绩。

NOSA 安全五星管理系统是在上述基础上从 20 世纪 70 年代发展起来的，它经过十万多次的调查、考察和评估，发展至今已形成一个集安全、环保、健康于一体的管理体系。其核心理念是：所有意外皆可避免；所有风险皆可控制；所有工作顾及安全、健康、环保；对环境的影响降到最低。目前，NOSA 的"安健环"理念已逐渐被越来越多的人所接受，并在全世界许多国家和地区推广。

NOSA 安全五星管理系统是一种科学、规范的职业安全卫生管理体系。该系统以风险管理为基础，强调人性化管理和持续改进的理念，目标是实现安全、健康、环保的综合风险管理。它不仅强调合格与否，更强调持续改进，采用具体、系统的评分制度进行星级评审以调动企业改进的积极性。它提倡以人为本，关注员工的安全健康和生产对周围环境的影响，在操作上更具有人性化。

6.1.4　企业安全管理的经验典范——杜邦安全管理理念

杜邦公司是一家科学企业，提供以科学为基础的产品及服务。成立于 1802 年的杜邦公司致力于利用科学创造可持续的解决方案，让全球各地的人们生活得更美好、更安全和更健康。杜邦公司的业务遍及全球 70 多个国家和地区，以广泛的创新产品和服务涉及农

---

① 根据蒋涛、李文波所著《南非 NOSA 安全五星综合管理系统调研》整理。

业与食品、楼宇与建筑、通信和交通等众多领域。①

杜邦公司由于早期所从事行业的危险性而特别重视安全管理，是世界上最早制定出安全条例的公司。杜邦公司经过200多年的发展，已经形成了自己的企业安全文化，并把安全、健康和环境作为企业的核心价值之一。该公司对安全的理解是：安全具有显而易见的价值，而不仅仅是一个项目、制度或培训课程；安全与企业的绩效息息相关；安全是习惯化、制度化的行为。

在工业界，有"杜邦"就等于"安全"的说法。杜邦公司的安全事故率比工业平均值低10倍，杜邦的员工在工作时比下班时还要安全10倍。杜邦公司有一整套完善的安全管理方案和操作规程；不仅自身安全管理水平很高，而且把安全管理方面所具备的丰富经验广为推广，为全球企业提供安全管理咨询服务。杜邦安全管理资源中心专门从事安全运营和培训业务，现已发展成集咨询、培训、解决方案于一体的专门服务机构。美国职业安全局2003年嘉奖的"最安全公司"中，有50%以上的公司接受了杜邦的安全咨询服务。杜邦公司还为政府提供安全服务。"9·11"事件后，美国政府向杜邦公司提出安全咨询，包括建筑物安全防护、日常逃生技巧等，可见杜邦公司在安全管理方面的权威性。

杜邦在公司安全管理发展过程中逐渐形成了独特的安全价值观，其取得的成就与杜邦的安全价值观是分不开的。杜邦的安全价值观是：所有的伤害及职业疾病皆可避免；安全是管理人员的责任；所有的操作危害（暴露）均可加以控制；安全乃雇用的条件之一；必须彻底地训练员工安全地工作；稽核是必要的；所有的缺失必须迅速改正；人是安全与健康计划的最主要因素；厂外安全是员工安全的另一个重要部分。②

在杜邦公司，安全具有压倒一切的优势地位。杜邦认为所有的职业伤害和安全事故都是可以避免的，公司不仅执行安全的最高标准保障员工的安全，也极力保障顾客和社区居民的安全。杜邦公司把安全作为企业的核心价值观，培育自己独特的安全文化。在杜邦公司看来，安全投入不是公司的成本，而是一种回报丰厚的投资；由安全投入减少带来的直接和间接安全事故损失，即最大的投资回报。在杜邦公司，"安全与防护"已经成为其五大业务平台之一，每年为公司带来不菲的收入。在员工安全意识的培养方面，杜邦从员工入职就开始进行安全培训；不仅关注工作安全，还提出"非工作时间安全计划"，让员工把安全习惯带回家。杜邦安全管理要求全员参与，在相互督促和自我管理的同时，把安全融入到每个人的习惯。

6.1.5 我国资源企业安全管理的发展历程

建国以来，我国安全生产管理经历了几个阶段。改革开放前，我国的安全管理工作一

① 杜邦中国主页（http：//www2. dupont. com/China＿Country＿Site/zh＿CN/index. html）。
② 杜邦中国主页（http：//www2. dupont. com/China＿Country＿Site/zh＿CN/index. html）。

直处于探索的阶段。在"文革"期间,安全工作遭到严重破坏,后来有了一定的恢复和发展。改革开放后,随着经济的发展,伤亡事故骤然上升。为应对这种情况,我国制定了一系列安全法规和标准及较为严谨完善的安全管理体制,[2]目前确立了"安全第一,预防为主,综合治理"的安全生产方针,建立、健全了各级安全管理组织机构。企业安全管理也逐渐使用现代安全管理方法和手段,借鉴了国外一些先进的安全管理理论、方法,并积极研究适合中国国情的安全管理模式,探索和推广了一系列的安全管理方法。这些对促进我国安全工作起到了重要的作用,也使我国的安全管理水平及职业安全卫生研究工作有了较大提高。

时代在发展,社会在进步,国家倡导的安全生产工作理念也在不断更新进步。从我国提出"安全第一,预防为主"的方针,到倡导"关注安全,关爱生命"的主旋律,再到强调"关爱生命,安全发展"的理念,显示了我国在安全管理思想方面的进步。"安全发展"是对科学发展观的认识和深化,安全意识也正由"要我安全"向"我要安全"转变,最终达到"我会安全"、"我能安全"的目标。现在,安全管理逐渐体现出"以人为本"的思想,在全方位提升员工的安全素质、培养具备安全意识和责任心的员工、保证生产安全等方面的作用越来越突出。安全意识的发展阶段见图 6 - 1。

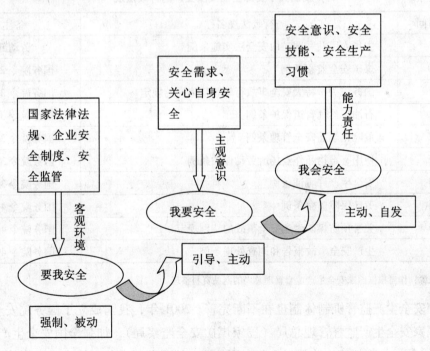

图 6 - 1　安全意识发展阶段

20 世纪 90 年代以来,针对安全生产事故的多发状况,我国制定了一系列有关安全生产和劳动保护的法律法规和标准,其中有比较综合全面的安全基本法,也有针对资源企业的《矿山安全法》《煤炭法》等(如表 6 - 3 所示)。对资源企业安全管理具有重要作用的行政法规见表6-4。地方政府也制定了一系列的法规和政策，引导和规范资源企业的安全生产。此外，我国还加强与国际组织的合作与交流，参加了多项国际公约，依照国际标准制定了自己的安全管理体系标准和规程。

表6-3　　　　　　　　　我国与资源企业安全管理相关的法律

颁布时间	名称	备注
1992	中华人民共和国矿山安全法	矿山生产领域的安全生产专业法律
1996	中华人民共和国矿山资源法（修正）	规范矿产资源勘查开采
1996	中华人民共和国煤炭法	关于煤炭生产经营安全的规定
2002	中华人民共和国安全生产法	全面规范安全生产工作的专门法
2004	中华人民共和国劳动法	关于劳动安全卫生的规定
2004	中华人民共和国职业病防治法	保护劳动者健康及其相关权益
2008	中华人民共和国消防法（修订）	关于安全生产的防火责任规定

资料来源：作者根据国家安全生产监督管理总局网站的资料整理。

表6-4　　　　　　　　我国关于资源企业安全生产的行政法规

颁布时间	行政法规名称	备注
1996	中华人民共和国矿山安全法实施条例	劳动部
2000	煤矿安全监察条例	国务院令296号
2001	国务院关于特大安全事故行政责任追究的规定	国务院令302号
2001	石油天然气管道保护条例	国务院令313号
2002	危险化学品安全管理条例	国务院令344号
2002	使用有毒物品作业场所劳动保护条例	国务院令352号
2004	安全生产许可证条例	国务院令397号
2004	劳动保障监察条例	国务院令423号
2005	关于预防煤矿生产安全事故的特别规定	国务院令446号
2007	生产安全事故报告和调查处理条例	国务院令493号

资料来源：作者根据国家安全生产监督管理总局的网站资料整理。

我国安全生产监管机制体制也在不断完善。2001年，我国成立了国务院安全生产委员会和国家安全生产监督管理总局（国家煤矿安全监察局），加强全国安全生产的监管。"政府统一领导，部门依法监督，企业全面负责，群众监督参与，社会广泛支持"的安全生产工作格局，以及"国家监察、地方监管、企业负责"的煤矿安全生产工作责任体系，已经形成并逐步完善。在监管职责上，安监总局对全国安全生产实施综合监管，并负责煤矿安全监察和非煤矿山、危险化学品等无主管部门行业领域的安全监管工作；其他部委负责本领域、本系统的安全,各地方政府也建立了安全监管机构。①

我国安全工作虽然总体水平有了较大提高,但由于各种因素的影响,我国安全管理体制等诸方面都存在一定的缺陷,我国的安全工作仍大大落后于发达国家。就企业而言,我国企业的安全效益贡献率、劳动力资源保护情况、企业安全形象、现代化安全管理手段应用水平等方面都还没有得到显著改善。[3]为此,尽快缩短我国在安全管理工作方面与发达国家的差距,提高我国安全管理水平,是新时期的一个艰巨任务。

6.2 我国资源企业安全管理现状分析

6.2.1 资源企业安全事故情况

在世界工业化进程中,资源产业为工业化的发展提供的强大支撑,特别是采矿业的发展,加速了发达国家工业化的进程。虽然现在发达国家的安全管理处于较高水平,但其资源企业的安全管理也经历了安全事故多发的阶段。发达国家的经验表明,安全生产事故峰值最高的年份,正是一个国家经济发展最快、工业发展重型化的时期。[4]我国工业化起步晚,现在正处在工业化发展的加速期,国民经济和社会发展对石油、煤炭、钢铁等资源的需求不断增强,资源开采存在较大的利益空间;加之我国的安全监管体系还不完善,我国资源产业的发展也正在经历安全事故的多发阶段。近年来,我国资源企业安全问题日益凸显,突出表现在采矿业重特大事故的多发且重大、特大事故较多上,这对我国经济社会的可持续发展有一定影响。

以矿山企业的安全事故为例,美国的采矿业是各行业死亡人数最少的,远低于建筑、零售、机械等行业,每年矿山事故死亡人数在60~70人左右。2006年,美国采矿业事故总死亡人数为73人,其中煤矿死亡26人,金属与非金属矿死亡47人。[5]由表6-5和6-6中2006年的数据可知,在2006年,我国矿山企业总死亡人数为7 017人,其中煤矿死亡4 746人,金属与非金属死亡2 271人。

一直以来,我国的煤矿企业安全事故层出不穷,死亡人数远高于世界其他主要采煤国家,以至于生产出的煤被称为"带血的煤"。2003年,全世界产煤约50亿吨,死亡人数8 000人左右;中国的煤炭产量占33.2%,死亡人数占80.4%;② 2003年国内煤矿平均每人产煤321吨,效率仅为美国的2.2%、南非的8.1%,而百万吨死亡率却是美国的100

---

① 李毅中.安全生产现状、发展趋势和对策 [EB/OL]. [2009 - 07 - 10]. http://www.gov.cn/gzdt/2007 - 02/14/content__527114.htm.

② 姚润丰.在美国和澳大利亚为何采矿业最安全 [EB/OL]. [2009 - 07 - 10]. http://news.xinhuanet.com/mrdx/2005 - 03/08/content__2671663.htm.

多倍、南非的 30 倍、印度的 13 倍。^① 此外，我国煤矿安全事故还存在瞒报、谎报的情况，具体数据可能大于公开统计数据。我国煤矿安全事故情况见表 6-5。

2005 年以来，我国加强煤矿瓦斯治理、整顿关闭的工作，煤矿企业的安全事故和死亡人数都呈现下降趋势，煤炭百万吨死亡率逐年下降，安全形势有所好转，但煤矿的百万吨死亡率仍然远高于发达国家^②，重大安全事故仍有发生，安全形势不容乐观。

表 6-5　　　　　　　　　　2000—2008 年我国煤矿安全事故情况

年份	事故/起	死亡/人	百万吨死亡率
2000	2 721	5 798	5.860
2001	3 082	5 670	5.296
2002	4 387	6 704	5.020
2003	4 143	6 434	4.170
2004	3 639	6 027	3.080
2005	3 341	5 986	2.836
2006	2 945	4 746	2.041
2007	—	3 786	1.485
2008	1 901	3 210	1.182

资料来源：根据国家安全生产监督管理总局披露的数据整理。

注：(1) 2007 年煤矿安全事故起数没有披露具有数据；(2) 2008 年死亡人数根据百万吨死亡率计算得来，中国煤炭工业协会发布的《2008 年全国煤炭工业统计快报》显示，2008 年我国煤炭产量为 27.16 亿吨。

非煤矿山安全生产形势基本处于总体稳定、趋于好转的发展态势（见表 6-6）。2002 年以来，通过非煤矿山安全专项整治工作的开展和安全生产许可证制度的实施，全国非煤矿山安全生产状况得到了较大改善，死亡人数逐年下降。在 2004 年和 2005 年大幅下降的基础上，2006 年和 2007 年非煤矿山伤亡事故基本稳定，但非煤矿山伤亡事故总量仍然过大，而且重大、特大事故多发，矿山非法、违法生产现象严重，安全生产形势依然严峻。

表 6-6　　　　　　　　　2001—2007 年我国非煤矿山安全事故情况

年份	2001	2002	2003	2004	2005	2006	2007
事故起数	1 313	1 634	2 283	2 248	1 857	1 869	1 861
死亡人数	1 932	2 052	2 890	2 699	2 235	2 271	2 188

资料来源：根据国家安全生产监督管理总局统计的数据整理。

---

① 李江泓，刘铮. 我国煤矿死亡率为美国百倍，安全形势极为严峻 [EB/OL]. [2009-7-10]. http://news. sina. com. cn/c/2004-12-02/16434414823s. shtml.

② 2007 年 3 月 13 日，国家安全生产监督管理总局局长、党组书记李毅中做客人民网强国论坛，在回答网友提问时答道：2006 年我国煤矿百万吨死亡率 2.041，现在发展中的煤炭大国，比如印度、南非、波兰，在 0.5 左右。我们是 2.04，他们是 0.5，也就是他们的 4 倍。先进国家，像美国、澳大利亚就更低了，大概是 0.03、0.05，我们现在是它的 40 倍、50 倍。

　　2007 年，在非煤矿山各行业发生的安全事故中，非金属矿采选业所占比例最大，是因为非金属矿山数量最多（83 431 座）；其次是有色金属矿（3 157 座），发生事故 535 起，死亡 672 人；黑色金属矿有 3 722 座，发生事故 207 起，死亡 315 人。[①] 具体情况见表 6-7。

表 6-7　　　　　　　　　　　2007 年金属与非金属矿山各行业事故情况表

指标 行业	事故数	同比（%）	占总起数比重（%）	死亡人数	同比（%）	占总人数比重（%）
石油天然气开采业	12	-41.83	0.6	12	-64.71	0.5
黑色金属矿采选业	207	-1.9	11.1	315	12.5	14.4
有色金属矿采选业	535	-0.37	28.7	672	-3.03	30.7
非金属矿采选业	964	4.67	51.8	1 041	-2.07	47.6
其他采矿业	143	-20.56	7.8	148	-28.5	6.8
总计	1 861	-0.6		2 188	-3.9	

资料来源：根据国家安全生产监督管理总局《2007 年度全国非煤矿山事故分析》整理。

　　同我国其他行业相比，矿山企业属于高危行业，发生的安全事故和伤亡人数占工矿商贸企业的很大比例。2005 年，采矿业共发生安全事故 5 198 起，占工矿商贸企业的事故总数的 40.5%；事故死亡人数为 8 221 人，占死亡总人数的 53.4%，远远高于其他行业（见表 6-8）。

表 6-8　　　　　　　　　　2005 年我国工矿商贸企业各行业安全事故情况

指标 行业	事故数	所占比例	死亡人数	所占比例
工矿商贸企业总计	12 826		15 396	
煤矿	3 341	26.05%	5 986	38.88%
金属非金属	1 857	14.48%	2 235	14.52%
建筑业	2 251	17.55%	2 587	16.80%
危险化学品	164	1.28%	229	1.49%
烟花爆竹	110	0.86%	217	1.41%
其他	5 103	39.79%	4 142	26.90%

资料来源：根据国家安全生产监督管理总局统计的数据整理。

---

① 国家安全生产监督管理总局监督管理一司. 2007 年度全国非煤矿山事故分析［EB/OL］.［2009-7-10］. http：//www.chinasafety. gov. cn/files/2008-01/24/F__a821d2ee69fd4a3698c683a45c8735af.doc.

6.2.2 矿山安全事故典型事例

矿难是一个世界性的话题，但是在我国却演变成挥之不去的噩梦。用鲜血和生命换来的经济增长，确实令人心痛。我国矿难事故频发，重特大事故不断，造成了严重的社会影响。2004 年和 2005 年是我国煤矿安全事故的多发期。2004 年 10 月 20 日—2005 年 2 月 14 日，短短 115 天的时间里，河南大平、陕西陈家山、辽宁阜新孙家湾连续发生三起死亡百人以上的特大恶性煤矿瓦斯爆炸事故，其中辽宁阜新孙家湾矿难是继山西大同矿难后我国最严重的一次煤矿事故。一时间矿难事故成为焦点。近年来我国几起特大矿山安全事故情况见表 6-9。

表 6-9 　　　　　　　　　　　　　近年来我国特别重大矿山安全事故

事件	事故概况	事故原因	处理结果
河南大平特大矿难	2004 年 10 月 20 日，大平煤矿发生瓦斯爆炸事故，造成 148 人死亡、35 人受伤、直接经济损失 3 935.7 万元	违章作业，管理混乱	移交司法机关处理 5 人，给予党纪、政纪处分及组织处理 18 人
陈家山特大瓦斯爆炸事故	2004 年 11 月 28 日，陕西省铜川矿务局陈家山煤矿发生特大瓦斯爆炸事故，造成 166 人死亡、45 人受伤、直接经济损失 4 165.91 万元	违规生产，在发现矿井着火的情况下责令矿工冒险生产作业，超能力生产	原矿长、副矿长涉嫌重大责任事故罪被司法机关采取司法措施
辽宁阜新孙家湾瓦斯爆炸事故	2005 年 2 月 14 日，辽宁省阜新矿业（集团）有限责任公司孙家湾煤矿海州立井发生特别重大的瓦斯爆炸事故，造成 214 人死亡、30 人受伤、直接经济损失 4 968.9 万元	超能力生产，安全管理混乱，安全监管不到位	4 人移送司法机关处理，28 人给予党纪行政处分，对负有领导责任的辽宁省副省长刘国强给予行政记大过处分，责成辽宁省人民政府向国务院作出书面检查
黑龙江七台河东风煤矿煤尘爆炸事故	2005 年 11 月 27 日，黑龙江龙煤矿业集团有限责任公司七台河分公司东风煤矿发生一起特别重大煤尘爆炸事故，造成 171 人死亡、48 人受伤、直接经济损失 4 293 万元	违规作业，长期超能力生产，存在重大安全隐患	11 名事故直接责任人移送司法机关处理，19 人给予党纪政纪处分，责成黑龙江省人民政府向国务院作出深刻检查
山西襄汾尾矿溃坝事故	2008 年 9 月 8 日，山西省临汾市襄汾县新塔矿业有限公司（铁矿）980 沟尾矿库发生特别重大溃坝事故，造成 277 人死亡、4 人失踪、33 人受伤、直接经济损失 9 619 万元	违规开采，造成地质灾害严重，泥石流导致尾矿坝的下游被淹没	51 人被移送司法机关依法追究刑事责任，62 名事故责任人受到党纪、政纪处分，责成山西省人民政府向国务院作出深刻检查，没收新塔矿业违法所得并处以 550 万元罚款

资料来源：作者根据新浪网相关专题和国家安监局网站的资料整理。

这些特别重大的矿难事故不仅伤亡极其惨重，经济损失巨大，也造成了十分恶劣的社会影响。在矿难事故的背后，不是超能力生产，就是非法开采，安全措施和安全设施不到位或者根本没有。地方政府监管不力，也是矿山安全事故频发的一个重要原因。从表6-9可以看出，对于矿山的重大安全事故，中央的惩罚力度越来越强，对地方政府的问责制也非常严厉。2008年的"襄汾溃坝"事故直接导致时任山西省省长的孟学农去职。"襄汾溃坝"事件后，分管副省长被就地免职，临汾市委书记、襄汾县委书记、襄汾县长停职检查，以至于临汾半年后仍无适当人选任市委书记。

针对安全事故采取的措施不可谓不严厉。即便如此，也没能有效地解决矿山安全问题。2009年5月30日，重庆市松藻煤电有限公司同华煤矿发生煤与瓦斯事故，造成30人死亡、79人受伤。2009年6月5日，重庆武隆鸡尾山由于盲目采矿，造成山体垮塌，死亡9人，64人下落不明。短期之内就生发两起矿山安全事故，可见矿山安全形势依然不容乐观。

每次矿山安全事故都会引起社会和媒体的极大关注。各大主流媒体的报道以及网络媒体的快速传播，使得社会公众可以第一时间了解事故情况。随着媒体调查的深入，像煤矿安全事故中的记者封口费、矿主转移矿工家属、破坏事故现场、官煤勾结、地方保护等恶性事件也多次被曝光。矿山企业不顾群众利益、公然漠视国家法律法规，引起了极大的社会反响。矿山企业特别是煤矿企业在社会中的形象每况愈下，大众的舆论对我国安全监察工作的质疑也给国家矿山安全监管施加了一定压力。

此外，我国矿山企业的安全事故频发，也影响了我国的国际形象。中国煤矿的高伤亡率多次受到国际劳工组织（ILO）的批评，国外一些机构也借此抨击中国的人权状况。国际舆论认为中国的煤矿开采已成为世界上最危险的职业之一。国际煤炭组织（ICO）谴责中国煤炭企业在缺乏应有的劳动保护下，让煤矿工人从事煤炭生产，使矿难频发。ICO强烈要求中国政府为矿工提供必要的劳动保护措施，否则将考虑呼吁世界各国抵制大陆生产的煤炭。[6]现在，我国正积极实施国际资源战略，国内众多矿山企业纷纷走向海外建厂开矿。在国外注重企业员工职业健康保护的环境下，重大安全事故的发生极大的影响了我国企业的国际形象，给资源企业海外扩张造成了一定阻碍。

6.2.3 煤炭开采业上市公司安全生产情况分析

从发达国家的矿山安全管理历史和经验来看，采矿行业完全有可能成为安全行业。20世纪初，美国煤矿处于安全事故多发期。1907年，美国煤矿死亡人数为3 242人，百万吨死亡率高达8.37；而现在其百万吨死亡率维持在0.03左右①，采矿行业死亡率比零售行业、机械行业还低。我国煤矿行业的安全事故比例一直高于其他行业，而且每年死亡人数和事故发生起数远高于世界其他主要采煤国家。但是，我国煤矿企业安全事故并不是不可

① 中国矿山安全内部参考. 美国煤矿百万吨死亡率0.03% [EB/OL]. (2007-11-27). [2009-07-10]. http://www.ksaq.net/news.asp? key=70&id=34.

避免的，部分煤炭开采业上市公司的安全生产情况（见表6-10）表明，我国煤炭企业的安全管理可以达到国际先进水平，也能做到"不发生事故是必然，发生事故是偶然"。

表6-10 煤炭开采业上市公司企业社会责任报告中的安全生产情况汇总

企业	地点	安全理念	安全情况
兰花科创	山西	以人为本，安全第一	连续三年煤矿企业百万吨死亡率为零，骨干矿井全部达到国家安全质量标准化一级矿井标准
金牛能源	河北	以人为本，生命至上，安全为天	2008年百万吨死亡率为零，本部六个矿井有五个达到国家一级标准
西山煤电	山西	珍惜生命、珍爱健康	煤炭百万吨死亡率为0.185
神火股份	河南	安全为天	全年安全生产无工亡
中国神华	北京	煤矿能够做到不死人、煤矿生产过程中能够做到瓦斯不超限，超限就是事故	全年原煤生产百万吨死亡率为零，公司所属19处生产煤矿中的16处为特级安全高效矿井
煤气化	山西	安全是最大的政治、安全是最大的效益、安全是最大的幸福	发生了东河煤矿224以及神州煤业1 019两起较大事故，死亡12人
伊泰B股	内蒙古	安全是企业的第一政治，各级领导的第一责任，企业的第一效益，员工的第一福利	公司自2001年以来的八年中，连续生产原煤7 635万吨，百万吨死亡率为零
潞安环能	山西	从零开始，向零奋斗	连续三年煤矿企业百万吨死亡率为零
开滦股份	河北	安全第一，生产第二	安全设施完善，改善工作环境，保证员工健康
中煤能源	北京	"良好的作业环境加上规范的操作行为就等于安全"、"只要管理到位就可以实现安全生产"	2008年原煤生产百万吨死亡率0.02，建成全国特级安全高效矿井五座，行业一级安全高效矿井三座
兖州煤业	山东	以人为本，关爱生命	2007、2008年原煤百万吨死亡率为零
上海能源	上海	安全为天，生命至尊	有效保障职工安全和健康

资料来源：作者根据2008年煤炭开采业上市公司发布的企业社会责任报告整理。

注：由于部分煤炭开采业上市公司没有发布社会责任报告，安全生产情况的信息披露不完整，在此只整理了发布企业社会责任报告的12家公司。

从表6-10可以看出，煤炭开采业上市公司注重安全管理，在安全理念上充分尊重生命的价值和意义，以安全为企业的第一要务；而且原煤百万吨死亡率和事故发生率均维持在较低水平，很多公司百万吨死亡率指标为零，达到国际先进水平。比如兖州煤业多年来原煤百万吨死亡率低于0.2，在2007年和2008年为零，一直高于全国水平（见图6-2）。

从企业发布的社会责任报告中可以看出，上市公司严格执行国家安全生产法律法规，注重安全投入，建设先进的安全管理技术体系，制定严格的安全管理制度，加强安全监管和监控，重视对员工的安全教育培训，建设企业安全文化体系，把安全意识融入到每个职工心中，使员工做到能安全、会安全，可以有效预防和控制事故发生。在企业职业健康安全管理方面，基于"以人为本"的理念，积极改善作业条件，建立良好的作业环境，在劳动防护和职业病防治方面也采取有效措施，保证员工身心健康与安全，有多家企业通过安全健康管理体系认证。

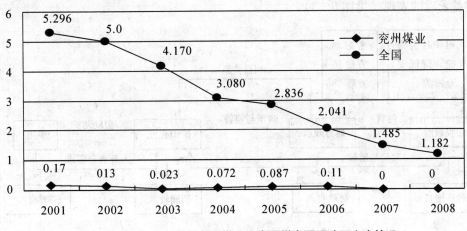

图 6-2　2001—2008 年兖州煤业和全国煤炭百万吨死亡率情况

6.2.4　矿山安全事故原因解析

近年来，矿山安全治理是我国政府部门安全工作的重点。我国政府一直对矿山的安全治理采取高压态势，对事故的行政问责越来越严。一起事故会影响很多地方官员的政治前途，一大批当事人和责任人会被追究，有的甚至会受到刑事处罚。虽然矿山安全事故呈下降趋势，但事故量和伤亡人数仍在高位徘徊。许多煤炭企业多年的安全开采历史证明，严格遵守国家安全法律法规，制定完善的企业安全制度，并严格按照安全规程操作，安全事故的发生完全可以避免。

自然条件是导致矿山安全事故的客观原因。我国虽然资源储量丰富，但贫矿多、富矿少，资源的品位较差，且资源储地地理位置偏僻，自然环境恶劣，造成开采难度大、开采成本高。例如我国煤炭资源地质开采条件较差，大部分储量需要井工开采①，极少量可供露天开采；且矿井瓦斯含量大，煤矿自然灾害风险很大。石油、天然气资源地质条件复杂，埋藏深，对勘探开发技术要求较高，高含硫气井极易发生井喷事故。

虽说自然因素和技术条件是诱发安全事故的重要原因，但在安全事故背后，更深层次的原因是人的因素。部分矿山企业为追求利益不顾国家安全法规和员工安全，监督管理部门的安全监督工作不落实，安全规程和规章制度形同虚设，是造成重特大事故的主要原因之一。制度与利益较量，最终一切让位于利益。在矿山企业安全管理体系中，中央政府、

---

① 井工开采是相对于露天开采来说的，指必须从地面向地下开掘一系列井巷，生产过程是地下作业，自然条件比较复杂。

地方政府、矿山企业、矿工之间存在相互制约的关系，也存在利益目标的差异，一方为了自身利益可能会忽视其他方的利益。地方政府在安全生产与经济发展之间的取舍，矿山企业在利润与安全投入之间的矛盾，矿工在生命安全需求和维持生计之间的两难选择，这些都是利益矛盾的表现（见图6-3）。

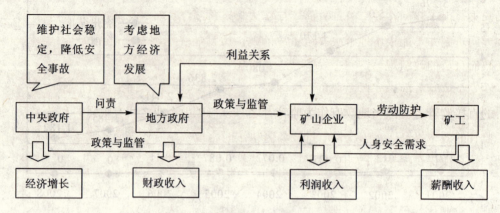

图6-3　资源企业安全管理关系图

（1）国家监管和社会监督机制不完善

虽然我国已经建立起相对完善的矿山安全监管体系，但是由于一些体制原因，在执法和运行机制方面仍然存在不足。有关安全生产的法律法规不健全，法规体系的适用性和可操作性有待提高，在执法过程中存在执法不严、落实不力的现象。虽然我国早就提出"安全第一，预防为主"的安全生产指导方针；但在监管过程中，往往是企业发生事故后，安全监察部门才赶赴现场，追查事故原因，处理有关责任人，没有起到监管部门事前预防的作用，不能防患于未然。在社会监督方面，往往是发生事故后，媒体和社会公众一片谴责之声，而没有建立生产过程中的工会、媒体、社区和公民广泛参与的社会监督机制。社会公众的安全意识不高也导致其对企业安全生产不了解、不关心，不能很好地对企业将会对周边环境和居民健康产生的危害给予监督和预防，以维护自身的安全权利。

（2）地方经济利益与安全生产的冲突

孙永波、耿千淇（2009）在关于煤矿安全管理的研究中认为，中央政府和地方政府之间因为目标不同存在博弈的关系：中央政府为了经济发展和社会稳定，将会最大限度的降低煤矿事故的发生，而地方政府不仅考虑中央政府的政策，也要考虑自身的利益。两者的利益差别令地方政府可能会因追求自身利益，而选择不积极配合中央政府的政策。[7] 对于地方政府而言，经济发展和安全生产之间的矛盾是一个长期存在的问题。有些地区由于产业结构单一，矿山是地方财政收入的主要来源，如果按照中央政策加大对矿山企业的惩处力度、关闭安全条件差的企业，就会对地方财政产生很大影响，也会影响农村剩余劳动力的就业和当地人民的收入水平。地方政府在处理安全生产与经济发展的关系时，出于自身利益的考虑，往往重经济发展而轻安全生产。

现在我国政府对矿山安全事故实行严厉的问责制,一旦出现安全事故对政府官员的惩罚也很严重。对政府官员而言,如果经济上不去,面临的问题可能是得不到快速提拔;而安全上不去,特别是出现重大责任事故,就会毁了自己的政治前途。出于对政治前途的考虑,地方官员有动力在管辖范围内做好安全生产的防范工作,但也有可能把安全事故情况隐瞒起来。由于我国在安全管理方面还存在体制问题,有些部门安全管理职责不清,单一的领导问责制并不能根本地解决安全事故问题;关键还在于国家要健全安全法规和标准,转变政府官员的政绩观。

在安全监管方面,安监总局负责全国安全生产的综合监管,而地方政府才是企业安全生产的直接监管者。但当地政府作为监管者之一,与矿山企业之间有很强的利益关系,造成了监管的效率不高。在安全监管部门监督执法时,地方政府还会介入或者干预监管部门行动,给企业提供保护,影响监管部门的权威性。

(3)矿山企业在利益驱动下忽视安全管理

矿山企业在利益驱动下忽视安全管理,无视国家法律法规,违法开采。这一方面表现为矿山安全生产有关法律法规没有很好的细化,安全技术标准不健全和法律地位低下等一系列问题;另一方面,表现为矿山企业有法不依,不按照法律法规和矿山安全技术标准组织生产,甚至很多企业非法生产,不治理事故隐患,冒险生产等问题。[4]

由于市场准入门槛低,我国存在大量乡镇矿山企业。这些企业多数由私营或个人承包,资金不足、技术水平低,甚至存在无证开采、非法经营的情况,片面追求经济利益,根本不具备基本的安全生产条件,从而导致安全事故多发。这些小企业的低成本开采和无序竞争也会给国有矿山和大型企业造成较大影响。为了生存,大型矿山也不得不低水平运作,缩减安全投入开支,降低安全标准,甚至发生超能力生产的状况。

在市场供给不足的情况下,为追求经济效益,矿山企业经常超能力生产,而长期满负荷或超负荷生产必然导致企业的安全隐患。一旦出现安全事故,矿山企业被政府责令停产或关闭,导致市场需求压力增大,价格存在上升趋势,其他矿山企业为追求高额利润,会继续超能力生产,从而形成一个恶性循环(如图6-4所示)。

按照国家有关规定,高危行业企业应按照标准提取安全生产费用、维持简单再生产费用(简称"维简费")等,用以购进相关设备、设施和进行安全技能培训等,以保证企业安全生产。但是很多企业的安全投入不足,安全欠账严重,为追求经济效益尽量降低安全投入。荆全忠、李焕荣、汪达慧(2006)认为企业这种在利益驱动下的短视行为的根源实际上是国家产业政策存在缺陷——由于承受不合理的财政税收,企业负担重,从而安全投入少。[8]企业把安全投入视做一项极大的成本,而没有像杜邦公司所认为的是一项回报。因为在我国事故伤亡赔付标准低,企业违规处罚金额少;和安全投入比起来,发生事故的所付出的成本更低。

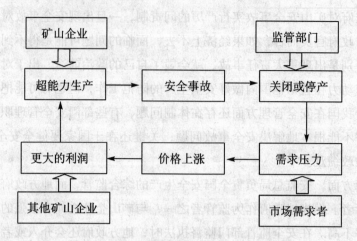

图6-4　矿山企业超能力生产导致安全事故

因此，我国可以通过严格矿山企业行业准入标准和生产许可制度，关闭安全生产无保证的企业，提高伤亡补偿标准，加大违规处罚力度等措施，使矿山企业为了经济利益而增加安全投入，主动加强安全管理。

（4）从业人员素质对安全生产的影响

在矿山企业安全管理中，人的安全意识和安全素质对企业安全生产起决定性的作用。我国矿山企业基层从业人员多以农民工为主，尤其是采掘一线上的农民工比例较高。在关于安全生产条件的劳资谈判中，农民工与矿主处于不平等的地位。矿主利用农民工工作难找（影响保留安全价值）、组织松散（中小型煤矿企业职代会和工会组织近乎瘫痪）和素质较低（影响谈判能力）的弱势，无视各种规定，将安全投入压缩到最低水平，最大限度地攫取了本该属于工人的安全权益和价值。[9] 由于文化程度不高、缺乏技能，农民工明知采矿业危险性大、作业环境差、劳动强度高，迫于生计压力也不得不选择到矿山企业就业。

矿山从业人员文化程度低，导致从业人员的整体安全意识不强。在我国许多矿山企业，70%的员工是初中以下文化程度，一些主要管理人员都是初中以下文化程度，矿山企业安全文化基础薄弱。① 矿山企业为减少成本，对从业人员的劳动防护设施配备不完善，而且矿工报酬低、工作环境差，使从业人员认为矿山企业分配不公平，有强烈的被剥削感，工作积极性低，导致违规事件时有发生；即使企业制定了严格的安全规范和标准，在生产过程中也可能无法实施。而且矿工的不公平感还会导致社会冲突，影响社会安全与稳定。另外，矿山企业从业人员流动性较高，职工队伍不稳定，企业不愿意花费成本对矿工进行安全培训，因此员工缺乏安全知识，在生产过程中经常违章操作，也是导致企业安全事故的一个原因。

---

① 刘志伟，刘澄，祁卫士. 矿山企业安全管理［M］. 北京：冶金工业出版社，2007.

此外，在社会安全意识方面，由于长期形成的价值观念的原因，我国与西方"生命安全为第一需求"的思想不同，多数企业在尊重人的生命和尊严上意识不足，甚至有财产安全高于生命安全的观点，没有形成有利于安全管理的文化氛围。而且整个社会关于安全的法律意识淡薄，不仅不能用法律维护自身的基本权利，还存在有法不依、违反法律的情况。总之，整个社会的安全意识有待提高。

6.3 资源企业能本安全管理模型

随着我国经济的发展，世界 500 强中开始出现我国大型资源企业的身影，比如中石化、中石油、中国铝业等。而且，我国不少资源企业实施海外发展战略，在海外开矿建厂，逐渐参与国际竞争。但是，与国外资源企业先进的安全管理经验相比，我国资源企业安全管理水平还有待提高。优秀的安全管理不仅体现了企业的管理理念和管理水平，更是衡量企业绩效的标准。为了适应新形势的要求，我国资源企业不断学习国外先进的安全管理经验，建立了各自的安全管理体系标准和安全规范，个别企业的安全管理水平已经达到国际先进水平。但由于行业安全标准参差不齐，资源企业安全管理水平还存在差距，企业提升安全管理水平的外部驱动力不强，总体安全水平仍然偏低。

我国的资源企业安全管理多年的实践中，形成了许多富有企业特色的安全管理模式。有的企业提到了企业安全管理理念的发展和安全文化建设，有的从安全科学的观点出发建立安全模型；但多是强调企业如何避免安全事故，实现安全管理，还没有考虑到企业安全能力对企业的推动作用和对社会的辐射作用，如本质安全管理注重系统安全观，强调人——机——环境的匹配和相互制约，以及制度管理的和谐统一。在生产经营中，任何企业都是"想安全"的，但是"能安全"才是最重要的。如何把企业安全管理变成自身的一种能力，不仅是最基本的保证和承诺，还是持续发展的一种动力，需要新的实践和探索。

资源企业基于自身利益考虑，是想要做到安全生产的。一方面，良好的安全管理水平可以提高企业的社会形象，提升企业运作效率，而且安全的工作环境可以提高员工对企业的忠诚度，给企业带来效益。另一方面，安全事故的发生，会给企业带来利益损失，如赔偿金、抚恤金、机器设备更新费用等，还会影响企业的声誉。"想安全"是资源企业的最基本愿望，但在管理实践中，由于安全意识不高、安全投入花费多等因素制约，企业在安全管理上很少能做到绝对不发生事故。

安全管理并不只是资源企业自身的问题。企业处于社会之中，安全管理也与社会存在着必然的外部联系。资源企业安全管理涉及两个方面的内容，一个是企业内部安全管理体系问题，一个是企业外部的综合安全监管问题。能本安全管理模型强调企业在外部驱动力的作用下，通过内部能本互动，实现企业安全管理的持续改进。企业也可以通过自身安全价值观、安全形象、安全作业模式对社会公共安全起一定的带动作用（如图 6-5 所示）。

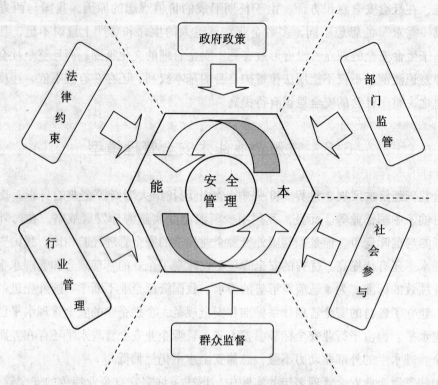

图 6-5 能本安全管理模型

对于资源企业来说，安全生产是其最基本的社会责任，安全事故是企业管理无效率的一种表现形式——通过事故的发生，告知企业中还存在的管理缺陷。从企业的价值来看，安全管理也是一种伦理道德行为，越来越多的企业开始意识到实施一个规范化的职业健康与道德的安全管理体系所带来的益处。正如杜邦公司的观点：安全是一项具有战略意义的商业价值，它是企业取得卓越业务表现的催化剂，不仅能提高企业生产率、收益率，而且有益于建立长久的品牌效应。安全管理是企业生存和发展的基石，良好的安全管理水平也是企业的一种核心能力。

杜邦的研究发现，引起损失工作日事件[①]的原因有96%是由于不安全行为引起的，只有4%是其他原因。[②] 因此，在安全管理中，人是最关键的因素。机器设备的不安全状态、环境的不安全条件，大部分都是可控的，人的不安全行为才是诱发事故的最根本因素。资源企业的事故有些是自然灾害引起的，属于不可预测的外部条件；但是在资源企业生产过程中，人的行为也是引发自然灾害的一个因素，比如矿区滥采滥挖导致的山体滑坡就是人为引起的。资源企业要建立人与自然和谐发展的安全观，只有尽全力保障自然的安全，才能维护人的安全。人、机、环境的和谐是企业安全发展的基石。

---

① 损失工作日是指员工由于任何个人原因无法正常上班的工作日。
② 苏国胜，李文波，边敏. 杜邦安全管理对我们的启示 [J]. 健康、安全和环境，2004 (9).

在安全生产系统中，人的行为贯穿作业过程的每一个环节。资源企业应尽力提升员工自身素质和能力，培养员工安全意识，使员工具备基本的安全能力。同时让员工意识到安全管理不仅是管理者的事，还与每个人有关，使员工积极主动地关心个人及企业安全，在生产过程中保证企业安全。企业"安全发展"的基础也是促进员工全面发展的基础，而员工与企业共同发展的基础是其生命的安全与健康。因此，在安全管理过程中，企业必须坚持"以人为本"的思想，珍惜员工的生命，尊重员工的价值，关爱员工的安全和健康，保障员工在工作、学习、生活等方面的安全，最终形成安全管理"命运共同体"，推动企业安全管理的改善和提高。

企业生产经营的目的是为了盈利，资源企业也不例外。在安全管理上，企业会通过成本收益的核算来进行安全投入的选择。一般来说，我国企业普遍存在安全管理"投资多，见效慢"的观点，认为企业安全投入极大地影响企业利益，而没有考虑到安全管理的收益。这需要政府通过各种手段引导企业转变安全管理观念，通过政策、法律和安全监管等多方面因素的协调管理使得企业的安全效益大于安全投入，使企业具有足够的利益动力去投资安全生产。林汉川、陈宁（2006）认为国家可以通过财政、税收、金融等政策，引导企业实现安全生产。如对重视安全生产、安全事故发生少的煤矿，在税率上优惠、在贷款上支持；相反，加大对煤矿安全事故责任人的经济处罚力度。[10]政府通过完善法律法规，营造全社会良好的法律环境，使企业安全生产有法可依，规范企业安全管理。完善的法律体系需要强有力的执行才能起到作用，要加强监管力度、严格执法，提高资源企业的安全意识。通过各种行业协会和行业组织，制定行业普遍认可的安全标准，给企业提供必要的参照，也是对企业安全管理的约束。

随着社会意识的普遍增强，安全事故的发生会给企业形象造成极大负面影响。由于信息技术的发达，企业一旦发生安全事故，社会公众通过媒体的报道可以第一时间了解事故情况。媒体的批评和谴责会引导社会思维，严重影响企业在公众心中的形象。我国群众监督和社会舆论的机制还有待改善，资源企业在生产经营方面和社区、公众的交流很少，周边居民不了解企业情况。企业也没有很好地和周边社区互动，制定详细的紧急预案；一旦发生安全事故，周边居民的安全很难得到保证。应通过加大社会安全宣传和教育的力度，提高全民安全意识，倡导"以人为本"的理念，尊重和保护生命权利和发展权利；完善安全法律法规，使公民可以依靠法律维护自身基本利益，并遵守法律法规，保障他人安全。社会参与安全管理不仅对企业起到监督作用，还能带来社会科技进步和安全科学发展对企业安全管理的促进作用。

外部约束和驱动是企业安全管理的动力。随着科技不断进步和安全、健康新知识的不断出现，企业安全管理的能力逐步提升，管理水平持续改进。当企业自身安全管理达到一定水平后，就有能力把自己的安全管理经验向社会辐射，通过员工把安全理念带入到社会，利用自身安全能力支持供应商、销售商和顾客的安全。同时，企业还可以以安全经验为基础，与政府、政策拟定者、行业协会等共同制定更完善的公共政策、法律、法规及作业模式来改善安全管理模式。最终，实现企业的安全管理理念和社会安全理念和谐发展，共同进步。

6.4 资源企业安全管理案例分析

中石油开县井喷事故是我国石油天然气开采业最严重的事故，也是世界石油天然气开采史上最严重的事故之一。井喷现象在石油天然气开采过程中十分常见，本身并不是事故。但正是安全管理各个环节一次次的疏忽和违章，使一个常见的现象演变成了一场巨大的灾难。另外，煤矿采掘业在我国是最不安全的行业，每年伤亡率居工矿商贸企业之首，远高于世界水平。中国神华作为我国第一大煤炭企业，全面推进本质安全管理体系的建设，安全管理居于世界先进水平，是中国煤炭行业大规模、高效率和安全生产模式的典范。

6.4.1 中石油开县井喷事故分析

（1）事故背景

2003 年 12 月 23 日，重庆市开县高桥镇的川东北气矿 16H 井发生特大井喷事故，造成 243 人死亡，人民群众的生命财产遭受重大损失。

重庆开县地处长江三峡工程库区小江支流末端，是经国家批准的长江三峡经济开发区。开县是重庆直辖市的一个人口和资源大县，幅员 3 959 平方千米，总人口 147 万人，已探明的矿藏有 24 种，开发利用 14 种。其煤藏量 1.2 亿吨；天然气已探明储量为 1 100 亿立方米，属国家大气田之一；已开采利用 15 口高产气井。

发生"井喷"的罗家 16H 井，位于重庆开县高桥镇晓阳村境内。川东北气矿作为业主，将 16H 井承包给四川石油管理局川东钻探公司，二者同属中国石油天然气集团公司。2003 年 12 月 23 日夜，罗家 16H 井在起钻时，突然发生井喷，富含硫化氢的气体从钻井喷出达 30 米高。失控的有毒气体随空气迅速扩散，导致在短时间内发生大面积灾害。井喷发生后，由于现场有毒气体浓度太高，无法施救，至 24 日 16 时，对放喷管线实施点火，才使空气中硫化氢浓度逐渐降低，井喷得到初步控制。据统计，井喷事故发生后，离气井较近的 4 个乡镇、30 个村共 9.3 万余人受灾，6.5 万余人被迫疏散转移，累计门诊治疗 27 011 人（次）、住院治疗 2 142 人（次），243 人因硫化氢中毒死亡，直接经济损失达 8 200 余万元。①

开县井喷是世界石油天然气开采史上最惨重的事故，也是人类工业史上最大的悲剧性

---

① 作者根据新浪网"重庆开县气矿发生天然气井喷专题"（http：//news.sina.com.cn/z/chongqingjingpen）整理。

事件之一。为此，中石油总经理马富才引咎辞职，四川石油管理局局长陈应权被撤职，该公司副经理吴华、研究院工程师王建东、钻井队队长吴斌、副司钻向一明、技术员宋涛、录井工肖先素等6名责任人以"重大责任事故罪"被判处有期徒刑。

时隔三年，在2006年3月25日，中石油位于开县高桥镇的天然气井又发生渗漏事故，井口方圆1千米内的群众被紧急疏散。虽然没有人员伤亡，但是对周围居民的生活造成了严重的影响。发生渗漏的罗家2号井紧挨2003年"12·23"特大井喷事故的16号井。所幸，这一次似乎无上次"后果严重"，但在同一个地方发生两次安全事故，证明中石油的安全管理制度的实施有待加强。

（2）开县井喷事故原因分析

令人毛骨悚然的井喷过去了，但它留给开县人民的是死亡的恐惧、失去亲人的悲痛，留给国家和社会的是巨大的经济损失。留给各级各行业安全管理者的又是什么呢？事故发生后，很多专家在对事故原因的分析中说，假设气井选址恰当，假设气井建成后能够采取措施规避风险，假设有紧急救援预案，假设村民有足够的防护知识，这场事故即使发生，也不会造成这么惨重的人员伤亡。事故已经发生，再多的假设也只能是假设，再多的如果也还是如果，企业的安全管理没有那么多假设。

在总结开县井喷特大事故发生的原因时，国务院"12·23"事故调查领导小组将其归纳为：有关人员对罗家16H井的特高出气量估计不足；高含硫高产天然气水平井的钻井工艺不成熟；在起钻前，钻井液循环时间严重不够；在起钻过程中违章操作，钻井液灌注不符合规定；未能及时发现溢流征兆。这些都是导致井喷的主要因素。有关人员违章卸掉钻井柱上的回压阀，是导致井喷失控的直接原因。没有及时采取放喷管线点火措施，大量含有高浓度硫化氢的天然气喷出扩散，周围群众疏散不及时，导致大量人员中毒伤亡。[①] 不难发现，造成这次重大事故的原因不是"天灾"而是"人祸"。正是国家安全监管的制度性缺失和企业在安全管理方面的重大漏洞，最终造成了这次事故。事故的具体原因为以下五个方面：

①安全监管机制不完善

中石油在"12·23"事故中暴露出的安全管理重大失误，正与我国目前的石油天然气安全生产监管的严重缺位直接相关，其根源深植于多年来政企合一的传统石油工业体制。始于1998—1999年的中石油重组和上市对于旧体制固然是脱胎换骨的大手术，但企业的艰难改革转型仍在继续，新的行业监管机制建立和完善更需时间和契机。[②]

中石油在重庆的安全生产问题归四川省石油管理局负责，重庆市安监局没有权力管理中石油在渝企业的安全问题。国家虽规定这些中央企业的地方公司由地方相应机构监管，

---

① 朱彬，李湉湉，苏海萍."12·23"井喷特大事故直接原因基本查明 [OL/EB]. [2009-07-10]. http：//news. xinhuanet. com/newscenter/2004-01/02/content __1258654. htm.

② 胡舒立. 问责中石油——"12·23"特大事故的反思 [J]. 财经，2004（1）.

但是实际上没有地方机构能对这些中央企业有足够的影响。重庆开县井喷事故完全是由于各种安全生产措施和防范措施不到位造成的，而此前措施不到位却又能长时间继续生产，则说明有关部门对中石油的监管不力。当地政府并没有监管中石油的权力，不能在平时的生产中及时了解安全状况，事故发生后当地政府没有第一时间接到报告，且政府并不了解附近的天然气井的危害，不能及时疏散群众和进行有效防护，致使周围大量居民伤亡。

②工程设计缺乏安全评价

据国家安监局专家介绍，天然气开采这种高危行业的工作，应该进行事先的安全和环保评估。生产部门应该对生产项目进行危险评价、划定伤害半径。在这样的天然气井附近，1千米之内不应有常住居民。但现实却是，最近的农户离出事井架不到50米，高桥镇的晓阳、高旺两个村的2 419人绝大多数都居住在距矿井1千米的范围内。井口在建立时没有将居民撤到安全距离之外，主要原因是搬迁居民不经济，中石油和当地居民没有就搬迁补偿达成一致，当地居民不愿搬迁。

我国现有的安全评价制度很不完善，往往是项目选址确定或建成后才进行安全评价。而国外的一些经验则恰恰相反，安全评价重在选址，对于项目能否上马，安全部门的评价报告具有决定性作用。目前，国内的安全生产监督部门还没有这样的权力。究其原因，是法律法规没有授予其如此重要的地位。对选址问题考虑不足，一旦发生事故，往往造成人员和财产的重大损失。

③没有对社会进行安全告知

罗家16H井是高含硫气井，其天然气中含有高毒性气体硫化氢。硫化氢是一种强烈的神经毒物，它首先对黏膜有强烈的刺激作用，能刺伤眼球直至失明，高浓度时可直接抑制呼吸中枢，迅速引起窒息而死亡。当硫化氢浓度很高时，中毒者几秒钟后就可能出现窒息、呼吸困难和心跳停止。据事后调查，井队没有向当地政府通报生产作业具有潜在危险性、可能发生事故的危害、事故应急措施和方案，也没有向当地人民群众作有关宣传工作，致使当地政府和人民群众不了解事故可能造成的危害、应急防护常识和避险措施。由于当地政府工作人员和人民群众没有硫化氢中毒和避险的防护知识，致使事故扩大。

高危行业在规划建设中必须考虑工程周边居民的安全，确保经济与社会、人与自然的和谐发展。从事高危产品生产的企业有义务向周边居民群众普及安全防范常识，使他们在事故发生后有能力采取自我保护措施，有意识地迅速撤离。但是，开县受害乡镇的农民普遍不知道天然气开采可能产生毒气，更没有听说过"硫化氢"这个名词。高桥镇镇政府和附近的居民丝毫不知道天然气井可能带来的危害，钻井队从来没有告知他们如何防范有毒气体。很多媒体记者在采访中发现，不少村民是在出逃之后，由于对硫化氢中毒的危险认识不足，放不下家里的事，又自行返回家中才导致毙命。

④没有建立紧急预案

石油天然气开采是高风险、高隐蔽性的行业。正因为它的危险性，才更加凸显安全防范的重要性。中国石油和天然气界普遍认可的《石油和天然气工业健康、安全与环境管理体系》中专门有一个章节谈到应急计划，包括应急情况分类，紧急情况报告程序、联系人员和联系方法，油料、燃料及其他有毒物质泄漏应急措施，井漏、井涌、井喷应急措施，现场急救医疗措施，其他应急措施和程序等。

按照规定，每口气井都应备有作业指导书，上面应有详细的作业记录和应急条例，但是发生井喷的川东北气矿16H井的相关计划资料只记录到2003年9月15日，以后就是空白。此外，为防止事故发生，当班的班组必须要做的事故演习记录，也没有见到，证明它从未预演过。① 从事后调查情况看，钻井队在事故应急预案建立、实施过程中存在严重的问题，包括应急预案不完善、操作性差，事前没有组织相关人员进行事故演练，没有同地方政府进行必要的沟通，以便根据灾害可能影响的范围及时通知当地政府，做到从容应对。

⑤员工缺乏安全意识，安全生产责任没有得到落实

在高技术性的石油行业里，中石油集团各级的规章制度覆盖方方面面，包括队长岗位规范、健康安全与环境作业指导书、钻井队工作手册、井控操作规程等，甚至连井队的巡回检查路线都作了规定，不可谓不细致、不全面。但是规章制度再多再细，执行不到位，就是一纸空文。

从事后调查可以看出，导致这次事故发生的主要原因是违章操作。众多的规章制度下，钻井队的操作经常出现违规。在事故调查报告中指出的种种违规行为，在这次的事故责任人看来都是"惯例"。而且一些员工连自己的角色和职责都不清楚，对岗位的安全职责更是不了解。②

石油作业硫化氢防护安全要求规定：钻进已知含硫化氢的地层，或临时钻遇含硫化氢的地层时，钻井装置上应配备供全员使用的呼吸保护器。但是事故发生后，防护设施尤其是防护硫化氢危害的空气呼吸器数量不够，给当时现场抢险救援工作带来较大影响。

（3）中石油安全管理现状

石油对中国经济发展的贡献有目共睹，但开县井喷事故足以毁掉中国石油工人几十年树立起来的荣誉和形象，中石油显然没有承担起应尽的社会责任。这次事故使中石油的企业声誉受到严重影响，媒体和社会公众对中石油一片谴责之声。由于我国石油行业的垄断性，中石油根本不用担心舆论的压力和企业形象。中石油2003年年报显示，开县井喷事故并未对2003年公司经营业绩和财务状况造成较大负面影响，事故赔偿金和损失与中石油巨大的营业利润相比只是小小的一部分。在开县井喷后，中石油2004、2005两年的合

---

① 朱玉，张旭东. 八问中石油公司［EB/OL］.［2009－07－10］. http：//news. sina. com. cn/c/2004－01－05/15221510574s. shtml.

② 郭立，黄豁，陈敏. 安全生产来不得半点马虎［EB/OL］.（2004－7－17）［2009－07－10］. http：//news. xinhuanet. com/newscenter/2004－07/17/content＿1610073. htm.

并营业额分别达到 3 886 亿元和 5 522 亿元，同比分别增长 27.9% 和 42.1%。①

中石油安全事故的背后，是社会为此付出的巨大代价。中石油的利益获得在一定程度上是通过内部成本的外部化来完成的。作为自然资源和"环境产权"所有者的代表——政府，应当有责任积极地制定严格的制度，来限制公司成本的外部化。② 中石油是中国目前的超大型国有企业，凭借其自身巨大的经济实力，在与政府一些具体监管执行部门的"博弈"中，常能够获胜。我国对石油石化行业的监管还有待完善，"群众监督、社会参与"的安全监管机制对大型国有企业的作用还有待提高，石油天然气的安全立法还有待建立，整个行业的外部综合监管环境还需改善。

在开县井喷事故后，中石油吸取经验教训，加强内部安全管理控制，以期保证周边环境和居民的安全健康，企业安全管理水平逐渐提高。中石油逐年强化 HSE 体系建设，完善安全生产的规章、制度、标准和操作规程，加强基层管理、全员培训和安全文化建设，强化全员安全生产责任制，建立应急救援管理体系，主要安全指标逐年好转，生产亡人事故得到有效控制，生产全过程得到全面加强（如图 6-6 和图 6-7 所示）。在职业健康方面，中石油注重以员工的职业健康体检为主要内容的职业健康监护工作，完善基本卫生设备设施，不断改进施工作业环境和生活条件，职业危害控制水平得到提高。

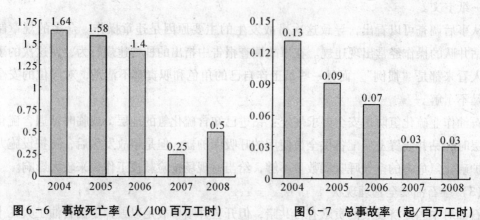

图 6-6　事故死亡率（人/100 百万工时）　　　图 6-7　总事故率（起/百万工时）

资料来源：中石油 2008 年健康安全环境报告。

注：本数据不包括交通死亡事故。

中石油在提升自身安全管理水平的同时，还加强国际合作，学习国外先进的安全管理经验。2006 年，公司与美国杜邦公司合作开展了《中国石油安全发展战略规划研究》，与挪威船级社（DNV）合作，在管道系统开展了 HSE 管理对标工作。③ 中国石油在健康安全

---

①　根据中石油 2004 年和 2005 年年度报告整理。

②　第一财经日报. 中石油：华尔街的收益和开县的成本［EB/OL］.（2006-3-31）［2009-07-10］. http：// finance. people. com. cn/GB/1045/4257260. html.

③　对标管理是企业以同行业管理水平最高的企业为参照物进行模仿，通过学习创新超越对手，成为行业先进管理的领航者。

环境工作中贯彻"环保优先、安全第一、质量至上、以人为本"的理念，坚持"以人为本，预防为主；全员参与，持续改进"的方针，追求"零伤害、零污染、零事故"的可持续发展战略目标，努力在健康、安全与环境方面达到国际同行业先进水平。

6.4.2　中国神华本质安全管理分析

（1）公司简介

中国神华能源股份有限公司（简称"中国神华"）由神华集团有限责任公司独家发起，于2004年11月8日在北京注册成立。中国神华H股和A股于2005年6月和2007年10月分别在香港联合交易所及上海证券交易所上市。中国神华是世界领先的以煤炭为基础的一体化能源公司，主营业务是煤炭生产与销售，煤炭相关物资的铁路、港口运输，电力生产和销售。中国神华贯彻科学发展观，全面构建本质安全型、质量效益型、科技创新型、资源节约型、和谐发展型的"五型企业"，实现持续快速发展。公司已连续十年保持煤炭产销量千万吨级以上增长，2008年实现原煤产量1.86亿吨、商品煤销量2.33亿吨。目前，中国神华是中国煤炭生产量和销售量最大的上市公司，也是全球最大的煤炭上市公司。

（2）本质安全管理体系

本质安全最早起源于国外宇航技术界，我国学者从20世纪90年代开始研究本质安全问题，国内的石油、煤炭、电力行业比较注重本质安全研究。[11]针对我国煤矿生产事故多发状况，中国神华能源股份有限公司和中国矿业大学共同承担"煤矿本质安全管理体系"课题研究，建立具有中国煤矿自身特色的煤矿安全管理系统，并由国家安监局在全国试点推广。

按照事故致因理论的观点，人的不安全行为、物的不安全状态和环境的不安全条件是构成事故的"三要素"，而管理的缺陷是安全问题的制度原因（如图6-8所示），几方的共同作用导致企业生产的安全事故。本质安全管理体系，就是建立健全一套动态的人、机、环境、制度、管理和谐统一的安全管理体系，实现人的本质安全、物的本质安全、系统的本质安全和制度规范、管理科学，以减少和消除伤亡事故。煤矿本质安全管理的主要规章制度涵盖了"人、机、环、管"四个方面，是一套完整的、能切实保障安全生产的管理体系。[12]本质安全不仅指使用本质安全型设备，更重要的是将系统中的人、机、环境的安全上升到本质安全的高度，保证人、机和作业环境的品质达到最佳的匹配，同时培育科学的安全文化，进行有效的安全管理（如图6-9所示）。

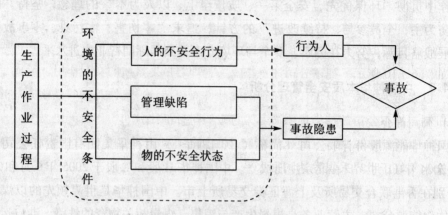

图6-8　事故致因理论模型

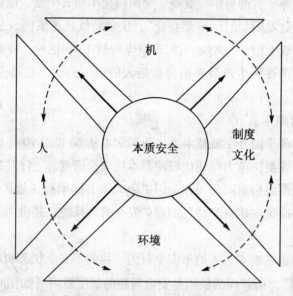

图6-9　本质安全管理模型

（3）中国神华的本质安全管理实践

作为以煤炭为基础的综合性能源企业，安全生产是神华最基本的社会责任。公司立足于建设"本质安全型"企业，自成立以来，其煤炭生产、运输及发电业务均有良好的安全记录，已经成为中国煤炭行业大规模、高效率和安全生产模式的典范，安全生产居于世界先进水平，连续十年杜绝了三人以上重大人身伤亡事故。2008年，公司原煤生产实现百万吨死亡率为零，铁路、港口、发电业务未发生一般及以上责任事故。2008年，公司所属19处生产煤矿中的16处被中国煤炭工业协会授予2007年度全国煤炭工业特级安全高效矿井，约占全国总数的17%。

在建立健全管理机制的同时，中国神华通过加强安全意识和技能培训、增加安全投入、提高信息化和机械化水平等措施，推进"本质安全管理体系"的建设。公司从项目的开发论证、设计、建设到生产、经营管理的各个环节,都将安全放在首位,追求人、机、物、环境和管理的统一,实现安全发展。

  中国神华能源股份有限公司神东煤炭分公司上湾煤矿是首批试点煤矿,其本质安全矿井模型如图6-10所示。神东公司注重技术、管理与员工素质的交互作用,形成了以环境为基础,以素质为保障,以责任为纽带的软硬件有机结合、良性互动、互相提升的本质安全管理机制。神东公司被神华集团命名为特级质量标准化公司。矿区开建以来,未发生三人以上死亡事故,多年来百万吨死亡率远远低于全国水平(如图6-11所示),2008年为零,安全水平好于世界采煤发达国家水平。

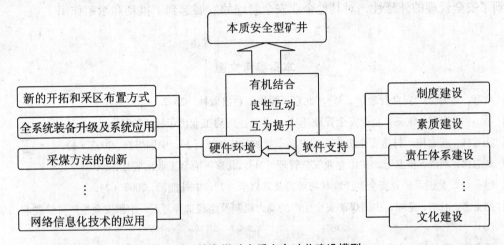

图6-10 神东煤矿本质安全矿井建设模型

资料来源:中国神华神东煤炭分公司主页。

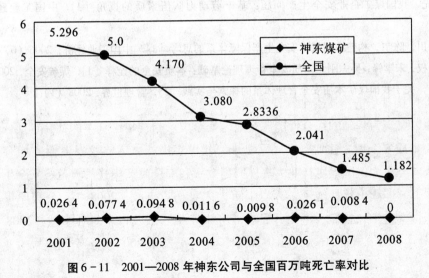

图6-11　2001—2008年神东公司与全国百万吨死亡率对比

资料来源:全国数据来自国家安监局披露的资料,神东公司数据来自公司主页资料。

作为我国最大的煤炭生产和销售企业，中国神华先进的安全管理水平为企业树立了良好的外部形象，为行业的安全管理树立了标准和规范，有利于形成良好的行业氛围。中国神华凭借中央直属企业的地位，对国家政策的制定有一定的影响，承接了国家安监局"本质安全管理体系"的研究项目，并和中国矿业大学展开合作，在煤炭行业内推行本质安全管理体系。神华依靠企业的一体化经营，其铁路、港口运输，电力生产和销售环节均具备很高的安全水平，把安全管理的规范从煤炭采掘一直延伸到电力销售。另外，神华还在电力企业建立了工业示范基地，方便其他企业学习和参观，并组织员工向居民宣传安全用电的知识。中国神华作为一个大型资源企业，不仅企业内部安全管理有较高水平，还意识到了安全管理的外延性，对其他企业安全管理的发展起到了推动和示范作用。

本章参考文献

[1] 吴穹，许开立. 安全管理学 [M]. 北京：煤炭工业出版社，2002.

[2] 马小明，田震，甄亮. 企业安全管理 [M]. 北京：国防工业出版社，2007.

[3] 陈雪枫，戚志伟. 打造安全工作高端发展态势的战略探索 [J]. 中国煤炭，2007 (4).

[4] 刘志伟，刘澄，祁卫士. 矿山企业安全管理 [M]. 北京：冶金工业出版社，2007.

[5] 赵一归. 美国采矿业安全生产现状与经验及其启示 [J]. 中外能源，2008 (2).

[6] 荆全忠，卫靖，晁坤. 中国煤矿安全生产的动力机制及路径选择 [J]. 中国安全生产科学技术，2008 (6).

[7] 孙永波，耿千淇. 基于四方博弈的煤炭安全生产机理研究 [J]. 煤炭经济研究，2009 (3).

[8] 荆全忠，李焕荣，汪达慧. 引发煤矿安全事故的原因分析及对策 [J]. 中国煤炭，2006 (5).

[9] 郭朝先. 我国煤矿企业安全生产问题：基于劳动力队伍素质的视角 [J]. 中国工业经济，2007 (10).

[10] 林汉川，陈宁. 构建我国煤矿安全生产保障体系的思考 [J]. 中国工业经济，2006 (6).

[11] 许正权，宋学锋，吴志刚. 本质安全管理理论基础：本质安全的诠释 [J]. 煤矿安全，2007 (9).

[12] 郝贵. 关于我国煤矿本质安全管理体系的探索与实践 [J]. 管理世界，2008 (1).

7　资源企业产业链整合①

产业链的本质是打破资源流动空间约束的一种整合资源的机制。面对资源约束强化和竞争日益激烈的客观环境，产业链整合必须从资源驱动型向资本与知识驱动型转变。产业链演化表现为在资源、资本与知识相互作用下上升或下降的非线性结构态势，具有明显的阶段演化特征；其每一次转型都需要跨越势垒，而资本与知识则在其中发挥决定作用。只有当资本与知识积累到一定程度，才能推动产业链进化成高度有序的动态共生系统。产业链整合是产业链演化的重要途径。纵向、横向、侧向的三维整合路径实现了产业链由点到线、由线到面、由面到网的演化突破。作为产业链整合主体的企业，通过资本与知识驱动，可以拓展资源空间，扩大企业边界，为获得持续竞争优势提供更广义的资源基础。攀钢钒钛产业链为资源企业产业链的有效整合提供了极好佐证。

7.1　产业链整合的研究现状

近年来，许多企业为实现规模经济，增强对关键资源的掌控力，加快了资源整合步伐。但盲目整合的结果却带来产业结构同质化与核心竞争力的不断丧失。企业如何进行资源整合才能达到优化？产业链作为介于微观与宏观之间的中观形态，为企业整合资源提供了一个崭新的视角。但是面临资源约束逐渐强化以及资源竞争日益激烈的严峻现实，企业依靠产业链的传统运作模式获取利润的空间日渐缩小，单靠资源驱动已无法满足产业链整合的内在要求。在竞争环境发生根本性变革的背景下，企业能否以资本与知识驱动来进行产业链的有效整合是取得竞争优势的关键。

国外对产业链的研究立足于企业，侧重从价值链、物流链、功能链、信息链的角度进行诠释（Michael E. Porter, 1985[1]；Houlihan, 1985[2]；Harrison, 1993[3]；Williams, 2007[4]），偏向微观与中观的结合。但迄今为止，国外并没有将产业链视为独立对象进行系统研究，研究重心局限于产业链的具体表现形式。由于中国经济处于转型期，行政干预色彩比较浓厚，市场体系发育不均衡，呈现出的是一种不同于西方市场经济的特殊制度环

---

① 本章的主要内容来自作者公开发表在《中国工业经济》2008年第3期上的论文《资本与知识驱动的产业链整合——以攀钢钒钛产业链为例》（程宏伟、冯茜颖、张永海）。在此基础上，本章详细介绍了攀钢钒钛产业链的整合历程以及攀钢系的整体上市。

境。而国内外制度背景的不同直接导致产业链研究视角的差异。国内研究立足于政府角度，侧重强调政府在产业链整合中的作用，偏向中观与宏观的结合，研究方向集中于以下几个方面：产业链的内涵、类型与模式研究，产业链形成与运行机制研究，产业链优化整合研究，产业链应用研究，产业链案例与评价研究（刘贵富，2006[5]，2007[6]；吴金明、邵昶，2006[7]；芮明杰、等，2006[8]；于立宏、郁义鸿，2006[9]；陈文晖，2002[10]）。总体而言，现有研究的不足之处为：第一，侧重产业链字面含义的研究，忽视了产业链的本质问题，特别是对产业链的界定主要从"链"的角度切入，没有深入到为什么，以及在什么条件下形成"链"的问题；第二，从不同层次和角度进行区分，如企业或产业，没有从层次的内在统一性进行研究，割裂了产业链理论研究与现实的对应关系；第三，重视对产业链与相关概念的区分，如产业集群、供应链、价值链，但模糊了概念的不同适用背景，如把产业链理解为纵向一体化（纵向一体化本质上只是企业间的纵向并购联合，并非基于产业链配置资源的视角）；第四，重视从理论角度对产业链进行演绎，但忽视了从现实经济活动中进行产业链理论的抽象；第五，重视研究个别产业链的规律，但忽视了对具有典型特征的产业链共性规律的概括。

为此，我们重新界定了产业链的概念与本质，在归纳出产业链共性演化规律的基础上，从资本与知识驱动的角度提出了纵向、横向、侧向的产业链三维整合路径。基于这一理论分析框架，直面现实经济环境，本部分以资源产业链为研究背景，选择具有显著资本与知识驱动特征的攀钢钒钛产业链为案例，分析资本与知识驱动的产业链整合过程，在进行理论创新的同时为企业整合资源提供有效路径。

7.2 产业链的本质与演化

7.2.1 产业链的本质

对产业链概念的代表性界定主要基于以下视角：把产业链描述为产品由初始状态到达消费者的实际过程（郁义鸿，2005[11]）；把产业链描述为其具体表现形式的逻辑集合（吴金明、邵昶，2006[7]）；把产业链描述为兼有产业和企业特征的组织（邵昶、李健，2007[12]）。这种"过程—集合—组织"式的界定，表明对产业链概念的认识在不断抽象与深化，但是仍然没有揭示产业链的本质。

产业链是资源在流动中创造价值的连续体，是企业相互合作，通过信息交流与共享、各种资源要素彼此配套形成的一个动态系统。因此，我们把产业链界定为以市场为基础，以企业为载体，以资源为底线，基于彼此合作关系的利益共同体在整合资源过程中形成的一种实物或虚拟的价值状态，是要素整合矛盾中凸显的载体。产业链的本质是打破资源流动空间约束的一种整合资源的机制，产业链的本质就此扩展为"过程—集合—组织—机制"的序列。这一概念包括了以下基本要义：第一，资源在流动中创造价值；第二，产业链中的企业必须相互合作，它们之间是共生的关系；第三，产业链是一个系统，是价值的共同体；第四，产业链是一个非稳态的产业组织结构。

7.2.2　产业链的演化

作为要素协同共生的动态系统，产业链必然有其普遍的演化规律。产业链的广义演化，包括产业链的孕育、发生、成长、完善、转化、消亡等过程。产业链的狭义演化，就内部而言，指产业链结构与驱动方式的根本变化；就外部而言，指产业链形态与运作方式的根本变化。①图7-1中的产业链表现为在资源、资本与知识三要素的驱动下上升或下降的非线性结构态势，具有明显的阶段演化特征；每一次转型都需要跨越势垒②，在要素相互作用没有发生变化的条件下不可能跨越势垒到达一种新的演化阶段。在某一时刻，资源、资本、知识可以形成相对稳定的共生系，矛盾并不凸显；但当外部环境发生变化，三要素间的相互作用发生波动时，内部则处于不稳定状态。"非平衡是有序之源"（普利高津，1987）[13]，当某个要素发生质变，其他要素必将进行相应的变化以维持平衡，这就推动了产业链演化。

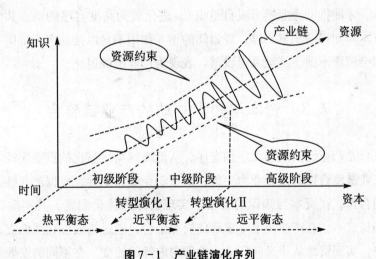

图7-1　产业链演化序列

产业链演化的根本动因在于要素间的相互作用。一方面，资源、资本与知识之间的互动构成产业链演化的内因，三者在不同阶段所起的作用有大小之分，呈互动式发展。在初级阶段，资源比较丰富，资本与知识相对匮乏，资源是主要驱动力，产业链紧紧围绕资源轴上下波动。此时，产业链主渠道的雏形初现，但只具备少数几个环节，链条并不完整。

---

① 这个界定受到苗东升关于系统演化内涵的启发，参见《系统科学精要》（中国人民大学出版社2006年出版）。
② 势垒的概念出自物理学，此处代表了阻碍转型演化的因素总和，如资本或专用性知识；势垒的存在使得产业链在既定的演化阶段内保持稳态。

在中级阶段，随着资源约束逐渐强化，产业链演化进入瓶颈区，资本与知识逐渐取代资源成为主要驱动力。产业链发展速度加快，价值环节增加，相关企业开始在一定程度上聚集。在高级阶段，即突破瓶颈后，资源约束线向外发散，产业链离资源轴越来越远，演化过程中积累的资本与知识减弱了资源禀赋对产业链的制约。此时，产业链成熟度较高，吸附资源的能力较强，在其周围出现大量配套企业，产业集群现象比较明显，发展空间越来越大。另一方面，环境的变化构成产业链演化的外因。资源的稀缺性和资本的逐利性导致资源约束线趋紧，竞争日益激烈，从外部形成对产业链的演化压力。可见，资本与知识是跨越势垒、突破资源约束、推动产业链由粗放式向集约式演化的关键因素。

产业链演化的时间箭头既可能指向进化方向，也可能指向退化方向。按照系统演化论的观点，产业链作为一种动态系统，其进化同样是以无序的热平衡态为起点，经过近平衡态后，在远平衡态区形成高度有序的耗散结构，对应图 7-1 中的初级、中级、高级三个发展阶段。从初级阶段进入中级阶段、中级阶段进入高级阶段经历了转型演化Ⅰ和转型演化Ⅱ，这是产业链的质变过程，标志着产业链的进化，在图 7-1 中表现为产业链的螺旋上升。企业在加工资源的过程中积累资本和生产知识，并不断更新资本与知识体系，形成知识记忆。只有当资本与知识积累到一定程度，通过资源、资本与知识间非线性的相干效应与协调动作，才能推动产业链形成自组织①，进化成为高度有序的动态共生系统。但是反之，如果资本与知识的积累不够，要素间的相互作用不足以推动产业链向有序的方向演化，产业链就会停滞不前，甚至衰退没落，表现为产业链的退化。

7.3　资本与知识驱动的产业链整合

产业链整合是产业链实现从无序到有序、从低级到高级演化的重要途径。在一定的区域环境中，产业链整合以节点企业为主体，以核心企业为主导，根据产业链内生逻辑，促进企业间互相合作，在资本与知识的驱动下实现资源的优化配置。其实质是企业突破边界，为降低交易成本，在产业链上寻求最佳资源组合，通过拓展可利用的资源空间来修正资源约束条件，实现资源从狭义向广义、外部向内部的转变。在不同的发展阶段，产业链整合的边界和效果取决于企业对广义资源的控制力，而这种控制力正是来源于资本与知识的积累。

图 7-2 中产业链整合的主体是企业，包括产业链上的核心企业、其他节点企业和依附于产业链、为产业链整合提供辅助配套服务的相关企业；产业链整合的客体是各种生产要素，包括资源、资本、知识等。同时，政府需要制定有效的产业政策来鼓励产业链整

---

① 普利高津把自组织分为两类：平衡结构和耗散结构，由于产业链必须通过驱动要素相互作用才能得以演化，势必会与外界环境交换能量，因此这里所提的自组织仅指后者。

合，建立合理高效的管理体制来引导产业链整合方向，营造开放流动的环境来降低产业链整合成本。而市场则通过自由竞争来优化配置生产要素，促使节点企业积极创造条件改善区域环境，维持产业链系统的开放，这是产业链进化到耗散结构的前提。

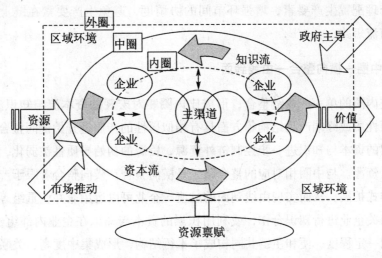

图7-2　产业链整合模型

由于资源约束的不断强化，产业链整合的可行域趋于萎缩。在较大可行域中才更有可能寻求最优化的定位，因此产业链整合需要企业发挥主体作用，从其他维度另辟蹊径，对可行域的边界施加反作用力，扩大其隐性的概念边界。资本与知识这两个影响权重越来越大的生产要素作为新的维度为产业链整合提供了一个良好范式。产业链整合正是源于核心企业与其他节点企业、配套企业之间通过开放的区域环境交换资本与知识而产生的相互吸引。图7-2中，资源作为初始要素，既是积累资本和生产知识的基础，也是产业链整合的对象。产业链整合以资源禀赋为底线，形成了内圈、中圈、外圈三个整合层次。

7.3.1　内圈—纵向整合—由点到线

内圈以核心企业为主导。企业间并非简单的并列关系，而是两两交集，公共部分代表资本与知识的内生凝结，是企业合作的基础。其他节点企业和配套企业绕核运动，依据产业链的自然属性呈现环环相扣的形态，形成链式结构。通过核心企业之间建立战略联盟，实现对某种关键要素的控制和共享，对其他节点企业和配套企业形成强大的吸引，建立多种以资源、资本与知识为载体的合作机制来增强企业对资源的掌控力，进而实现产业链的微观整合。与内圈相对应的整合路径是纵向整合。纵向整合着眼于产业链环节的完整性、延伸力以及耦合度，从而实现由点到线的过渡。一方面，从产业链完备性角度出发，由于核心企业是产业链主渠道上的关键节点，这就要求核心企业要构建从开发到粗加工再到精深加工的产业链体系雏形，在重要环节进行创新与知识积累，使产业链向具有较高附加值的下游拓展，为产业链横向与侧向整合奠定基础；另一方面，其他节点企业要在主渠道的夹层中补充产业链的缺失环节，连接主渠道上的关键点，使主渠道由间断变为连续。从产业链延伸力角度出发，企业要深挖工艺技术，扩展终端产品的应用领域，将知识往更细更深的方向渗透，开发高附加值产品。从产业链耦合度角度出发，节点企业要在沟通与合作的基础上，合理配置生产要素，增强环节间的协调度，避免生产要素在链上出现反复循环，造成价值流短路。

7.3.2 中圈—横向整合—由线到面

中圈突破内圈的单一产业链整合，形成比内圈相对宏观的资本流与知识流绕链循环，使在初始资源性质或终端产品结构等方面具有相似属性的产业链开始链间整合。企业凭借纵向整合积累的资本与知识进一步控制链外资源，资源的初始异质性被弱化，狭义资源开始转变为广义资源。与中圈相对应的整合路径是横向整合。横向整合着眼于产业链整合范围的横向集群式扩展，从而实现由线到面的过渡。企业可以运用兼并、重组等资本运作方式来与链外相关企业进行知识合作，或利用积累的资本与知识在企业内部组建若干子链。当子链演化到一定程度，便和主链共同构成了平行结构，形成集中度高、关联性强、群体效应显著的产业集群。

7.3.3 外圈—侧向整合—由面到网

外圈突破内圈与中圈单一产业整合，在中圈整合的基础上既从地理空间，也从产业空间向外扩展。产业链整合是资本与知识外溢的过程。随着整合进程的深入，知识更具有共享性，资本更具有横断性，但在生产过程中积累的资本与知识在企业内部也面临着饱和的问题。要协调这一矛盾，跨区域跨产业的外圈整合就成为现实选择。资源开发利用效率最好的企业能生产出专用性知识，这种专用性知识使企业在竞争中具有比较优势，并能够比同类企业积累更多的资本。借助于资本与专用性知识，企业可以对异地异质资源进行整合，从而控制更多的资源，积累更多的资本，进一步促进知识的生产。与外圈相对应的整合路径是侧向整合。侧向整合着眼于不同性质的产业链间的整合，其实质是产业整合，实现由面到网的过渡。基于公共服务平台，企业可以借助资本驱动来整合物流、金融、信息等通用型服务配套产业，对产业链进行网络化、多功能化的扩展，甚至向其他优势产业转型，从而避免出现产业链同构造成的恶性竞争与资源浪费。

整合目的的不同决定了整合对象与整合方式的不同。产业链整合的三维路径具有层层递进的演化特征，是在资本与知识的驱动下前后相继的历史过程。资源空间拓展能力直接制约产业链整合能力——产业链整合程度越高，资本与知识的驱动效应越明显。

7.4 攀钢钒钛产业链整合的案例分析

7.4.1 攀枝花钒钛产业发展的特点

国家政策对攀西地区的定位导致钒钛资源开发的基础储备环节薄弱。对攀西钒钛磁铁矿资源进行可持续开发利用的科技资源配置不尽合理。国家对攀西地区钒钛磁铁矿资源的开发利用政策，大致经历了三个阶段。第一阶段为20世纪60年代中期至70年代中期的特区政策阶段。在此阶段，国家对攀西资源开发采取特殊的政策，其目的在于把攀西尽快建成我国的钢铁工业基地。第二阶段为20世纪80年代政策支持力度不断削弱的双轨制阶段。第三阶段为20世纪90年代起的现行政策阶段。此时攀西资源开发受到冷落，攀西地区主要依靠自己的力量和市场需求开发资源。但事实上，攀西钒钛磁铁矿的主要价值不在铁上，而在钒、钛等资源上；铁的价值仅占钒钛磁铁矿资源总价值的6.2%，钒、钛占48.8%（张平，2004）[14]。因此，可以看出国家一开始并没有重视攀西地区钒钛资源的开发问题，而是一直把攀西地区定位为钢铁基地，伴生的钒钛资源大量被浪费或闲置。这导致了我国钒钛产业起步较晚，久久不能突破技术瓶颈对钒钛产业链发展的制约，人才、资金等生产要素的配备不充分，在一定程度上对攀钢钒钛产业链的发展造成了阻力，使其落后于日本等国家钒钛产业技术的发展。

技术瓶颈给攀西钒钛资源的综合利用造成了障碍。攀西的钒钛资源具有共生性的特点，钒钛均赋存于其他矿物中，而现有技术的不成熟导致综合利用水平还较低。攀枝花地区是一个超大型的钒钛铁矿岩矿储藏区，矿体范围大，矿石类型为致密块状、浸染状。矿石中的钛矿物主要为粒状钛铁矿、钛铁晶石和少量片状钛铁矿。从矿物可选性来看，粒状钛铁矿可以单独回收，而钛铁晶石和片状钛铁矿不能单独回收。从钒钛磁铁矿的选铁尾矿中选出的粒状钛铁矿可以利用，其特点是结构致密，固溶了较高的氧化镁。因此，选出的精矿品位较低，氧化镁和氧化钙含量高，给提取冶金带来一定困难。从质量上看，攀枝花的钒钛资源并不具优势（朱胜友等，2001）[15]，这就对技术水平提出了更高的要求。目前我国共伴生矿的利用率都不到20%，很多从伴生矿中提炼有用资源的关键技术还没有被掌握、受技术水平的限制，钒钛资源的综合利用程度很低，限制了产业链的纵向延伸。

攀西钒钛资源的开发需要考虑多民族地区协调发展的问题。攀西的钒钛资源主要分布在阿坝、甘孜、凉山三个彝族少数民族自治州所在的攀西地区，这是攀钢钒钛产业链发展面临的特殊环境。这必然要涉及如何科学地开发钒钛资源，合理分配利益，促进民族地区经济协调发展的问题。政府和企业在作产业布局或发展决策时必须要慎重考虑到这些社会因素，才能为优势产业链的发展营造出良好安定的环境。

攀西钒钛资源的开发要以生态环境的承载能力为底线。攀西地区是我国典型的生态脆弱区。造成其生态脆弱的因素有两个，即自然因素和人为因素。攀西地区的地质、地貌及气候因子形成了攀西生态脆弱的基本框架，而人类对攀西地区资源的开发利用加大了攀西生态环境脆弱度。这集中体现在以下几个方面：首先，地表破坏和地面塌陷。攀枝花市和凉山州钒钛磁铁矿的开采，使山体被剥蚀，改变了原来的生态环境状况，形成寸草不生的光坡和陡崖，使隆起的山体变成凹地。其次，固体废弃物（包括选矿废渣、高炉渣等）的排放。"九五期间"，攀钢年均排放固体废物 920 万吨，其中尾矿 600 万吨、高炉矿渣 300 万吨。攀钢自投产至今，高炉渣在西渣场和东渣场累计堆积已达数千万吨，对水体、土壤和植物造成了严重污染。最后，由于攀枝花钢铁基地的建设，大量工业废水排入金沙江，已造成攀枝花市金沙江水流污染带的出现，特别是在城市和工业排污区水质污染更为严重（张平，2004）[14]。生态环境的承载能力不断变弱是攀钢钢铁产业链发展进程中所付出的代价，也为今后钒钛产业链的优化发展设置了生态约束和底线。这决定了攀西地区钒钛产业链的发展思路必须为当地人民的福祉着想，跳出传统的粗放型模式，走生态环境和产业链协调发展的集约化道路。

7.4.2 攀钢钒钛产业链的发展历程

钒钛属伴生矿产，攀西地区是钒钛磁铁矿的富集地。近年来，攀钢钒钛产业链在国有企业攀钢集团的主导下加快了在全国范围内整合资源的步伐，通过一系列的资本运作与知识合作，规模得到了迅速扩大。由于钒钛产业链知识敏感性强，攀钢集团在钒钛产业链整合过程中，注重以资本为纽带来推进以知识为核心的产业链技术共享平台的构建，提高了整合进程与效率。以资本与知识驱动来整合产业链的思路在攀钢钒钛产业链上彰显无遗。因此，我们选择以攀钢钒钛产业链为案例，从资源、资本、知识互动的角度出发，以三者的空间拓展与综合利用为背景，客观描述其产业链整合模式，并为其提供进一步优化路径。

国家最初把攀西地区定位为钢铁工业基地，导致伴生的钒钛资源大量被闲置或浪费，但攀西钒钛磁铁矿的价值并不在铁，而在于钒钛。国家政策的定位使得攀西钒钛资源开发的基础储备薄弱，这导致了攀钢钒钛产业链的发展起步较晚。但是攀钢集团着眼于钒钛产业链优化，在牢牢掌控产业链上游开采环节、形成较强自然资源壁垒的同时，在资本与知识驱动下不断向产业链下游延伸，已经突破了初级演化阶段。攀钢钒钛产业链整合的模式以纵向整合为主，横向整合为辅。

攀钢钒钛产业链整合历程的大事如下[①]：

---

① 根据《案例——攀钢资本运作》（和君创业，2004）、《G 新钢钒：公司已成为资源一体化的钢钒企业》（吴鹏飞，国泰君安研究报告 2006）整理。

1996 年，攀钢集团旗下的攀钢板材上市。

1997 年，攀钢集团酝酿更大规模的资本运作——将优质的钢、钒业务整合到国际证券市场上市融资，借以开拓国际市场，树立国际形象。集团在当年 7 月 20 日设立了全资子公司"攀枝花钢钒股份有限公司"。攀钢集团与钢钒公司签订重组协议，攀钢集团将其持有的攀钢板材国有法人股作为发起人资本投入钢钒公司，钢钒公司成为攀钢板材的控股股东，签订了资产和负债分离协议以及钒业务收购协议，约定由钢钒公司接收、经营攀钢集团主要钢铁及钒产品的生产和销售业务。这一系列协议的重组过程如图 7-3 所示。攀钢集团原确定香港为海外上市地，但当时海外投资者认同的市盈率低，按此市盈率计算的发行价格低于净资产值，会造成国有资产流失，海外上市计划因此失败。

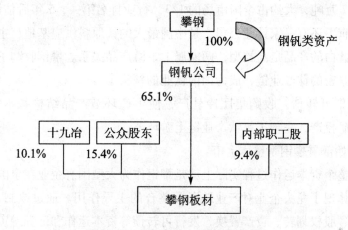

图 7-3　准备海外上市的重组过程

资料来源：和君创业，《案例——攀钢资本运作》，2004。

1998 年，由于海外上市失败，钢钒公司继续存在的必要性大减，攀钢集团以钢钒公司评估后的主要钢铁、钒类资产认购攀钢板材增发的新股。增发完成后，攀钢集团和流通股的比例继续攀升，而十九冶和内部职工股的比例逐步下降。增发完成后，集团开始注入钒（五氧化二钒、高钒铁），同时铁轨扩产至 45 万吨。攀钢板材的主营业务实现了初步转型，由传统的钢卷、钢带、钢板等钢压延加工，开始转向高附加值、高科技含量的钒业务。

1999 年，攀钢采取租赁方式接手云南武定钛白粉厂的经营管理。仅一年多的时间，武定钛白粉厂由原来平均产量 380 吨达到年产 2 500 吨的水平。此外，攀钢租赁广西百合实业有限公司，年产钛白粉 5 000 吨。

2001 年，公司发 16 亿可转债，扩产 1450MM 热轧至 230 万吨，使铁轨具备 100 万吨生产能力；并同时发展中钒铁、高钒铁和钒氮产品，以及其他型材和钢坯等其他附加产品。

2002 年，攀钢集团收购锦州铁合金（集团）有限责任公司所属的钛白粉公司 51% 的股份。该公司是我国目前唯——家使用国际先进氯化法生产高质量钛白粉的企业，现在产能约为15 000吨。9月，渝钛白控股股东中国长城资产管理公司将所持的渝钛白25%股权以每股3.077元的价格（净资产的近两倍）转让给攀钢集团，总价款为1.2亿元。收购渝钛白标志着攀钢集团整合国内钛白粉产业的宏伟规划又迈出了关键性的一步。攀钢集团致力于通过资本运营，采取租赁、兼并、股权转让等方式低成本快速扩张钛白粉的生产规模。

2003年，攀钢收购渝钛白。攀钢与渝钛白早有业务往来，攀钢是其主要生产原料钛精矿的最大供货商，每年至少供应大约3万吨，超过渝钛白总进货量的50%。虽然这一数字只占攀钢集团销售额的很小一部分，但渝钛白是国内最大的钛白粉生产企业之一，钛白粉年产量为1.7万吨，大约占全国市场的1/3，行业排名第一，5年后估计可达到10万吨的产能。攀钢旗下还有一家钛业公司，是中国最大的钛原料供应基地，主要生产普通型的钛白粉，而渝钛白的产品是高档型，两家属上下游产品关系。攀钢收购了渝钛白，就在二者之间建立了紧密的钛产业链，成为国内钛业的领头羊。

2006年，募集可转债，收购集团冷轧厂，使生产环节产品结构基本完善。同年10月，公司白马铁矿投产，完善了钒钛产业链上游环节。

2007年，开始部署攀钢系整体上市。

攀钢集团的整个资本运作过程实际上就是攀钢作为大型国有企业在全国范围内整合资源的基本过程，体现了龙头企业对产业链资源整合的主导作用。通过改制、缩股、上市、增发、债务重组、股权划转、资产置换、发行可转债等资本运作和证券融资手段，攀钢成功将一个小小的热轧板厂发展成中国最大、世界第三的钒制品生产基地，使钒钛产业链基本形成规模。

攀钢钢铁和钒钛产业链的盈利路线如图7-4所示。

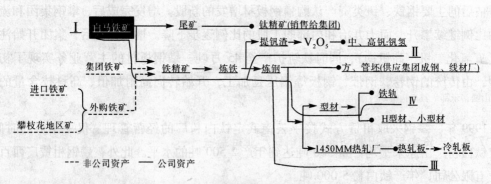

图7-4 攀钢钢钒盈利路线图

资料来源：吴鹏飞. G新钢钒：公司已成为资源一体化的钢钒企业［R］. 国泰君安研究所，2006-06-06.

从公司的三条盈利路线可以看到，第一条钒盈利路线的附加值比较高：虽然生产钒的附加值水平对铁矿价格变动的敏感性比较低，但钒的来源对矿石的依赖性非常强。其他两条盈利路线的生产环节是竞争比较充分或者不掌握定价权的路线，向下游争取利润的难度远不如掌握资源以提高利润来得容易。所以三条盈利路线对矿产资源的依赖均非常强，攀钢集团在一定程度上走的是资源依赖型的产业链道路①。

由于近几年原材料的价格呈普涨的趋势，攀钢钒钛产业链提高盈利能力的主要方式是通过产业链来整合各种生产要素。从上游掌控资源成为向成本要利润的最佳方式，形成的自然资源壁垒也比较强，导致追求成本降低模式的竞争者进入非常困难，拥有资源成为降低成本有效而简单的方式。因此，攀钢在走资源依赖型的钒钛产业链发展道路时，把握产业链上游开采环节对攀钢接下来的产业链延伸具有极其重要的意义。攀钢花了近二十年的时间来壮大产业链上游钒钛开采环节的实力，成为了我国最大的钒钛原料供应基地。通过纵向集成，攀钢钒钛产业链的上游原材料供应稳定，不仅能满足集团自身生产钒钛制品的原材料需求，还能向其他中下游企业输出，这为攀钢钒钛产业链跨区域整合资源奠定了坚实的基础。

攀钢集团目前基本的生产经营格局如图7－5所示。攀钢集团钒钛产业链上游开采矿区主要有三个，分别为白马矿、兰尖和朱家包；中游生产基地有四个，其中攀枝花和西昌是两大钒钛钢铁精品基地，青白江是世界一流的无缝钢管和钛材深加工精品基地，江油是国内一流特种钢及军用钢材、钛材生产基地；下游销售环节产品除供应国内20个省份的需求外，也出口国外。

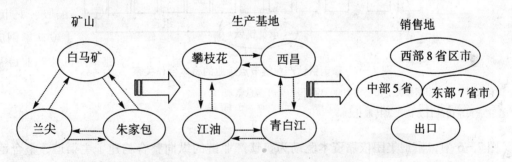

图7－5　攀钢集团基本生产经营格局

注：西部8省区市指四川、重庆、广西、陕西、云南、甘肃、贵州、内蒙古；中部5省指湖南、湖北、河南、江西、山西；东部7省市指广东、海南、北京、浙江、上海、山东、江苏。

7.4.3　资本与知识驱动的攀钢钒钛产业链整合

（1）纵向整合

攀钢钒钛产业链的纵向整合是在核心企业攀钢集团的主导下，利用传统优势钢铁产业链所积累的原始资本，首先通过资本驱动建立企业间的合作机制形成企业链，再由企业间

---

① 吴鹏飞．G新钢钒：公司已成为资源一体化的钢钒企业［R］．国泰君安研究所．2006－06－06.

相互承接的输入输出形成产品链。两者是资本链的具体表现形式，最终目的是实现知识流动。凝聚了资本与知识的产品在进入流通领域形成价值后，又以利润反哺企业链、产品链和知识链，使其不断延伸与完善。知识链、产品链和企业链间的互动递进式关系使攀钢钒钛产业链初步实现了资本与知识驱动的纵向整合与集约式发展，拓宽了资源综合利用空间。攀钢集团的股权结构以及和钒钛产业链上主要节点企业间的资本合作关系如图7-6所示。

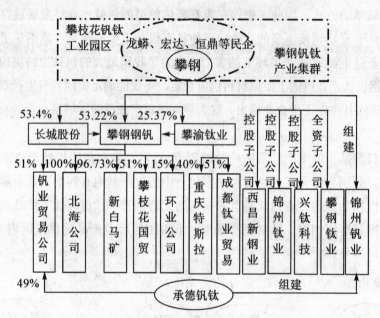

图7-6　攀钢钒钛产业链节点企业的资本合作关系

资料来源：作者根据相关上市公司2006年年报与公开信息整理。

注：箭头左边的百分比代表持股比例。

图7-6中，攀钢集团依靠资本驱动为钒钛产业链的纵向整合构建了主渠道，整合范围延伸到了西南和华北，节点企业集中分布在四川、重庆、河北和辽宁。攀钢集团凭借对钒钛产业链上游环节的控制，拥有了对资源产品的定价话语权；并综合运用控股、合资组建、并购的资本运作方式把钒钛产业链的中游深加工环节布局到了本身并不具有丰富钒钛资源的重庆和辽宁；通过向这些地区输出初级钒钛资源作为生产原料，组建攀渝钛业、锦州钒业、锦州钛业为加工基地，在集团现有攀钢钢钒、攀钢钛业的产能基础上，扩大了钒钛产品生产规模。在钒钛产业链下游，攀钢通过和承德钒钛合资组建钒业贸易公司，实现了全国两大钒钛企业在全球的统一销售。至此，攀钢钒钛产业链的加工和销售平台都得到了扩展。

以攀钢钛产业链为例，资本与知识驱动的纵向整合过程如图7-7所示。图7-7中并行的企业链、产品链、知识链与资本的互动过程形成了具有循环特征的演化路径。从企业链来看，在发展初期，攀钢钛产业链立足于钒钛磁铁矿富集的资源优势，生产钛精矿、高钛型炉渣等初级产品。资源的地域性将攀钢钛产业链整合的范围限制在川西。通过积累资本以及研发钒钛磁铁矿高效利用与深加工技术、大型钛渣电炉冶炼技术、高效选矿技术等完成了第一阶段在产品链、知识链的布点，为产业链纵向整合设置了初始关键点。第二阶段，攀钢钛产业链以资本与知识驱动拓展资源空间，突破了资源的地域限制，对四川省内以及重庆、河北、辽宁的企业资源进行了整合，确立了其中间关键点，四地资源的空间差异在攀钢钛产业链的纵向整合中得到了统一。第三阶段，根据钛资源加工的内在逻辑，以及对环保约束强化的重视，攻克了钛白粉加工难题、浓缩净化技术、肥盐结合的磷化工技术等，产业链延伸到了高附加值的钛材、磷化工产品。

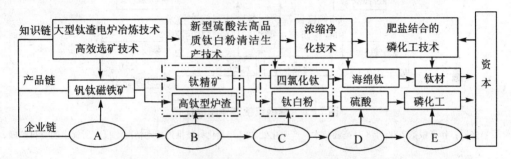

图7-7　攀钢钛产业链资本与知识驱动的纵向整合

注：A代表攀钢集团，B代表龙蟒集团矿冶公司、攀钢钛业、承德钒钛、兴钛科技等，C代表攀渝钛业、锦州钛业、攀钢钛业、承德钒钛等，D代表攀渝钛业、攀钢钛业、龙蟒集团等，E代表川投化工、鼎泰化工、磷通化工、乙源化工等。这些企业是攀钢钛产业链上具有代表性的节点企业。左虚线框的共性技术为：高钙镁钛精矿制备富钛料成套技术和装备、微细粒级钛精矿回收、硫钴精矿回收。右虚线框的共性技术为：无筛板沸腾氯化装备、钛白后处理技术。

资本与知识的积累改变了产业链上企业的资源观。资源的空间拓展与内涵变化使攀钢钒钛产业链对资源的需求实现了差异化，可利用资源随着知识积累不断扩展，异地资源、闲置资源、废弃资源等被其他企业排斥的资源都成为链上企业的整合对象。通过知识外溢效应与资本纽带作用将关键点进行串联，从而形成具有整体竞争优势的资源产业链。资源禀赋、环境承载等约束条件不仅没有束缚攀钢钒钛产业链的发展，反而间接转化为竞争优势。

（2）横向整合

攀钢集团以打造钒钛产业集群和工业园区实现了资本与知识驱动的产业链区域内横向整合。图7-8中，攀钢钒钛产业集群中知识驱动的主体既包括国企，如攀钢，也包括民企，如龙蟒，以及配套的科研机构，如四川省钒钛新材料工程技术研究中心。主体间通过知识合作，扩大攀钢钒钛产业链的产能，实现共赢。攀枝花钒钛工业园区的运作模式是以

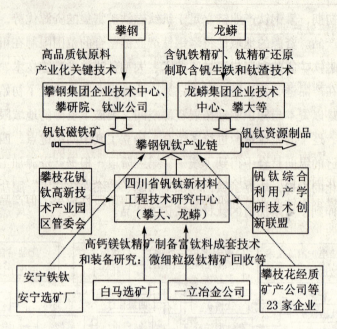

图 7-8　攀钢钒钛产业集群模式

资料来源：作者根据 2006 年 8 月高新技术及产业化处的《产业化科技推进行动情况汇报》所提供的资料整理。

民营企业围绕大型国有企业，利用循环经济以及建立钒钛资源综合利用产学研技术创新联盟①来实现产业链横向整合。联盟公共创新平台的构建使得联盟成员之间分工合作，加强钒钛资源综合利用的共性与瓶颈技术攻关，提升了自主创新能力。②攀枝花钒钛高新技术产业园区管委会作为管理机构，统筹园区的知识整合过程。

　　攀钢钒钛产业链的初始资源属于矿产资源，在对钒钛磁铁矿的开发过程中，会产生大量的中间品和衍生品。这些看似被钒钛产业链内在化学属性排斥掉的废弃物恰恰成为钒钛产业链与其他类型资源产业链如化工产业链、煤电产业链、有色金属产业链、钢铁产业链等进行横向整合的接口。在平行发展的资源产业链中，寻找和定位这些潜在接口是资源产业链横向整合的关键。通过打造钒钛产业集群与工业园区，以攀钢集团为主导的企业群一方面利用已有知识积累，探索资源产业链间横向整合的突破口。另一方面，产学研技术创新联盟加大了研发资本投入，引进技术人员，开发资源的综合与循环利用；既使资源就地转化，产生了巨大的经济效益，同时也改善了生态环境，从而实现了在攀西区域内部的资源产业链横向整合。

---

　　①　钒钛资源综合利用产学研技术创新联盟由攀钢（集团）公司牵头，攀钢（集团）钢城企业总公司、四川龙蟒集团攀枝花矿冶公司、四川恒鼎实业有限公司、四川恒为制钛科技有限公司、攀枝花源丰钛业有限公司、攀枝花钢铁研究院、四川大学、攀枝花学院、攀钢设计院矿山分院、四川省高钛型高炉渣工程技术中心、四川省钒钛材料工程技术中心、攀枝花钒钛产业园区、四川省钒钛产品监督检验研究中心联合组建。

　　②　根据今日钢铁网（http：//www.todaysteel.com/news/shownews.asp? sortid=34&typeid=53&newsid=344858）披露信息整理。

7.4.4 攀钢钒钛产业链整合的优化路径

攀钢钒钛产业链已在资本与知识驱动下产生了有效的整合效应，但是可以拓展的资源空间尚未得到充分利用，需要从以下方面进行优化：

（1）深化纵向整合

我国拥有钒钛资源或重点发展钒钛产业的地区除四川、重庆、河北、辽宁外，还有陕西、云南、贵州、海南等省份。综合考察各地区钒钛产业发展的基本情况，结合钒钛产业链的技术路线，我国钒钛产业的区域附加价值呈现阶梯走向。在图7-9中，四川省处于第二梯队，尽管攀钢钒钛产业链的纵向整合已经取得阶段性成果，但产品加工深度仍然不够，下游还有纵向整合的空间。

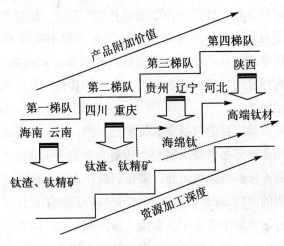

图7-9 攀钢钒钛产业链纵向整合的优化路径

注：资源加工深度是以该地区相对于其他几个地区最显著的特征来划分的，并非指该地区绝对局限于一种加工深度的状态，大多数属于向后集成。阶梯内部的实线表示现实的产业链，虚线表示待补充的产业链。

基于攀钢集团与辽宁锦州、河北承德的钒钛企业在一定程度上已经有了资金流的关联，以资本驱动来实现攀钢钒钛产业链的纵向整合更容易在贵州和陕西有所突破。图7-9中，攀钢集团利用初始资源钒钛磁铁矿生产钛渣和钛精矿；遵义钛厂利用钛渣和钛精矿生产海绵钛，并作为原材料向宝鸡钛业输出；宝鸡钛业再利用海绵钛生产高端钛材。可见，攀钢钒钛产业链在下游出现了缺失。攀钢集团一是可以通过成为贵州、陕西钒钛龙头企业的上游原材料供应商，在延长自身产业链、扩展销售平台的同时，又能使钒钛资源相对不丰富的贵州、陕西与四川结成联盟，为稳定的上游供给提供保障；二是和当地钒钛龙头企业合作开发技术或直接收购具有技术优势的民营企业，使得攀钢钒钛产业链在保证现有产品竞争力的前提下，向钛材、钛合金等高端产品结构过渡。

（2）强化横向整合

要避免和其他地区钒钛产业链出现同构，途径之一就是和不同类型的资源产业链进行横向整合,通过资源的综合利用来开发新型产品,实现产品结构差异化。目前攀钢钒钛产业链横向整合局限在攀西地区,整合力度还远远不够。根据钒钛资源的化学特点以及钒钛产业链终端可能延伸到的领域,能横向整合的资源还有铅锌矿、稀土等。由于钒钛和稀土在生产特种钢中都是核心材料,而且钒钛和稀土大多是伴生在其他矿产中,要求有较高的选矿和冶炼技术,而且其下游同样会延伸到合金、塑料等领域;因此可以通过挖掘钒钛和稀土资源提炼技术中的共性,开发同时运用两种资源的产品领域,如稀土钒钛高铬磨球等新兴产品,在两条产业链的下游实现对接。铅锌矿可用于电气、机械、军事、冶金、化学、医药等行业,同样与钒钛资源在下游有重叠的应用领域;因此无论是在技术研发或产品销售上,两条资源产业链都有可能产生交集。

四川省的稀土矿分布在攀西的冕宁、西昌、德昌等地,它们同时也是钒钛资源的富集地;铅锌矿在江油地区有分布,而攀钢在江油设有生产基地,地理位置上的接近为资源产业链间横向整合提供了有利条件。由于四川的铅锌矿和稀土资源都不如钒钛资源优势明显,因此,可以形成以攀钢钒钛产业链为主、铅锌矿和稀土产业链为辅的资源产业集群。此产业集群覆盖了川内以江油、攀枝花、西昌为顶点的狭长三角区域。

(3) 增加侧向整合

攀钢钒钛产业链是依赖丰富的钒钛资源发展起来的,但矿产资源不可再生,要实现可持续发展,攀钢钒钛产业链势必要经历转型。转型的途径之一就是依靠资本驱动来实现侧向整合,走利用资源而不依赖资源的道路。攀钢钒钛产业链上的节点企业应该利用产业链纵向与横向整合所积累的商气、财气、人气来借势整合提供辅助性服务的第三产业。四川省重点发展优势产业链的地区主要集中在东南、西南和东北。除钒钛、稀土产业链外,技术服务也是攀枝花、凉山、甘孜、阿坝重点发展的产业链之一。这为攀钢钒钛产业链在川西地区内部的侧向整合提供了有利条件。除此之外,四川发达的第三产业主要集中在成都、资阳、雅安、南充等地,因此攀钢钒钛产业链也可以跨区域侧向整合:一方面利用现代通信技术与电子化服务加快企业信息系统的改造;另一方面保证第三产业为攀钢钒钛产业链在全国范围内的快速整合提供及时高效的服务。

7.4.5 攀钢系整体上市与产业链整合

(1) 整体上市方案

在攀钢系整体上市之前,由攀钢集团实际控股的上市公司有攀钢钢钒、攀渝钛业和长城股份,其主营业务各有侧重。整体上市就是要实现其中两者的优质资产注入另外一家,将集团公司的主要资产和业务整体改制为股份公司上市,以整体上市为契机在更大的融资平台上整合企业资源。攀钢系的整体上市于2007年下半年开始正式启动,方案主要由三个部分组成:非公开发行股份购买资产、吸收合并攀渝钛业和长城股份、鞍钢集团履行承诺通过现金选择权保证整体上市的顺利实施。攀钢系的整体上市方案如图7-10所示:

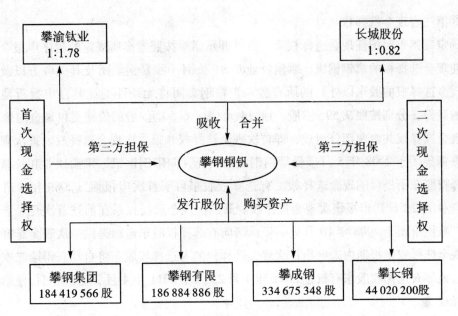

图 7-10　攀钢系整体上市方案

①发行股份购买资产

攀钢钢钒以向攀钢集团及其关联方发行股份作为支付方式购买其与钢铁、钒、钛、矿业等主业相关的经营性资产。股份的发行价格为本次重大资产重组首次董事会决议公告日前二十个交易日攀钢钢钒股票的交易均价——9.59 元/股，购买资产的评估值为 740 714.92 万元。按照发行上限向股份认购方合计发行 7.5 亿股，按照各股份认购方注入资产评估值，攀钢钢钒分别向攀钢集团、攀钢有限、攀成钢和攀长钢发行 184 419 566 股、186 884 886 股、334 675 348 股和 44 020 200 股股份。

②吸收合并攀渝钛业和长城股份

攀钢钢钒采用换股方式吸收合并攀渝钛业和长城股份，换股价格分别为 9.59 元/股和 6.5 元/股。作为对参加换股的攀渝钛业及 ST 长钢股东的风险补偿，在实施换股时给予其 20.79% 的风险溢价。由此确定攀渝钛业及 ST 长钢全体股东所持有的攀渝钛业及 ST 长钢股份分别按照 1∶1.78 和 1∶0.82 的换股比例转换为公司股份。本次换股吸收合并共计新增攀钢钢钒 A 股股份 333 229 329 股和 618 537 440 股。吸收合并完成后，攀渝钛业和长城股份的资产、负债、业务和人员全部进入攀钢钢钒，攀渝钛业和长城股份将注销法人资格。

本次非公开发行和吸收合并完成后，公司的总股本将增至 4 985 201 134 股，其中：攀钢集团持有 278 444 880 股，占总股本的 5.59%；攀钢有限持有 1 753 857 195 股，占总股本的 35.18%；攀成钢持有 334 675 348 股，占总股本的 6.71%；攀长钢持有 374 329 914股，占总股本的 7.51%。

③第三方现金选择权①

确定鞍钢集团担任现金选择权第三方，并承诺对按照方案所规定的程序申报全部或部分行使现金选择权的攀钢钢钒、攀渝钛业及ST长钢（除攀钢集团及其关联方以及承诺不行使现金选择权的股东以外）的所有股东，鞍钢集团将无条件受让其已申报行使现金选择权的股份，分别按照9.59元/股、14.14元/股、6.50元/股的价格支付现金对价。

现金选择权共由两部分组成，即首次现金选择权和第二次现金选择权。首次现金选择权系鞍钢集团于2008年5月接受攀钢钢钒的委托，向攀钢钢钒、攀渝钛业和长城股份的有选择权股东所提供的现金选择权。有选择权股东可于首次申报期（2009年4月9日至2009年4月23日）申报该次现金选择权。第二次现金选择权系在前述首次现金选择权基础上，鞍钢集团于2008年10月进一步承诺向有选择权股东追加提供一次现金选择权，于首次现金选择权申报期内未申报首次现金选择权的有选择权股东将自动获得第二次现金选择权。该等有选择权股东有权于2011年4月25日至2011年4月29日期间行使第二次现金选择权。

（2）整体上市操作过程

表7-1　　　　　　　　　　攀钢系整体上市大事记

时间	事件
2007年11月2日	五届四次董事会审议通过重大资产重组的框架方案
2008年4月11日	国资委原则同意攀钢集团资产整合整体上市的方案
2008年5月9日	鞍钢集团担任攀钢钢钒本次重大资产重组的现金选择权第三方，对按照攀钢钢钒、攀渝钛业及长城股份届时公告的现金选择权方案所规定的程序申报全部或部分行使现金选择权的有选择权股东，鞍钢集团将无条件受让其已申报行使现金选择权的股份并支付相应的现金对价，其现金对价分别为9.59元/股、14.14元/股、6.50元/股。
2008年5月15日	五届十一次董事会审议通过重大资产重组具体方案。
2008年5月17日	强调资产重组的不确定性，这主要来自证监会是否核准、鞍钢集团是否保证履行承诺、攀钢集团及其一致行动人能否取得要约收购攀钢钢钒股份义务的豁免、可能遭遇退市等。
2008年6月23日	相关事项分别获得攀钢钢钒、攀渝钛业和长城股份三家上市公司股东大会批准。
2008年10月24日	鞍钢集团已向公司作出承诺，并将向到现金选择权申报行权期截止日仍未申报行使现金选择权的有选择权股东追加提供一次现金选择权申报行权的权利。据此，于首次申报行权期未申报行权的有选择权股东可以选择自现金选择权方案首次申报行权期截止日起两年后的特定期间第二次申报行权。
2008年10月25日	经中国证监会上市公司并购重组审核委员会审核，公司关于发行股份购买资产、换股吸收合并暨关联交易的申请获得有条件通过。

---

① 现金选择权是鞍钢赋予攀钢钢钒、攀渝钛业及ST长钢股东的一种类似期权的权利：投资者既可以选择转换股份，也可以选择不转换股份。若不转换，鞍钢将按照规定价格，以支付现金的方式受让其股份。

表 7 - 1（续）

2008 年 12 月 26 日	于 2008 年 12 月 25 日收到证监会批复，核准该公司向攀钢集团发行184 419 566 股，向攀钢有限发行 186 884 886 股，向攀成钢发行 334 675 348 股，向攀长钢发行 44 020 200 股股份购买相关资产。核准本公司以新增333 229 328 股股份吸收合并攀渝钛业，以新增 618 537 439 股股份吸收合并长城股份。同时，核准豁免攀钢集团、攀钢有限、攀成钢、攀长钢因以资产认购该公司本次发行的股份，以及因该公司新增股份吸收合并攀渝钛业和长城股份而持有本公司 2 741 307 337 股，导致攀枝花钢铁（集团）公司及其一致行动人合计持有本公司47.7% 的股份而应履行的要约收购义务。
2009 年 4 月 3 日	现金选择权由首次现金选择权和第二次现金选择权组成。首次现金选择权系鞍钢集团于 2008 年 5 月接受攀钢钢钒的委托，向攀钢钢钒、攀渝钛业和长城股份有选择权股东所提供的现金选择权。有选择权股东可于首次申报期（2009 年 4 月 9 日至 2009 年 4 月 23 日）申报该现金选择权。第二次现金选择权系在前述首次现金选择权的基础上，鞍钢集团于 2008 年 10 月进一步承诺向有选择权股东追加提供一次现金选择权权利，于首次现金选择权申报期内未申报首次现金选择权的有选择权股东将自动获得第二次现金选择权，该等有选择权股东有权于 2011 年 4 月 25 日至 2011 年 4 月 29 日期间行使第二次现金选择权。
2009 年 4 月 24 日	三家上市公司股票将自 2009 年 4 月 24 日起停牌，攀钢钢钒股票将在完成后续首次现金选择权股份过户及资金清算、第二次现金选择权派发及换股吸收合并后恢复交易。
2009 年 4 月 28 日	截至 2009 年 4 月 23 日下午 3 点，共计 2 633 478 股攀钢钢钒股份、0 股攀渝钛业股份及 7 701 股长城股份申报行使现金选择权，相关资金清算及股份过户事宜已于 2009 年 4 月 27 日完成。首次现金选择权实施完成及第二次现金选择权派发完成后，攀渝钛业及长城股份分别按照 1.78 及 0.82 的转股比例转为了攀钢钢钒股份。2009 年 4 月 28 日，公司在中国证券登记结算公司深圳分公司办理了新增股份的登记过户手续。本次换股吸收合并攀渝钛业新增公司股份 333 229 328 股，换股吸收合并长城股份新增公司股份 618 537 439 股。

（3）整体上市动因

根据攀钢系上市公司的公开报告，攀钢系整体上市的原因主要基于以下几个方面：（1）矿山、焦化、运输、配件服务等生产工序及电等能源供应尚保留在攀钢集团内部，公司的一体化经营水平有待进一步提高；（2）攀钢集团内部各主业资产分立于不同的公司，内部资产业务架构复杂，主营业务分割严重，不能形成有效的协同效应，降低了企业的运营管理效率和经济效益；（3）攀钢钢钒作为攀钢集团下属资产规模最大的上市公司与攀钢集团下属其他两家上市公司及各下属单位之间均存在不同程度的同业竞争和关联交易问题，公司运作的规范性及独立性有待进一步加强。因此，公司亟须通过业务和资产的整合和管理流程再造，对钢铁、钒、钛和矿产资源各产业链进行有效整合，提升公司的核心竞争能力和可持续发展能力。

（4）整体上市与产业链整合

根据攀钢系上市公司的公开报告，整体上市后，随着集团矿产资源的注入及公司现有矿产资源的陆续投产，公司的资源储备将得以加强，资源优势将得以凸显。依托公司独特的攀西地区区位优势及国内独一无二的钒钛磁铁矿资源大规模综合利用的核心技术，公司的核心竞争能力将得以大幅度提升，形成以丰富矿产资源为基础的钢铁、钒、钛三大业务板块齐头并进的产业布局，并将形成以高速铁路用钢轨为代表的大型材系列，以 IF 钢板、汽车大梁板、高强度深冲镀锌板、GL 板等冷热轧板为代表的板材系列，以三氧化二钒、高钒铁、氮化钒、钛白粉为代表的钒钛系列，以优质无缝钢管为代表的管材系列，以高温合金、模具钢为代表的特殊钢系列和优质建筑钢材等六大系列标志性产品。通过本次交易，公司将整合攀钢集团内部钢铁产业链，使产品结构得以丰富，钢铁主业得以加强；钒钛业务整体进入上市公司，可以充分发挥公司的钒钛磁铁矿资源储备优势及综合利用优势，获得更好的发展平台；通过建立统一的运营管理体系，各业务板块之间、产业链各环节之间的协同效应可得到充分发挥，提高公司的一体化管理水平。同时，公司的资产规模、盈利水平均得到明显提升，运作进一步规范，未来发展空间得到进一步拓展，将逐步发展成国内外具有较强竞争力的现代化大型钒钛钢铁企业。

攀钢集团依托资本与知识驱动的产业链整合，已经把钒钛产业链的布点延伸到了重庆和辽宁等地，产品市场的资源得到了一定程度上的有效配置。但是资本市场的融资来源却分散于三个主营业务侧重点不同、相对独立的上市公司，这种分而治之的管理成本高，资源综合配置效率低，导致产业链的整合策略在产品市场和资本市场上不匹配。整体上市作为资本运作的手段之一，通过把分别以钛业和钢铁作为优势产业的攀渝钛业和长城股份吸收合并进入攀钢钢钒，使得攀钢集团的钢铁、钒业、钛业产业链实现了链间的横向对接，避免了产业链分离以及大量的关联交易等问题，优化了治理结构。同时，融资平台的扩大使攀钢集团资本运作的实力进一步增强，为产业链的横向和侧向整合提供了驱动力。因此，攀钢系的整体上市不仅仅是一项和公司治理有关的财务决策，同时也是关系到企业未来发展方向的产业竞争决策，攀钢系的整体上市将推动资本驱动的攀钢钒钛产业链整合历程。

产业链作为资源整合机制的观点突破了现有研究将产业链理解为企业之间链式关系以及产业层面纵向一体化的局限，产业链本质的演化就此扩展为"过程—集合—组织—机制"的序列。交易费用理论、企业资源理论、核心能力理论、演化经济学理论、知识和信息观理论都从不同的角度对企业性质进行了探索，但是至今没有形成统一的研究范式。而产业链关于资源整合空间的拓展为重新认识企业性质提供了新的视角，从更为贴近现实的角度解释了在外部环境快速变化背景下的企业竞争行为。竞争力能否持续取决于企业对资源的控制能力，而产业链正是实现企业能力与外部资源内在统一的机制。同时，资本与知识驱动的产业链整合为我国企业跨区域配置资源提供了思路。特别是核心企业必须发挥主导作用，按照产业链内在逻辑所决定的价值流向，借助资本与知识的驱动，整合企业内外资源，构建一种利益共享、相互融合的非垄断产业优化结构，实现要素之间的和谐互动，从而在争夺全球资源的激烈竞争中处于有利地位。

本章参考文献

[1] MICHAEL E PORTER. Competitive Advantage [M]. New York：Free Press，1985.

[2] HOULIHAN, JOHN B. International Supply Chain Management [J]. International Executive, 1985, 27 (3).

[3] JEFFREY S HARRISON, ERNEST H HALL, RAJENDRA NARGUNDKAR. Resource Allocation as an Outcropping of Strategic Consistency：Performance Implications [J]. Academy of Management Journal, 1993, 36 (5).

[4] WILLIAMS ZACHARY, MOORE ROBERT. Supply Chain Relationships and Information Capabilities：The Creation and Use of Information Power [J]. International Journal of Physical Distribution & Logistics Management, 2007, 37 (6).

[5] 刘贵富，赵英才. 产业链：内涵、特性及其表现形式 [J]. 财经理论与实践，2006 (5).

[6] 刘贵富. 产业链的基本内涵研究 [J]. 工业技术经济，2007，(8).

[7] 吴金明，邵昶. 产业链形成机制研究——"4+4+4"模型 [J]. 中国工业经济，2006 (4).

[8] 芮明杰，刘明宇，任江波. 论产业链整合 [M]. 上海：复旦大学出版社，2006.

[9] 于立宏，郁义鸿. 基于产业链效率的煤电纵向规制模式研究 [J]. 中国工业经济，2006 (6).

[10] 陈文晖. 我国软件产业链：国际借鉴、存在问题与培育对策 [J]. 中国工业经济，2002 (11).

[11] 郁义鸿. 产业链类型与产业链效率基准 [J]. 中国工业经济，2005 (11).

[12] 邵昶，李健. 产业链"波粒二象性"研究——论产业链的特性、结构及其整合 [J]. 中国工业经济，2007 (9).

[13] 伊·普利高津，伊·斯唐热. 从混沌到有序 [M]. 上海：上海译文出版社，1987.

[14] 张平. 技术战略选择与攀西钒钛资源可持续开发利用 [J]. 矿产综合利用，2004 (10)：28-32.

[15] 朱胜友，陈亚非，胡鸿飞. 攀钢钛工业现状及其发展 [J]. 钛工业进展，2001 (5)：6-10.

8 资源企业跨国并购战略管理

在金融危机影响不断蔓延、国际资源价格处于较低水平的宏观背景下，资源企业的跨国并购为我国实现新型工业化提供了可行的资源战略选择。资源企业跨国并购是以获得资源控制权和定价话语权为目标，在资本驱动下的产业链空间整合，是关于人与自然的文化在海外的交流。但是在进行跨国并购决策时，并购能力与并购风险是资源企业必须谨慎论证的重要因素。本章从全球金融危机和我国工业化发展的资源约束背景入手，说明我国资源企业跨国并购的责任和机遇；通过对资源价格波动及定价权的理论分析，阐明我国资源企业跨国并购动机、对象选择及风险处理策略，并以中铝注资力拓为案例，进行财务能力与并购风险的剖析，指出我国资源企业跨国并购应注重并购战略的制定，积极分析和规避并购风险，加强跨国并购经验的学习和人才培养。

8.1 资源企业跨国并购的背景分析

8.1.1 全球金融危机下的跨国并购机遇分析

并购（Merger and Acquisition，M&A）指的是企业之间的合并或兼并，其动机是企业战略的落实，其实质是社会资源的重新配置。[1]早在100多年前，美国最早出现了公司并购现象，当时的并购仅限于国内企业。直到第二次世界大战以后，随着世界经济联系的逐渐增强，并购开始在不同国家的企业之间展开。20世纪60年代以后，跨国并购手段被广泛应用。跨国并购（Cross - border Merger & Acquisitions）是指一国企业出于某种目的，通过一定的渠道、手段和方式，对另一国企业的整个资产或足以行使经营权的资产份额进行购买或实行控制的行为。实现并购的支付手段包括现金支付、从金融机构贷款、以股换股和发行债券等方式。[2]由于跨国并购涉及两个或两个以上国家的企业及其在国际间的经济活动，因而它的内涵及其对经济发展的影响也与一般的企业并购不同。从公司并购的周期性分析（如表8-1）以及经济发展的历史进程来看，跨国并购是在企业国内并购的基础上发展起来的，是企业国内并购在世界经济一体化进程中的跨国延伸。

表 8 - 1   五次并购浪潮的基本情况

	发生时间	主要方式	主要行业	重要特征	直接结果
第一次	1897—1904 年	横向并购 国内并购	钢铁、石油、化工、机械等	78.3% 为横向并购	企业规模迅速扩大,获得较强的垄断地位
第二次	1921—1933 年	纵向并购 国内并购	钢铁、石油、汽车、化学、电器工业等	控股公司制和投资银行起到较大作用	促进生产力的整合和发展,提高工业效率
第三次	1965—1969 年	混合并购 国内并购	制造业、军工综合体、传播	出现大量跨行业并购	提高风险抵御能力,使公司保持平稳业绩
第四次	1981—1989 年	中心型并购 跨国并购	石油、石化、医药和医疗设备、航空和银行业	杠杆收购和敌意收购增加,跨国收购兴起	经济全球化趋势加剧
第五次	1992—2000 年	水平并购 跨国并购	传播、金融、广播、计算机软件及设备、石油	跨国并购趋势突显,政府作用明显上升	全球经济趋于一体化

资料来源:作者根据朱宝宪的《公司并购与重组》和赵伟的《跨国并购与"走出去"战略》整理。

朱宝宪(2006)在进行并购阶段划分时认为,受到 20 世纪末亚洲金融危机的影响,全球并购数量和并购金额的下降,标志着第五次并购浪潮已经结束(如表 8 - 1)。[1] 但进入本世纪,全球经济一体化趋势不断增强,世界各地的企业并购数量和并购金额,尤其是跨国并购活动并没有减弱的趋势,因此,我们可以认为第五次并购浪潮一直延续至今并将继续发展。

自 20 世纪 30 年代大萧条以来,历次主要的金融危机对全球经济造成了巨大的损失。20 世纪 80 年代爆发的美国储贷银行危机和 90 年代的三次全球金融危机(欧洲货币危机、墨西哥比索贬值、亚洲金融危机),从局部爆发并迅速扩散到世界范围,对全球经济的影响极为突出。历次危机中,许多企业经营陷入困境,面临破产和倒闭,但众多大型跨国企业也在危机中寻找到发展壮大的机会。

2007 年 4 月,随着美国新世界金融公司申请破产,美国次贷危机正式爆发。2008 年 9 月以后,包括雷曼兄弟在内的诸多银行、金融机构以及制造型企业破产倒闭,美国金融危机的影响突然增强,这场危机迅速演变成一场席卷全球的金融危机。伴随着金融市场的进一步恶化,各国实体经济也遭受了不同程度的重创,其中,发达国家遭受的侵袭更加严重。

此次危机的影响时间及范围,到目前为止还无法确切地估计;但是可以肯定的是,这次危机将是历次金融危机中最为严重的一次,也将是造成损失最大的一次。自 2001 年底,中国成为世界贸易组织成员以来,我国经济在世界经济中的地位迅速增强,此次金融危机对我国金融及实体经济也造成了沉重的打击。此次全球金融危机对我国出口制造业的影响首当其冲,国外订单数量纷纷下降,出口商品价格大幅下跌,企业产品大量积压,利润下滑趋势显著，企业裁员或倒闭之声不绝于耳。

2008年全球并购交易总值已较上年同期下降30%，全年并购交易总金额为2.9万亿美元。① 2009年伊始，全球经济并没有明显升温的迹象，全球金融市场持续动荡的态势给企业信贷和杠杆收购融资带来前所未有的困难，全球并购交易额将进一步下降。但是，经济周期的低谷也是并购频发的时期。目前，百年汽车品牌——美国通用正在破产保护程序下，剥离其非核心品牌以实现重组；世界第三大多元化矿业公司——力拓集团也出现巨大的偿债压力。在经济危机背景下，众多经营稳健、拥有可持续现金流的企业有了以较低成本扩张企业规模和业务范围的大好机会。

8.1.2 工业化进程与矿产资源需求分析

中国特色的工业化一直是我国经济发展的主题。新型工业化是建立在原有工业化的基础之上，在顺应全球化、信息化的发展新背景下提出的，是新世纪我国经济建设的必然选择。我国工业化已经逐步迈入中后期发展阶段，正处于资源消耗较多的重化工业高速发展的时期，这一发展过程是我国现代工业发展必须面对且难以逾越的阶段。西方发达国家工业化的历史证明，工业化离不开对自然资源的大规模消耗，但是我国的人均资源占有量严重不足，资源利用效率相对低下，资源需求增长过快，矿产资源的对外依存度较高，这不仅制约了我国经济的发展，也对国家战略安全构成了威胁。研究表明：由于矿物资源（包括化石能源）的制约，我国经济增长付出了2~4个百分点（GDP）的代价。[3]

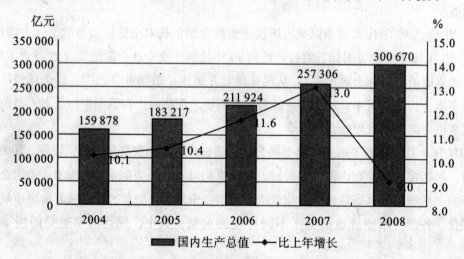

图8-1 2004—2008年国内生产总值和增长速度

资料来源：作者根据中国国家统计局的数据整理。

如图8-1所示，从2004年至2008年，我国国内生产总值持续增长，增速不断提高。

① 2008年环球并购交易额减近三成 [EB/OL]. http：//finance. sina. com. cn/roll/20090106/10162610340. shtml.

据国家统计局初步核算，2008 年全年国内生产总值达到 300 670 亿元，比上年增长 9.0%，增速略有下降。分产业看，第一产业增加值为 34 000 亿元，增长 5.5%；第二产业增加值为 146 183 亿元，增长 9.3%；第三产业增加值为 120 487 亿元，增长 9.5%。第一产业、第二产业、第三产业增加值分别占国内生产总值的比重为 11.3%、48.6%、40.1%。

我国工业化进程逐渐加快，对金属和非金属矿产资源的需求也在日益增加。对于金属矿产资源而言，以铁矿石为例，2008 年，国内铁矿石 8.24 亿吨的产量已无法满足我国经济发展的需要，进口铁矿石数量继续平稳增长。2008 年从海外进口铁矿石 4.44 亿吨，较 2007 年同期增加 5 999 万吨，增幅为 15.64%，平均进口价格为 133.50 美元/吨。①澳大利亚、印度、巴西、南非依然是我国铁矿石的主要进口国。其中从澳大利亚进口的数量最大，2008 年从该国进口铁矿石数量为 18 336.13 万吨，同比增长 25.9%，占进口总量的41.33%；从巴西进口铁矿石的数量居第二位，共进口铁矿石 10 062.14 万吨，同比增长 3.1%，占进口总量的 22.68%；从印度和南非分别进口铁矿石 9 099.61 万吨和 1 433.93 万吨，各占进口总量的 20.51% 和 3.23%，如图 8-2 所示。

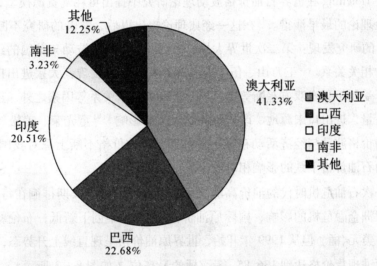

图 8-2　2008 年我国进口铁矿石的主要来源

资料来源：作者根据中国海关总署的数据整理。

对于非金属矿产而言，以原油为例，由于近几年中国经济的快速发展，对于原油的需求量在逐年上升。统计数据显示，2008 年我国全年成品油消费 20 494 万吨，同比增长 10.2%；全年累计生产原油 18 973 万吨，同比增长 2.3%；全年进口原油 17 888 万吨，增长 9.6%；全年进口成品油 3 885 万吨，同比增加 506 万吨。消费对外依存度达到 49.8%，比上年提高 1.4 个百分点。②

---

① 数据来源于中国海关总署，此价格为全年的铁矿石到岸价格（CIF）的平均值。
② 生产消费数据来自中国国家统计局，进口数据来自中国海关总署。

随着全球经济的持续滑坡，全球矿产资源的需求锐减，矿产品价格大幅度下跌，很多矿业企业资金链吃紧。全球金融危机导致矿产资源类企业估值较低，为我国资源企业的海外扩张创造了良好的机会。此外，我国对于石油、铁矿石等资源的需求仍然很大程度依赖于进口；因此，借此机会扩大海外石油及矿石储量，对我国资源行业的长远发展具有重要意义。

8.2　我国资源企业跨国并购需求与风险分析

8.2.1　资源价格波动风险及定价权分析

世界经济的高速增长加剧了对能源和矿产等原材料的需求，带动了能源、原材料价格的大幅度上涨。虽然全球金融危机的蔓延使得世界经济增长速度放缓，导致以石油为代表的能源及原材料资源价格大幅降低；但是，跨国资源企业通过大规模扩张，进一步控制全球资源市场、能源及矿产资源价格的趋势不会改变。

1931 年，Hotelling 在世界石油价格波动理论研究中提出可耗竭资源模型，这是对资源价格波动风险理论的最早涉猎。[4]在这一经典理论提出以后，学者的研究不断深入。Hamilton（1983）的研究发现：第二次世界大战以后国际石油价格波动与美国的经济活动之间存在着显著的相关关系。[5]王万山、伍士安（2006）的研究发现：大宗进出口物资国际价格的形成除了受制于买卖双方垄断势力、国际市场的供求关系等因素之外，还受到期货市场、资源储备量、进出口来源地、政府服务等因素的影响。[6]童光荣、姜松（2008）的研究发现：石油价格波动与经济活动存在不对称性，石油价格不断上涨对我国 GDP 具有很强的影响，而石油价格下跌的影响相对较小。[7]

经过第一次石油危机时代的油价高涨之后，世界原油价格长期徘徊在每桶 15～20 美元之间。受亚洲金融危机的影响，国际原油价格在 1998 年创下新低，布伦特原油现货价格仅为 12.72 美元/桶。但从 1999 年开始，世界原油价格呈现直线上升势态；到 2008 年 7 月，布伦特原油现货价格达到 136.85 美元/桶的最高位（如图 8-3 所示），比 1998 年上涨近 10.76 倍。

定价权研究的是全球市场上商品交易价格由谁确定的问题。"在经济学研究中，定价权的问题被认为是发展经济学的研究范畴，它是指在日趋全球化的现代经济中的价格是如何决定的问题。"[8]梅新育（2005）的研究指出，完全竞争的市场上不需要定价权问题，定价权只能存在于完全垄断或垄断竞争的市场上；无论买方还是卖方，具有垄断地位的一方掌握着定价的主动权，而高度分散的一方只能被动地接受。[9]

国内学者通过对世界资源定价权理论的研究，以及对我国大宗物资进口形势的分析之后，认为我国进口资源国际定价权的缺失存在以下原因：期货市场不发达、缺乏国际市场定价中心、资源产品市场垄断和缺乏风险防范机制。[6]同时，提出了一些我国争取国际定

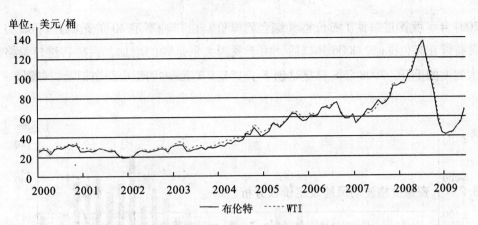

单位：美元/桶

图 8-3 2000 年 1 月—2009 年 6 月原油现货价格走势

资料来源：作者根据国研网数据库中原油普氏现货报价整理。

价权的战略建议：建立大宗进口物资价格调控政策体系、发展期货市场、建立和扩大紧缺性的能源和原材料储备、建立谈判协同机制等；[6]加强国内资源的保护和合理利用，优化能源结构，大力开展资源节约型新技术、新设备和新产品的推广应用，正确定位我国未来长期可持续发展的海外资源战略蓝图。[10]

以铁矿石定价权为例，世界铁矿石交易主要采取长期协议合同和现货交易两种方式。世界铁矿石进口大国一般都采用长期协议合同交易，以获得长期稳定的铁矿石供应，长期协议价格由供求双方一年一议。其协议价格的波动不仅体现了国际铁矿石供需关系的变化，而且进一步反映出了国际铁矿石市场上买卖双方的谈判和议价能力以及国际资源定价话语权的差异。表 8-2 反映出近年来亚洲进口铁矿石谈判价格不断飙升的趋势。

表 8-2　　　　　　　　　　　亚洲历年国际铁矿石谈判结果

	品种	2008 年		2007 年	2006 年	2005 年	2004 年	2003 年
		价格	涨幅%	涨幅%	涨幅%	涨幅%	涨幅%	涨幅%
CVRD-New-Tubarao	块矿	1.556 3	65.0	9.5	19.0	71.5	18.6	8.8
CVRD-Carajas	粉矿	1.251 7	71.0	9.5	19.0	71.5	18.6	8.90
CVRD-SSF 南部	粉矿	1.189 8	65.0	9.5	19.0	71.5	18.6	8.9
CVRD-BF	球团	220.2	86.67	9.5	-3.0	92.6	19.0	9.8
BHP-Nevman	粉矿	1.446 6	79.88	9.5	19.0	71.5	18.6	8.9
BHP-Nevman	块矿	2.016 9	96.50	9.5	19.0	71.5	18.6	8.9
RIO-Yandi	粉矿	1.446 6	79.88	9.5	19.0	71.5	18.6	8.9
RIO-Hamersley	粉矿	1.446 6	79.88	9.5	19.0	71.5	18.6	8.9
RIO-Hamersley	块矿	2.016 9	96.50	9.5	19.0	71.5	18.6	8.9
RIO-RobeRiver	粉矿	115.32	79.88	9.5	19.0	71.5	18.6	8.9
RIO-RobeRiver	块矿	160.54	96.50	9.5	19.0	71.5	18.6	8.9

注：仅列出 2008 年的谈判价格作为参考。单位：美元/干公吨度，干公吨度（DMTU）是指铁矿粉在 105 摄氏度下，水分被蒸发掉后的净重。

资料来源：中华商务网，www.chinaccm.com。

2004 年，我国进口铁矿石价格（综合到岸价）由每吨不足 40 美元飙升到 60 美元以上，并持续在高位徘徊。2006 年以后，由于我国大宗采购的增加，铁矿石进口价格出现了较大幅度的上升，2008 年 8 月更是创下了 154.4 美元/吨的历史最高记录，如图 8－4 所示。

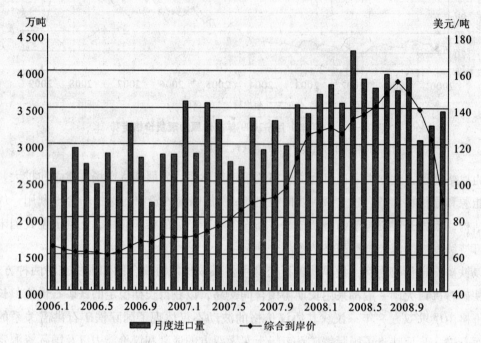

图 8－4　2006—2008 年我国按月进口铁矿石量和价格

资料来源：作者根据中国钢铁工业协会的数据整理。

2008 年 2 月，中国宝钢与国际几大矿山达成谈判协议价格，结果是相比 2007 年上涨 79.88%，对我国钢铁行业造成了严重的影响。但金融危机的加剧引起全球铁矿石需求的下降，7 月份以后铁矿石市场价格急速下跌，铁矿石的进口价格在年底跌至每吨 90 美元以下。可见，国际铁矿石市场存在显著的价格波动风险，而我国钢铁企业在国际铁矿石谈判中又缺少话语权，这给我国钢铁行业的发展及国民经济增长带来了很大的不确定性。

钢铁产业链具有很强的关联效应和价格传导机制，产业链内部价格波动表现出显著的趋同性。上游铁矿石价格的波动，将推动中游企业产成品的价格波动，进而导致下游消费品市场的价格变化。反之，下游市场需求的增加将会驱动产业链中上游市场的繁荣，并引起上游铁矿石价格的上涨。图 8－5 通过产业链上下游企业之间利益与需求的传导方式，对比中日矿业企业的产业特点，列示出了铁矿石价格波动的部分成因，阐明铁矿石长期协议谈判中定价话语权的形成机制。

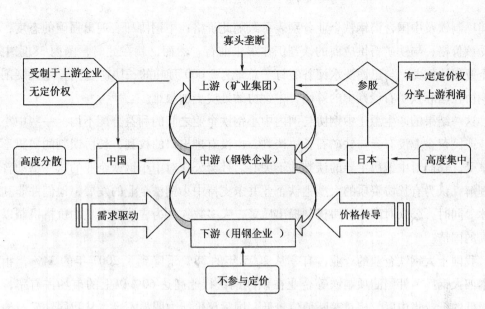

图 8 - 5　铁矿石价格波动与定价权分析

处于钢铁产业链下游的企业，如汽车制造、建筑、铁路企业等，对产业链上游具有价格传导和需求驱动的作用，但是它们并不直接参与国际铁矿石谈判，谈判仅仅集中在上游矿业集团与中游钢铁企业之间。三大铁矿石供应商控制着全球 70% 的海运铁矿石，属于典型的寡头垄断，对国际铁矿石价格有较强的话语权。铁矿石的消费市场主要集中在亚洲和欧洲。其中，中国消费了全球海运铁矿石的 52%，而日本的进口量也占到了 12.3%。近年来，国际铁矿石谈判一直遵循惯例，即若供需双方中任何一对率先达成"首发价格"，则其他各方均无条件接受。从表面上看，中日钢铁企业在铁矿石进口价格上所受的待遇没有差别。然而，在与国际矿业巨头的对峙中，中日钢铁企业却处于完全不同的境遇。

首先，贫乏的自然资源禀赋使日本钢铁产业几乎完全依赖进口，比中国钢铁企业对海外资源的需求更加强烈。它们更早地关注海外矿产资源的开发，逐渐在海外矿山中占有股份。进口铁矿石价格的上涨会增加钢铁企业的原材料成本，但日本钢铁企业可以从海外上游矿山经营中获得额外的利润，能够比中国钢铁企业较为从容地面对涨价。其次，日本五大钢铁企业的国内市场占有率高达 75% 以上，并依靠在上游矿山中的股权，在铁矿石谈判中具有一定的话语权。而中国的钢铁产业集中度在 2008 年仅为 42.5%，加之中央企业与中小钢铁企业之间的利益不均，国内钢铁企业共进退的战略联盟无法实现，在国际铁矿石谈判中几乎没有话语权。

2009 年 5 月 26 日，力拓公司（Rio Tinto）与日本新日铁公司达成一致，在 2008 年的基础上降价 35%。其中，粉矿、块矿将分别降价 32.95% 和 44.47%，但这一价格远低于中钢协所期望的矿价回到 2007 年水平或不少于 40% 降幅的预期。首发价格确定以来，韩国浦项制铁及中国台湾钢铁企业分别表示跟随此价格；中钢协却表现出强硬的态度，拒不接受该价格，与铁矿石供应商的谈判仍在艰难前行。然而，就在此时，国内38家中小钢铁企业集体倒戈，与巴西淡水河谷签订了总量为5 000万吨的长协矿合同；这无疑削弱了中钢协在国际铁矿石谈判中的筹码，中钢协的处境更加艰难。

这一结果的产生源于中钢协与国内中小钢铁企业之间的利益分配不均。一些中小钢铁企业或民营企业没有参与铁矿石长协谈判，也没有进出口的权利，长协谈判的实惠不能被其享受，它们对中钢协主导的谈判并不关心。社会公众对中小钢铁企业的这一举动普遍表示理解，认为有长协资质的大型钢铁企业并未支持中小钢铁企业的发展，他们并非利益共同体。同时，公众对国际长协机制提出质疑，大多数人认为应该建立新的价格机制以适应我国的国情。[①]

我国十大钢铁企业的产业占有率从2005年的38%下降到了2007年的34%；相对于日本四大钢厂、韩国浦项制铁等企业在该国钢铁行业高达60%以上的市场占有率，表现出极低的行业集中度，相对垄断地位较低，国际议价能力明显不足。从我国铁矿石谈判的现状，不难发现我国钢铁产业布局存在的缺陷以及成因，如图8-6所示。

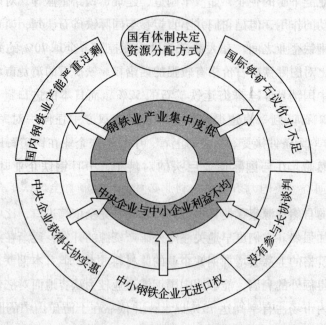

图8-6　中国钢铁产业布局缺陷

---

① 搜狐财经铁矿石谈判专题对中小钢铁企业长协"倒戈"事件进行了在线调查。截至2009年7月15日，参与投票的20 536名网友中，除少数网友持中立态度外，有52.20%的网友认为中小钢铁企业的这一举动可以理解，有长协资质的大型钢铁企业并未支持中小钢铁企业的发展，它们无共同利益。另有42.64%的网友认为中小钢铁企业应以"共同利益"为重。53.79%的网友认为长协体制不符合我国国情，应该建立新的价格机制，这一比例明显高于35.44%的认可率。

此外，在大宗商品的国际贸易中，交易价格主要参考几家权威商品交易所的期货价格。对世界原油贸易价格最具影响力的是纽约商品交易所（NYMEX）的WTI原油期价和伦敦国际石油交易所（IPE）的Brent原油期价；美国芝加哥期货交易所（CBOT）的大豆期货价格是全球大豆生产商和经销商的定价标准；天然橡胶的定价主要参考日本东京工业品交易所（TOCOM）和上海期货交易所的天胶期价；伦敦金属交易所（LME）的三月铜是国际铜市的定价基准，其次是上海期货交易所和纽约商业交易所的期铜价格。①

8.2.2 跨国并购动机分析

经济全球化趋势不断加强是当今世界经济发展的主要特征。经济全球化所带来的益处是能够实现资源在世界范围内的优化配置，但同时也使得国际社会对资源的争夺更加激烈。

近年来，世界大型资源企业为了增强产业竞争力，强化资源优势互补效应，扩大全球市场份额，纷纷利用资本运营等手段大力开展国际间收购、兼并活动。从世界铝资源行业来看，大型铝业集团之间的世界霸主地位角逐更是风起云涌。2006年10月，全球第三大、俄罗斯最大的铝业公司——俄罗斯铝业公司（Rusal）收购俄罗斯第二大的西伯利亚乌拉尔铝业公司（Sual）和瑞士的嘉能可国际公司（Glencore International）的氧化铝资产，组建成为铝业巨型航母——俄罗斯铝业联合公司（UCRusal），达到年产400万吨铝和1 100万吨氧化铝的生产能力，并将原先排名全球第一、第二的美国铝业公司（Alcoa）和加拿大铝业公司（Alcan）抛在身后。2007年7月，澳大利亚力拓（Rio Tinto）斥资381亿美元成功收购加拿大铝业集团（Alcan Inc.），超过UCRusal成为全球最大的铝生产商。从近年全球铝业并购案例来看，世界各大铝业公司最为关注的是铝土矿资源的开采，以及对世界各地优质铝土矿资源的进一步控制。而在世界铁矿石市场上，全球三大矿业巨头——巴西淡水河谷、英国力拓和澳大利亚必和必拓控制着全球铁矿石出口市场的70%以上，形成了明显的寡头垄断格局。

经过近几次的并购浪潮，全球矿业集中度进一步提高，跨国矿业公司规模逐步扩张，对全球矿产资源市场的控制能力增强，并主宰了矿业市场和矿产品价格。

Brouthers、van Hastenburg、van den Ven（1998）的研究指出企业并购动机可以分为三类：经济的动机、私人的动机以及战略的动机。[11] 但是Buckley和Ghauri（2002）认为上述三点并不能完全解释跨国并购的动机，他们进一步提出了一个解释跨国并购动机的理论框架。在这个框架中，将跨国兼并的战略动机与比较优势的来源结合分析，如表8-3所示。[12]

① 轶名. 谁控制了期货市场，谁就拥有了定价权 [J]. 中国经济周刊, 2006 (22)：18.

表 8 - 3 跨国兼并的动机

战略目标	国家差异	规模经济	范围经济
达到现有业务的效率	从工资成本和资本成本的差异中获取收益	拓展并开发潜在的规模经济	在产品之间、市场之间以及业务间分享投资与成本
风险管理	管理各种风险，这些风险来自市场或者政策引导的不同国家比较优势的变革	用战略弹性与经营弹性来平衡规模	通过投资组合多样化分散风险，创造期权与投资观点
创新的学习和应用	学习组织与管理过程中的社会差异	从经验成本的减少和创新中获取收益	在不同产品、不同市场或者不同业务的组织元素间进行分享式学习

资料来源：胡峰. 跨国并购政策协调 ［M］. 上海：上海交通大学出版社，2007：167.

　　Buckley 和 Ghauri 的框架表明，跨国并购中公司间的国家差异使得公司有能力把经营转移到最低成本的国家，并增强了公司处理市场变革或者政府方针变革的能力，也提高了公司对其他国家文化相关的优势进行学习与适应的能力。这个框架进一步指出，跨国并购带来的规模经济能够使价值链中的活动更加有效率，同时也带来了将规模与灵活性相平衡的需要，并且从经验曲线中可以获取利益。[12]

　　随着全球经济一体化的发展，企业跨国并购的广泛性和重要性日渐突显，对这一领域的研究也日益增多。公司并购的目的实际上是多种多样的，在经典并购理论中将并购的具体目的归纳为三类：通过实现规模效应以降低成本获得效益的并购；通过扩大市场份额以增加效益的并购；实现多元化经营，迅速进入新领域以获得收益的并购。[1]

　　我国大型企业已经发展到相当的规模，在资本和管理等方面都有了进入全球市场的能力。充分利用全球比较优势开拓国际市场，提高全球竞争力，成为我国大型企业进一步发展的重要目标。我国企业通过跨国并购不仅能够增加产品或者增大市场、更快捷和有效地加强研发力量、消化过剩的生产能力、进行行业整合、建立起新的组织、收购瓶颈资源、占有核心技术、增加持股价值、提高规模经济和协同效应、获得避税优惠等，还将为我国企业深入拓展全球市场创造大好商机。[12]

　　我国资源企业拥有广阔的国内市场和极大的发展空间，其产能和技术的发展也已具备相当的水平，但对上游资源的控制十分有限，原材料绝大部分依靠进口。因此，对产业链上游石油等矿产资源的国际整合，成为我国资源企业"走出去"的重要原因和必然选择。我国资源企业的海外投资主要集中在产业链上游的油气资源或矿山资产上，且跨国并购的对象一般为拥有丰富资源储量的资源企业。

　　资源的充分供给是各国经济发展的必要保证。虽然我国自然资源较为丰富，但是油气、铁矿石等资源的国内产量，已经难以满足我国经济高速发展的需求。资源瓶颈不仅制约我国经济的发展，也将威胁到国家战略安全。我国资源企业尤其是关乎国家经济命脉的石油企业等都属于国家垄断，在一定程度上代表着国家利益，其海外发展具有一定的特殊意义。在我国资源企业的跨国并购中，国有企业担当着主力军的角色；其跨国并购不仅仅出于经济的考虑，也有着国家利益和战略安全的动因。

8.2.3 跨国并购风险矩阵分析

国际知名企业的成长过程都伴随着大量的兼并重组活动，而大规模的跨国并购更是开拓了其全球扩张之路。国内外研究普遍表明，并购活动中存在着很高的失败风险。Ha-beck、Kroger、Tram（2000）的研究表明，并购前的失败风险为30%，谈判和交易阶段的失败风险为17%，并购完成之后存在高达53%的失败风险。[13] 由于跨国并购比国内并购面临更多的不可控因素，因此潜在的风险因素数量更多且更复杂。从国内外并购案例的分析来看，跨国并购主要存在以下几个方面的风险：政治风险、法律风险、财务风险、文化及宗教风险等。冉宗荣（2006）从并购战略上将并购风险归纳为四大类：一是产业的选择风险；二是东道国的政治体制、法律、工会、文化风险以及来自第三国的干涉；三是资本融合风险；四是并购后的整合风险。[14]

2003年以后，我国企业海外直接投资的步伐不断加快，尤其是油气等矿产资源行业的海外投资增幅较大。但是由于我国企业涉足全球市场的时间还相对较短，海外经营的经验尚不足，跨国并购面临诸多挑战。与西方国家企业之间强强联合式的合并方式不同，我国企业跨国并购的对象往往是被大公司剥离的资产、某些并不成熟的资源、出现亏损或者盈利能力不强甚至经营明显下滑的业务，存在着很大的并购整合风险。在经济危机背景下，我国企业开展跨国并购的诱惑逐渐增多，理性的长期战略选择可以帮助企业控制跨国并购风险。因此，交易前的综合并购风险分析必不可少，应该精确地计算整体的亏损风险和预期发展前景。

我国企业的国际化还处在探索阶段，对跨国并购规则、跨文化整合都不熟悉，并购完成之后的整合过程显得相当不顺利。比如TCL在完成对汤姆逊和阿尔卡特的收购之后，出现巨额的亏损，不久便解散了与阿尔卡特的合资公司，并关闭了多数在欧洲市场的电视机业务部门，直到2006年第三季度才首次实现盈利。而联想对IBM PC的整合过程也不容乐观，2009年初集团的高层调整就是一个印证。上汽对韩国双龙汽车的并购整合最终宣告失败，说明我国企业对国外工会力量的忽视。

对于政治风险而言，由于矿产资源在国民经济中的特殊地位，政治风险成为我国资源企业跨国并购战略实施中遇到的最大也是最特殊的问题。一方面，中国的强大让一部分国家感到不安，许多别有用心的政治势力将中国的崛起视为一种全球威胁。他们将中国国有企业视为中国政府海外扩张的工具，担心中国国有企业对本国矿产资源的控制会对其经济发展和国家安全稳定造成威胁，便利用包括政府直接干预在内的种种手段阻碍并购交易的完成。2005年，美国政府以国家安全为由直接插手中海油对美国优尼科石油公司的竞购，最终导致中海油并购交易以失败告终。2009年，五矿在收购澳大利亚OZ矿业的过程中，迫于政治压力不得不修改协议以达成交易。这些都表现出中国资源企业对国际政治阻力的估计不足，反映出中国资源企业跨国并购中极高的政治风险。另一方面，一些资源丰富的南美洲国家政局极不稳定，在改革的过程中时常发生没收海外公司资产的现象。如2007年以来委内瑞拉在国有化的进程中，先后宣布对能源、电力、电信、水泥和冶金等行业的部分企业实行国有化，并没收了埃克森美孚石油公司在该国合资公司中的股份，接管了加拿大矿产商 Crystallex 所经营的金矿，同时号召将自然资源全部收归国有。因此，我国资源企业在实施"走出去"战略时，应该加强对并购企业及其资产所在国的政治环境分析，减少或避免政治风险的影响。

对于财务风险而言，资源企业的资产价值一般较高，并购金额动则几亿、几十亿，甚至常常达到几百亿美元。在全部现金支付的情况下，主并购方一般采用债权融资方式筹集资金。如果并购交易不能实现预期的效果，借贷资本的利息和到期偿还的财务压力将使新公司面临巨大的财务风险。力拓收购加拿大铝业公司便是最好的例证。2007年8月，力拓融资400亿美元完成对加拿大铝业的收购，但金融危机的打击使力拓集团的经营陷入困境，2009年和2010年公司将面临189亿美元到期债务的偿债压力。董事会不得不在2009年2月与中铝签订战略合作协议，试图利用中铝190亿美元的注资提前偿还到期债务。尽管资本市场的好转让力拓顺利完成配股融资，但公司财务风险在全球经济不确定的情况下依然存在。由此可见，我国资源企业在实施跨国并购时，不能仅仅扮演"不差钱"的角色，而更应该关注财务风险的分析。

对于文化风险而言，我国资源企业的海外发展还面临着不同文化和意识形态的考验。在澳大利亚的矿山投资运营中，环保以及对原住民文化的理解和尊重显得极为重要。澳大利亚政府非常尊重当地原住民文化。对原住民来说，土地是祖先留下的遗物，该国法律认同某些原住民在欧洲人到达以前就已经建立起的土地所有权体系。矿业企业的投资需要同所在投资区域内的原住民进行谈判，且政府不能干预。矿业投资者不仅要保护文化遗址，安排原住民就业，还要按照采矿量给予一定补偿。① 中钢在投资 Midwest 矿业时，曾与当地所有部落的27个长老签署协议，并在后续工作中给员工开展原住民文化培训。可见，中国资源企业的跨国并购应该注重与当地原住民的和谐相处，避免意识形态风险和文化风险。

---

① 在中钢—Midwest 矿区，Coein Hamlett 长老带采访他的记者在荒原上追袋鼠，参观他祖先的岩画。他说："我的责任就是告诉中钢的人不能动这，不能动那。"他觉得中钢比其他公司好得多，"有些公司不作沟通就开矿，但中钢没有这样做，我们会照顾好这样的公司，但他们也要照顾好我们的土地。这样我们的孩子长大之后，还能看到这片土地上曾经发生的故事。"

（http://finance.sina.com.cn/leadership/mjzcl/20090623/08016384987.shtml）

意识形态和文化风险		
高	高危地区	软差异地区
低	硬差异地区	最优地区

图 8-7 风险差异对象选择矩阵

在我国资源企业的跨国并购中，遇到的较为突出的风险是政治和法律风险以及意识形态和文化风险。图 8-7 是一个风险差异对象的选择矩阵。根据两种风险的高低不同，将资源企业跨国并购对象所在国划分为四类，分析风险差异下跨国并购对象的选择战略。①两种风险都很高的国家和地区称为"高危地区"。这些地区的社会文化与我国传统文化有较大差异，在文化交流理解上有一定难度；海外投资者可能面临资产被征收的风险，或政府设置的诸多限制，如激励保护原住民文化以及对矿产资源开发的限制等。②两种风险都较低的国家和地区称为"最优地区"。这些地区与我国有着较为相似的文化，且政治关系长期稳定，如哈萨克斯坦等中亚及东南亚国家。③仅意识形态和文化风险较高的国家和地区称为"软差异地区"。这些地区与我国政治关系发展良好，且外商投资政策较为宽松，但当地的特殊文化让投资者很难适应，如非洲国家。④仅政治和法律风险相对较高的国家和地区称为"硬差异地区"。这些地区没有特别突出的文化风险，但是政治风险极高，跨国企业资产被没收的现象屡见不鲜，如委内瑞拉等南美洲国家。

我国资源企业在跨国并购的实施过程中，可以采取以下策略来控制并购风险：

明晰目标：我国资源企业的跨国并购活动，无论是旨在获取上下游利益来源的产业链纵向一体化并购，还是为提高核心竞争力或扩展业务范围的并购，都应当明确自身发展的战略目标，制定明确的收购计划。在并购对象的选择上，应当将重点放在能与自身优势形成有效互补，或拥有丰富的矿产资源储备的企业上；切不可好大喜功，仅仅为并购而并购，而不考虑长期发展战略。

避重就轻：我国资源企业应该充分分析被并购企业国家的政治与法律环境，尽量选择政治关系融洽的地区展开活动，如哈萨克斯坦、秘鲁等；较之澳洲和美洲，亚太地区与我国的政治文化差异较小，我国企业的并购活动更容易实现；灵活的收购方案也是跨国并购活动取得成功的关键，拥有一定资源或市场的小型公司的并购阻力相对较小，我国企业可以从小型公司的并购中扩大规模和市场。

三思而行：全球金融危机尽管降低了企业的跨国并购成本，但也给企业出海埋下了诸多的陷阱。跨国并购对象的选择及交易过程都存在较大的风险，即使并购完成之后，跨文化管理及资源整合过程同样要求我国企业拥有较强的管理能力。因此，我国资源企业在制定跨国并购战略时，应该从交易结构和支付手段等方面进行有效的并购战略规划，并更关注并购的风险管理和并购整合实力的分析。

政府支持：国家对国内企业"走出去"战略的支持，不仅应该体现在本国企业海外投资的法律法规支持等方面，还应该包括对跨国经营企业在税收等政策上的鼓励，以及为企业提供跨国并购中的优惠贷款。对于关系到国家安全的资源行业，国家的政治外交关系对海外经营及跨国并购活动有着巨大的影响。因此，我国政府应当在外交上努力与资源储量丰富的国家和地区保持良好的双边关系，为我国资源企业的海外经营活动奠定稳定的政治基础。

集约出海：跨国并购要求我国企业不仅要有强大的资金作为后盾，也要求我国企业具有跨国并购的操作及管理经验。国内有实力的企业联合成为巨型航母，将更有利于发挥全球竞争优势，并赢得海外资源。同时，我国应该建立起以国家资本为依托的大型产业基金，为海外矿产资源开发提供融资，打破以银行贷款为融资手段的单一局面。①

人才培育：在跨国并购经营活动中，资本不是万能的，精通外语又懂得企业经营和文化管理的人才是我国企业跨国经营不可或缺的重要资源，同时也是我国企业海外发展面临的短板。因此，准备海外发展的企业，应该积极培育、引进具有跨国并购能力和海外经营能力的人才，为跨国并购经营奠定人才基础。

8.2.4　跨国并购对象选择战略

随着世界经济一体化的快速发展，跨国并购已经成为诸多大型跨国公司实施全球战略的主要手段。对于我国试图"走出去"寻求海外市场的企业来说，跨国并购的方式也已经是国际竞争新形势下的必然选择。同时，相对于直接投资，采用并购的方式可以充分利用被并购企业的经营管理经验、技术和渠道等各种资源，迅速进入国外市场。

从跨国并购对象选择的角度来看，企业跨国并购目标市场的选择是企业跨国并购实施的重要环节，关系到企业实施跨国并购的成败。不同的目标市场对企业跨国并购后能否达到并购的战略目的，能否产生良好的效果和积极的效应有着不同的影响。因而我国企业在实施跨国并购的过程中，对目标市场的选择必须慎之又慎，首先要明确目标市场选择的相关决定因素。总体上说，目标市场的选择受到多种因素的影响。归纳起来，起着决定性作用的有以下四个因素：企业的并购目的、企业的比较优势、目标企业优势以及东道国区位优势，如图 8 - 8 所示。

---

① 作者从中国五矿集团公司总裁周中枢在 2009 年十一届政协会议上的提案中获得的启示。

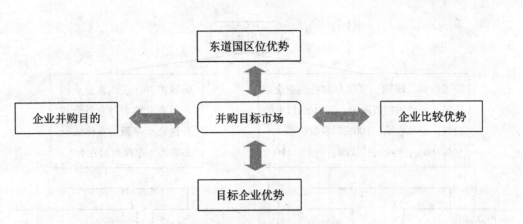

图 8-8　跨国并购目标市场决定因素

资料来源：朱宝宪. 公司并购与重组［M］. 北京：清华大学出版社，2006：56.

因此，企业应该围绕自身未来的发展战略，选择并购对象；既不能仅仅依靠雄厚的资本，不考虑经济成本和收益就盲目地进行海外扩张，也不能只是看到出售企业表面光环的诱惑，而忽视对并购对象的价值评估。

在选择跨国并购对象时，理性的企业应该充分考虑目标企业是否能够与自身实现资源互补，评价目标公司或业务部门是否能够为自身发展创造潜在的价值。同时，考虑目标企业所在国家的法律制度等环境以及国际惯例和相关并购制度，并从并购成本和收益角度进行财务分析。

跨国并购在组织结构上有着不同的形式（如图 8-9 所示），如控股合并、新设合并和吸收合并。根据收购的控股股份比重差异，对控股合并有不同的划分。收购对象可以是一家当地企业，也可以是一家国外子公司。新设合并的方式实现的是一种平等合作的关系，参与合并的原有各公司此后均不存在。而在吸收合并中，主并购方将继续存在成为新公司主体，被并购各方主体资格消失。

从企业自身的战略选择方式和目标企业的战略评价等角度来分析，我国资源企业跨国并购对象选择有如下几种战略：

（1）产业链一体化战略——产业发展前景目标

大型企业纷纷向产业链的上下游纵向延伸，实现企业的规模经济以及扩大利润来源。我国企业在开展跨国并购活动时，可以将目标锁定在产业链上下游企业。公司业务向产业链上下游延伸，不仅有利于原材料和产品市场的内部化，提高企业的规模经济；同时，也可以为企业从上下游各级市场上获取相关利益，支撑企业稳步发展。世界著名的一体化大型石油企业——英国石油公司（BP）的发展历程便是一部对产业链上下游资源整合的历史。

（2）联盟战略——资源互补性目标

据联合国贸发会议发布的《世界投资报告 2008》统计，跨国公司之间采取各种联盟

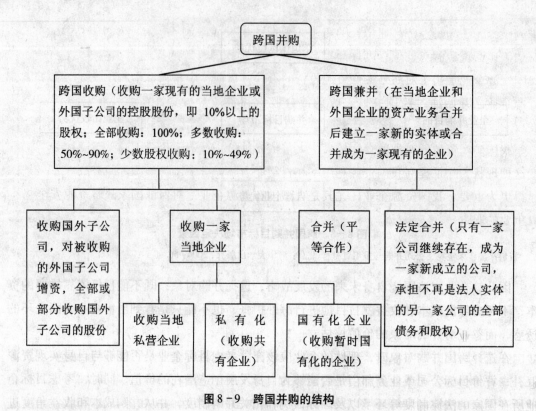

图8-9 跨国并购的结构

资料来源：UNCTAD. 2000年世界投资报告：跨国并购与发展［M］. 北京：中国财政经济出版社，2001.

协议的数量明显增加。在激烈的国际竞争环境下，仅仅依靠自身有限的资源可能会制约跨国企业的发展步伐，在全球市场上举步维艰。因此，强强联合的国际战略联盟成为现在跨国公司发展的新选择。选择能够与企业自身的资源优势互补的目标对象，不仅能够扩大企业规模和国际竞争力，也可以达到拓宽海外市场的目的。

（3）区域差异战略——目标公司所在国的宏观环境

在我国企业国际化发展的道路上，对于海外市场的选择，区域战略的实施具有较为突出的意义，这主要源自其他区域的文化与我国文化的差异。通过对欧美等发达国家的业务并购，我国企业能够迅速地获得核心技术、品牌以及全球市场，但是该区域往往存在着较大的政治和法律制度等进入风险。反之，如果我国企业选择与我国地理位置临近、文化差异较小的东南亚地区，或者政治关系长期稳定的非洲作为海外发展的目的地，不仅可以达到扩大企业规模的效应，进入风险也相对较小。区域战略模式的选择应该基于企业自身发展的现状和海外发展的目标而定，操之过急可能会适得其反，过于保守也会制约企业的发展速度。

（4）资源安全战略——国家战略目标

我国矿产资源储量丰富，但是人均资源占有量较少。随着工业化的快速发展，国内的供应已经无法满足经济高速增长的需求，资源约束开始限制我国经济的快速发展。同时，石油等矿产资源的对外依存度逐渐提高，这必将对我国资源的战略安全构成威胁。因此，我国资源企业承担了对海外矿产资源投资的重任。目前，中石油、中石化以及中铝等大型资源企业已开始通过跨国并购、收购部分股份和资产等方式，在海外获取自然资源开发权。

我国矿产资源的对外依存度较高，大量依靠进口，在资源价格上缺少话语权。为了改变这种现状，除了提高我国资源利用率和自给能力外，进一步参与国际间资源开发与合作显得更为重要。我国资源企业，尤其是大型国有资源企业，对保证国家战略资源安全承担着重要的职责。

8.3　我国资源企业跨国并购能力分析

改革开放 30 多年来，我国经济实力得到了显著的增强，国际地位有了前所未有的提高，我国企业参与国际竞争的能力与日俱增。2001 年底，我国顺利成为 WTO 成员国，为我国企业参与国际竞争提供了良好的条件。我国享受到所有世贸组织成员国之间的平等待遇，享有多边的、无条件的和稳定的最惠国待遇与国民待遇，享有"普惠制"待遇及其他给予发展中国家的特殊照顾，享有充分利用 WTO 的争端解决机制解决贸易争端的权利。这意味着"入世"不仅提高了我国利用外资的能力，也为我国企业开拓海外市场创造了良好的环境。

根据国内政治经济发展的实际情况，以及我国对外直接投资流量的数据分析，鲁桐（2003）将中国企业对外投资分为四个阶段：1985 年之前为起步阶段，1985—1991 年为调整整顿阶段，1992—2000 年为稳定发展阶段，2001 年开始进入快速成长阶段。[15] 截至2007 年底，外经贸部批准或外经贸部备案的中国各类境外子企业数已经超过 7 000 家，投资总额达到 265.1 亿美元。据商务部、国家外汇管理局初步统计，2008 年我国对外直接投资突破 500 亿美元，达到 521.5 亿美元。其中，非金融类直接投资 406.5 亿美元，占78%，同比增长 63.6%；金融类 115 亿美元，占 22%。这些数据以及图 8 - 10 显示了近年来我国对外直接投资量的变化情况，充分表明我国企业对外直接投资欲望和能力的增强。

随着我国石油工业最早开始"走出去"实施海外发展战略，尤其是近年来跨国并购交易及金额不断增多，我国资源企业的海外发展已经具有一定的规模，对国际资源的控制能力有了较大的增强。

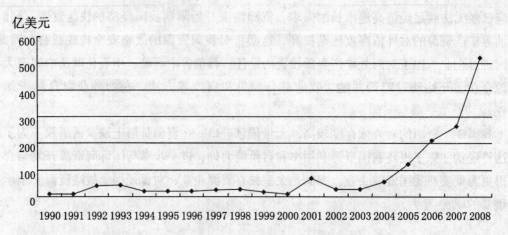

图 8-10　1990—2008 年中国对外直接投资流量情况表

资料来源：作者整理。1990—2001 年的数据摘自联合国贸发会议世界投资报告，2002—2008 年的数据来源于中国商务部统计数据，其中 2008 年为初步统计数据。

（1）石油企业并购实例

2008 年 7 月 7 日，中海油田服务股份有限公司（隶属于中国海洋石油总公司）与挪威海上钻井公司 Awilco Offshore ASA（AWO）达成协议，以每股 85 挪威克朗发起获得现金要约收购 AWO 公司 100% 股权，涉及金额为 127 亿挪威克朗（25 亿美元）。同年 10 月 31 日，挪威 Awilco Offshore ASA 的退市标志着交易全部实施完毕。此次收购有利于中海油服快速更新部分钻井平台和船只，绕开造船时间，把握住了市场。这是中国企业最近成功实施海外收购的一个经典案例。

2008 年 12 月 31 日，中信集团成功完成了对加拿大内森斯能源公司的收购行动，如愿将其在哈萨克斯坦的石油资产收入囊中，交易金额约 19.1 亿美元。此次收购将使中信集团获得对一处探明储量逾 3.4 亿桶、日产量超过 5 万桶的油气田近 15 年的开采权。

2009 年 5 月 24 日，中国石油天然气股份有限公司发布公告称，中石油的间接全资附属公司 PetroChina International（Singapore）Pte. Ltd. 与 Keppel Oil and Gas Services Pte. Ltd. 订立了一份有条件买卖协议。根据协议，PetroChina International（Singapore）Pte. Ltd 将以每股 6.25 新加坡元（约合人民币 29.58 元）、总价约为 14.7 亿新加坡元（约合人民币 69.4 亿元）购买 Singapore Petroleum Company Limited（新加坡石油公司）的 234 522 797 股股份，约占该公司已发行股本（库存股除外）的 45.51%。

（2）矿业集团并购实例

2008 年 1 月 25 日，中国五矿集团公司与江西铜业联合收购在加拿大上市的北秘鲁铜业股份公司 100% 股权宣告成功，获得了秘鲁北部的 El Galeno 铜金矿和 Hilorico 金矿等资产。同年 4 月 29 日，中国五矿集团公司控股的五矿有色金属股份有限公司收购德国 HPTec 公司股权的交割签字仪式在北京举行，双方正式宣布五矿有色 100% 控股德国

HPTec 公司。

2008 年 7 月 11 日，澳大利亚中西部公司（Midwest）挂出大股东中钢集团的声明。截至 7 月 10 日，中钢总计持有 Midwest 股份已达到 213 840 550 股，持股比例达到 50.97%，获得了 Midwest 的控股权。此次收购是中国国有企业的第三次海外敌意收购尝试，也是第一宗成功的敌意收购案例，已无需澳官方再行审批。这对鼓舞中国企业开展跨国并购产生了积极影响。

2008 年 10 月，鞍钢宣布已成功收购意大利维加诺（VIGANO）公司 60% 的股权，这意味着鞍钢将拥有在海外的首个钢材加工中心，也使鞍钢开始介入海外钢材加工行业。2009 年 2 月，澳大利亚金达必公司通过了向鞍钢集团定向增发该公司股份的议案。鞍钢将持有金达必公司 36.28% 的股份，从而成为其第一大股东，获得更多稳定的铁矿石资源。

2008 年初，首钢集团收购澳矿业公司 Mount Gibson Iron Ltd（吉布森山铁矿公司）因涉嫌违规被迫放弃。时至 2008 年 11 月 3 日，吉布森山发布公告称，我国首钢旗下的两家公司拟出资约 1.625 亿澳元，以每股 0.6 澳元的价格认购吉布森山股票。2008 年 12 月 17 日，收购案获得澳大利亚外国投资审核委员会批准。首钢集团如今因矿业市场的不景气，重获投资机会，并以大大低于此前的收购报价获得了该矿业公司的控股权。

2008 年 12 月，武钢与南澳 CXM 公司签署框架协议，CXM 公司按照每股 0.25 澳元向武钢增发不超过 15% 的股权。武钢在 CXM 上市公司拥有一名董事席位，并成为该公司第二大股东。根据协议，武钢将与南澳 CXM 公司联合开采 20 亿吨铁矿石资源，其中 10 亿吨铁矿石的权益属武钢拥有。

2009 年 3 月 31 日，湖南华菱钢铁集团有限责任公司入股澳大利亚第三大铁矿石生产商 Fortescue 金属集团（Fortescue Metals Groups Ltd，FMG）的交易申请获得澳大利亚政府批准。其持股比例将达到 17.40%，但是附加了三个条件：其一，华菱提名进入 FMG 董事会的代表，必须遵守 FMG 所设立的董事行为准则；第二，必须提交一份书面文件，列明根据 2001 年公司法案董事代表与 FMG 市场、销售、客户概况、价格设立以及定价和航运上的成本结构可能存在的潜在冲突；第三，华菱和任何被华菱指派进入董事会的代表，必须遵守华菱与 FMG 达成的信息分离协议。

2009 年 4 月 23 日，澳大利亚政府正式同意中国五矿有色金属公司收购 OZ 矿业公司大部分资产。获批的新方案剥除了位于澳大利亚军事敏感地区附近的 Prominent Hill 铜金矿，而 OZ 矿业公司已表示将继续管理和经营这一核心资产。但五矿需作出一系列"合法的强制性承诺"，包括承诺独立经营这些矿山，继续以澳大利亚为总部，由澳大利亚人员主要管理等。此外，全部产品价格必须根据公平原则由澳大利亚销售人员参照国际标准制订。这些承诺是为保护澳大利亚的就业，以及确保新收购方案符合澳大利亚的国家利益而设立。

2009 年 4 月，武钢斥资 2.4 亿美元入股加拿大矿企 Consolidated Thompson，成为该公司第一大股东，并参与该公司 Bloom Lake 矿区的运营。5 月，武钢与澳大利亚矿业公司 WPG 签署框架协议，将成为后者第二大股东，并与其合资开发位于南澳大利亚中部的一处矿产。6 月 24 日，武钢与巴西铁矿石供应商 MMX 公司签订协议，出资 2.8 亿美元收购 MMX 新发普通股 9.09% 的股份、MMX 子公司 MMXSudeste 23% 的股份。

澳大利亚铁矿资源储量丰富，且多为富矿，矿石品位高。澳大利亚现已成为世界最大的矿产资源生产国和出口国，出口量约占全球总出口的 37%，是世界各国资源企业的必争之地。而且，在离岸价格接近的情况下，我国从澳大利亚进口铁矿石的平均到岸价格远低于其他主要出口国。因此，澳大利亚成为我国铁矿石进口的重要来源地。我国资源企业通过近年的努力，已经在澳大利亚拥有了一定数量的矿产资源，如图 8-11 所示。

图 8-11　中国资源企业在澳大利亚的资产布局

在金融危机和全球经济下滑的大背景下，众多企业经营困难，许多大型跨国公司的部分业务也出现巨额亏损，经营难以为继。面临破产倒闭的企业纷纷抛出合作意向，大型企业也开始考虑剥离旗下非核心业务，这为我国企业跨国并购扩张提供了机遇。而且，此时的收购成本相对较低，政治法律压力也相对减弱，跨国并购交易更容易获得通过。从获取海外技术、市场等资源来看，这正是我国企业海外发展的好时机。从历史的角度来看，每一次金融危机都成为有实力的企业或国家迅速扩张的机会，我国企业应该从危难中看到机遇，成就属于中国的全球品牌。

但是，廉价的海外资产并不一定是天上掉下来的馅饼，更多的时候可能是国外资本运作高手为我国企业挖好的陷阱。因此，在确定跨国并购战略需求之后，我国企业应该对目标公司进行有效的评估，并综合分析自身能力和并购风险。从公司经营规模、财务实力、管理水平以及并购中的风险处理能力和并购完成后的整合能力等方面进行评价。只有在确认企业拥有完成并购交易和后期整合的能力之后，才能作出理性的竞购选择。

据瑞士洛桑国际管理学院（IMD）发布的 2008 年世界竞争力年鉴显示，中国的世界综合竞争力居世界 17 位。我国企业从规模、产业优势或管理水平上看，都已经具备了较强的国际竞争力，具体体现在：

（1）有足够的资金来源，较大的企业规模

经过改革开放 30 多年来的发展，我国已形成了较为完善的工业体系，综合国力得到了明显增强，拥有了一批颇具实力的国际化大型企业。在最新的《财富》杂志评选出的 2009 年世界 500 强企业中，中国企业占据了 43 席，其中内地企业有 34 家。其中包括以 2 078.14 亿美元营业收入排名第 9 位的中国石油化工集团公司、排名 13 的中国石油天然气集团公司和排名 318 的中国海洋石油总公司等三大石油天然气集团，以及宝钢集团、中国五矿集团公司、中国铝业公司等国有大型矿业集团以及国有四大银行、联想集团、中粮集团公司等。我国企业规模已经发展到了相当高的水平。

根据商务部、国家统计局和国家外汇管理局联合发布的《2007 年度中国对外直接投资统计公报》① 显示，我国三大石油公司——中国石油天然气集团公司、中国石油化工集团公司、中国海洋石油总公司依次占据中国非金融类对外直接投资存量前三甲。

（2）产业技术及成本优势

我国拥有丰富而廉价的劳动力资源，具有一定的成本比较优势和人力资源优势。在油气资源风险勘探领域，我国先进实用的勘探开发技术以及较低成本水平的智力资源，对一些发展中国家有较大的吸引力。在某些特殊的技术领域，如地质构造等方面，我国已经具备国际领先水平。我国跨国资源企业可以在全球市场上转移其内部技术和成本优势，合理分配和调度资源，提高国际竞争力。

（3）有操作并购的能力

2005 年，联想成功完成了对 IBM PC 业务的收购，中国石油天然气集团公司也顺利获得了哈萨克斯坦石油公司的炼厂及油气资源。同年，中国海洋石油总公司撤回了对美国第九大石油公司优尼科公司的收购要约，宣告竞购失败。2008 年 9 月 23 日，中海油田服务股份有限公司宣布，已完成对挪威海上钻井公司 AWO 总价 25 亿美元的收购。在出海寻求

---

① 商务部、国家统计局、国家外汇管理局，《2007 年度中国对外直接投资统计公报》。

发展的道路上，我国企业对过去成功和失败经验的分享，铸造了一批已经具备相当强的海外业务开发能力的企业。

（4）具备运营海外企业的能力

企业管理是资源状况与增长能力的中间转换环节，管理水平的高低主要表现在资源配置的有效性和企业资源能力的增长性上。瑞士洛桑国际管理开发学院（IMD）依据其评价理论和有关原则，将我国企业管理国际竞争力划分为劳动生产率、公司绩效、管理的有效性和企业文化。[①]随着"走出去"战略的不断深化，我国企业已经积累了较为丰富的海外经营实践经验，并拥有了一批具有一定海外业务运营能力的管理者队伍和一批专业知识丰富的技术人员队伍。

8.4　中铝公司跨国并购案例分析

8.4.1　中铝公司发展历程

中国铝业公司（简称"中铝"或"中铝公司"）是国资委直属央企，是国有重要骨干企业，成立于 2001 年 2 月 21 日。该成立至今发展快速，截至 2008 年 6 月底，公司资产总额达到 3 777 亿元，在 2009 年《财富》世界五百强中排名第 499 位。该公司固定资产增值保值率、净资产收益率在全国 100 亿元资产以上的国有企业中一直名列前茅，是全球第二大氧化铝和第三大原铝生产商。公司控股的中国铝业股份有限公司分别在纽约、香港、上海上市，企业信用等级连续三年被标准普尔评为 BBB + 级。[②]

中铝着眼于国际化多金属矿业公司的战略定位，立足国内、面向海外，积极整合国内资源，加快开拓全球业务以及广泛的产品组合。从事铝土矿采选，铝冶炼、加工及贸易，稀有稀土金属矿采选，稀有稀土金属冶炼、加工及贸易，铜及其他有色金属采选、冶炼、加工、贸易及相关工程技术服务。中铝从成立以来，不断发展壮大，现有下属企业 34 家，分布在 22 个省、市、自治区，其成员单位如表 8 - 4 所示。

---

① 瑞士洛桑管理学院（IMD）：2008 年度国际竞争力排名。
② 中铝公司的数据和资料均来自中铝公司主页和中国铝业股份有限公司年报。

表 8 - 4　　　　　　　　　　　　　　中国铝业公司的成员单位

中国铝业公司成员单位				
中国铝业股份有限公司	云南铜业（集团）有限公司	山东铝业公司	中国长城铝业公司	贵州铝厂
山西铝厂	中州铝厂	青海铝业有限责任公司	郑州轻金属研究院	中国有色金属工业第六冶金建设公司
中色第十二冶金建设公司	洛阳有色金属加工设计研究院	西南铝业（集团）有限责任公司	包头铝业（集团）有限责任公司	中铝置业发展有限公司
中铝国际工程有限责任公司	沈阳铝镁设计研究院(中铝国际沈阳分公司)	贵阳铝镁设计研究院(中铝国际贵阳分公司)	长沙有色冶金设计研究院	中铝大冶铜板带有限公司
中铝洛阳铜业有限公司	中铝抚顺钛业有限公司	中铝上海铜业有限公司	中铝海外控股有限公司	中国稀有稀土公司
东北轻合金有限责任公司	中铝润滑科技有限公司	中铝沈阳有色金属加工有限公司	中国有色金属工业长沙勘察设计研究院	中铝西藏矿业有限公司
黑龙江嘉泰钛业有限公司	中铝秘鲁矿业公司	中铝成都铝业有限公司	青海黄河水电再生铝业有限公司	

资料来源：根据中国铝业公司主页提供的资料整理。

中国铝业股份有限公司（简称"中国铝业"）是由中国铝业公司、广西投资（集团）有限公司和贵州省物资开发投资公司共同以发起方式设立，并于 2001 年 9 月 10 日在中华人民共和国注册成立的股份有限公司。2001 年 12 月 11 日、12 日，中国铝业股票分别在纽约证券交易所和香港联合交易所有限公司挂牌上市，被列入香港恒生综合指数成分股和富时指数成分股及美国股市中国指数成分股。2007 年 4 月 30 日，中国铝业成功回归 A 股，在上海交易所挂牌上市。

中铝公司直接持有中国铝业 38.56% 的股权，并通过其附属公司共持有中国铝业 41.82% 的股权，是中国铝业的控股股东。中国铝业主要从事氧化铝和电解铝生产，拥有 11 家分公司、1 家研究院和 19 家主要子公司，是中国最大的氧化铝和原铝生产商，全球第三大氧化铝生产商和第四大原铝生产商。企业信用等级被标准普尔评为 BBB + 级。中国铝业公司控制的重要子公司和子公司的分布情况如图 8 - 12 所示。

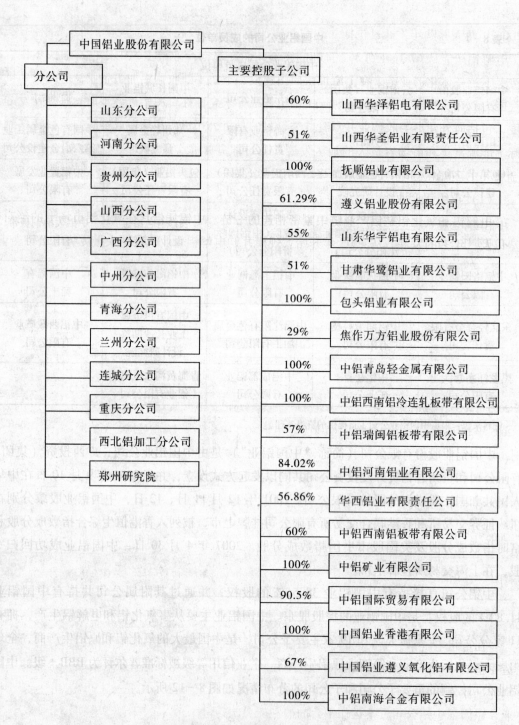

图 8-12 中国铝业股份有限公司的分公司及主要子公司情况

资料来源：根据中国铝业股份有限公司 2008 年年度报告整理。

中国铝业公司和中国铝业股份有限公司自 2001 年重组以来，在收购式扩张的推动下发展迅速，2008 年总资产为 1 335 亿元，与上市时相比增长了 311%。经过 2005 年和

2006年两大并购年，通过包括并购和新建产能两种手段在内的"规模扩张"路径，实现了电解铝产能从67万吨到367万吨的突破。而在纵向产业链上，中铝也是加快步伐，打造上下游一体化产业链，在上游加快矿山建设、下游不断收购铝加工企业，借此提高抗风险能力。在实行国内兼并的同时，中铝也积极寻求全球性资源，进一步加大海外开发的力度，包括海外建厂与收购兼并双管并举，目的是将公司资源和环境成本高的项目转移到国际上能源富集和市场容量大的地区发展。通过兼并扩张，中铝积极实施"铝+铜+稀有金属"的多元化战略，发展成为多金属矿业公司。

（1）重组铝产业

电解铝和氧化铝是铝产业链中紧密相连的一链。中铝凭借其在氧化铝市场上的绝对优势以及三年多的发展，从2005年开始大规模并购电解铝企业，吸纳大量优势电解铝企业，如表8-5所示。电解铝产业的发展不仅提升了中国铝业电解铝的产能，也有力促进了公司氧化铝的生产销售，使得利润在氧化铝产业和电解铝产业之间转移，有效控制了业绩的波动幅度。

表8-5　　　　中国铝业并购的电解铝公司

并购时间	股权转让方	股权比例	并购方式	转让价款（万元）
2005年1月	兰州铝厂	兰州铝业28%的股权	股权转让	76 730.5
2005年12月	与山西关铝合资成立山西华圣铝业	山西华圣铝业51%的股权	合资	51 000
2006年3月	辽宁抚顺铝厂	抚顺铝业100%的股权	股权转让	50 000
2006年5月	焦作市万方集团有限责任公司	焦作万方29%的股权	股权转让	24 700
2006年6月	贵州乌江水电开发有限责任公司等	遵义铝业61.29%	股权转让	20 225.1
2006年7月	山东临沂江泰铝业有限公司 山东华盛江泉热电有限公司	山东华宇55%的股权	股权转让	41 225.2
2006年8月	白银有色金属(集团)有限公司 白银红鹭铝业有限责任公司	甘肃华鹭51%股权	现金出资	27 030

资料来源：根据中国铝业股份有限公司历年年度报告整理。

在重组电解铝行业的同时，中铝公司也意识到了其下游铝加工产业的重要性。为了打造完整的产业链，增强抗风险能力，中铝从2004年底开始了兼并重组铝加工企业的历程。铝加工业务的并购主要由中铝公司完成，并择机将资源注入其控股上市公司——中国铝业，以增强中铝公司资本运作平台的盈利能力。

2004年9月16日，由中铝公司和西南铝业（集团）有限责任公司共同投资组建的中铝西南铝板带有限公司注册成立。其注册资金5.4亿元人民币，主要产品为高精铝及铝合金板带（卷）材等。2005年4月15日，中铝公司与洛阳市伊川电力集团、新安电力集团、中色科技股份有限公司四方签订了合作框架协议，携手组建中铝河南铝业公司，除保证在建和拟建的一批项目正常运行外，在郑州还建了一个年产 12 万吨的铝加工项目。2005 年 8 月 16 日，中铝河南铝业有限公司成立，中铝持股 71.01%。2006 年 8 月 30 日，中铝又与中核四川五洲工业公司就华西铝业有限责任公司 56.86% 的股权转让签约，进一步壮大了铝加工能力。2007 年 9 月，中国铝业公司和哈尔滨市人民政府重组东北轻合金股份有限公司，中铝公司以受让和增资扩股方式实现了对东轻的重组，重组完成后，东轻股本为 16 亿元，其中，中铝公司出资 12 亿元，占 75%；哈尔滨市国资委出资 4 亿元，占 25%。

我国属于铝土矿短缺国家，由于近年来氧化铝、电解铝、铝加工行业的快速发展，造成铝土矿供不应求，大量依赖进口。为了解决下游产业的发展瓶颈，中国铝业积极实施"走出去"战略，到国际市场寻找铝土矿，并取得了较大突破，分别在越南、澳大利亚、几内亚、巴西获得多个铝土矿开发权，如表 8-6 所示。

表 8-6　　　　　　　　　　中铝海外铝土矿项目

时间	项目	具体描述
2004 年 5 月	巴西项目	与巴西淡水河谷公司签订建立合资公司的框架协议，研究建立 ABC 氧化铝铝厂，首期规模 180 万吨/年，总投资约 10 亿美元，于 2005 年开工，2008 年投产。
2006 年	几内亚铝土矿勘察项目	2006 年以来，中国铝业对几内亚铝土矿勘探项目作了大量的前期准备工作，几内亚矿业部向中国铝业颁发了面积达 1 万平方千米区块的勘探许可证。
2006 年 11 月 16 日	越南多农项目	与越煤集团签署了多农项目合作协议，开发越南多农省的铝土矿。
2007 年 3 月 23 日	奥昆项目	中国铝业与澳大利亚昆士兰州政府正式签署奥昆项目开发协议，中国铝业将建设一座每年开采 1 000 万吨铝土矿原矿的矿山，建设一座年产 210 万吨氧化铝的工厂，项目总投资约 30 亿澳元。
2007 年 10 月	沙特阿拉伯项目	中国铝业与马来西亚矿业公司（MMO）和沙特本·拉登集团（SBG）签署了在沙特阿拉伯合作建设年产能 100 万吨的电解铝厂谅解备忘录（MOU），并于 11 月正式签署了合作框架协议。沙特政府投资局向项目方颁发了项目许可。根据框架协议，中国铝业将拥有 40% 的股权，成为该电解铝项目的最大股东。预计项目总投资约为 45 亿美元。

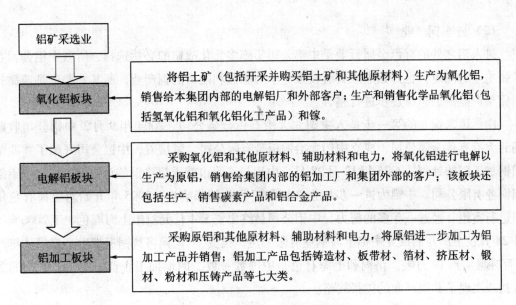

图 8 - 13　中国铝业公司铝产业链

资料来源：根据中国铝业股份有限公司 2008 年年度报告整理。

经过一系列的兼并重组，中铝形成了包括氧化铝提炼、原铝电解以及铝加工生产在内的完整的铝产业链（如图 8 - 13），氧化铝和原铝的产量都有较大增长。截至 2008 年，氧化铝产量为 975 万吨（含化学品氧化铝折合量，其中冶金级氧化铝 902 万吨），与 2001 年上市时相比增长了 127%（冶金级氧化铝增长了 122%）；电解铝 325 万吨，与上市时相比增长了 385%；铝加工材从 0.5 万吨增加到 35 万吨。中国铝业在 2007 年通过换股吸收合并山东铝业、兰州铝业，成功完成 A 股上市，2008 年又吸收合并中铝公司的 6 家铝加工公司，企业规模不断扩大，资产总额也从上市时的 337 亿元增长至 1 335 亿元（如图 8 - 14 所示）。

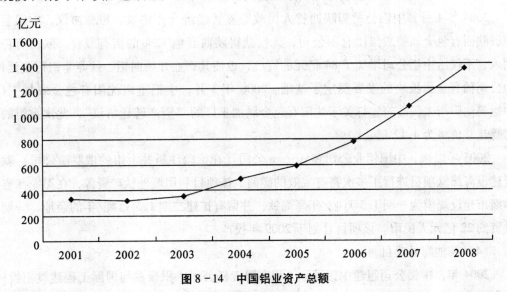

图 8 -14　中国铝业资产总额

资料来源：作者根据中国铝业股份有限公司历年年度报告整理。

（2）进军铜产业

进入铝之外的有色金属行业是中铝公司实施多元化战略的必然选择，所以中铝公司在扩张主业的同时，也开始进入具有较强竞争力和盈利能力的铜产业，而其并购也是遵循打造完整产业链的思路逐步进行整合。

中铝迈入铜业的第一步是入主湖北大冶有色金属公司。2004年9月，中铝公司收购湖北大冶有色金属公司，成立中铝大冶铜板带有限公司。紧接着，中铝公司开始了并购洛阳铜加工厂的计划。2005年12月28日，中铝与洛阳市就重组洛铜签订协议，成立中铝洛阳铜业有限公司。中铝为进一步增强在铜加工行业的影响力，2005年开始对上海有色集团进行重组。经过一年多的努力，中铝公司最终出资5.4亿元重组上海有色，于2006年8月28日在上海注册成立中铝上海铜业有限公司，投资11亿元将其铜板带生产规模从年产5万吨增加到12万吨。洛铜和上海有色是中国数一数二的铜加工企业，中铝对它们的重组初步实现了其铜产业的扩张战略。

2007年10月30日，中国铝业公司在昆明与云南省第一大企业、中国第三大铜企业云南铜业（集团）公司正式签署"战略合作暨增资扩股"协议。中铝注资95亿元，以增资扩股的方式收购其49%的股权。此次收购将使中铝间接获得云南铜业股份有限公司26.6%的股权，成为云铜的第一大股东。在海外方面，2007年8月1日，中铝公司完成了对加拿大秘鲁铜业公司91%股份的收购，此次全面收购秘鲁铜业的总金额约为8.6亿美元。中铝公司收购云南铜业和秘鲁铜业进一步完善了其铜产业链。

（3）涉足稀有金属产业

2003年年初，国务院委托中铝公司负责牵头组建中国南方稀土集团股份有限公司。2007年7月，中国稀土开发公司划转中铝公司。

2004年4月，中铝公司与陕西省人民政府签署经济合作协议。根据协议，中铝公司控股陕西有色金属控股集团有限公司，无偿获得陕西有色72%的国有股权。陕西有色的划入，不仅给中铝公司增加了84亿元的资产，也使其产业开始向钼、钛等非铝行业延伸，为公司稀有金属板块的发展奠定了基础。2008年3月，中铝重组沈阳有色金属加工厂。中铝与沈阳市人民政府签订关于沈阳有色金属加工厂的"资产转让协议"，此次重组的资产受让总价格为4.12亿元。

2005年以来，中国铝业公司和Aricom公司（在伦敦注册并上市的俄罗斯公司）就合资建设海绵钛项目进行了多次富有成效的磋商。该项目利用境外钛矿资源，在黑龙江省佳木斯市建设规模为一期1.5万吨/年海绵钛，并留有扩建二期1.5万吨/年的余地，一期总投资约22亿元人民币。该项目计划于2009年投产。

（4）其他海外项目

2004年，中铝公司组建中铝国际工程有限责任公司，积极参与国际工程建设招投标，走产业化发展道路。近几年来，中铝公司在印度BALCO铝厂、HINDALCO铝厂改造、

ASHAPURA 氧化铝厂、哈萨克斯坦 PAVLODAR 铝厂、伊朗 JAJARM 氧化铝厂改造和伊朗南方电解铝厂等项目的竞标中接连获胜，大大提升了中铝公司在全球铝工业技术领域的地位和影响力，为中铝公司实施海外开发提供了坚实的技术支持。

2008 年初，中铝联合美国铝业公司，出资 140 亿美元完成对英国力拓股份有限公司（Rio Tinto plc）约 12% 股份（约合力拓集团 9.3% 股份）的收购，成为力拓集团的单一最大股东。

中铝在铝行业的纵向一体化以及有色金属等领域内的横向多元化发展都是围绕着产业链整合这一目标进行的。中铝作为国资委下属的大型国有资源企业，利用有利的政府资源优势，通过兼并重组，进一步加强了国内铝行业的控制力，并通过不断成熟的海外项目经营，完善了其铝产业链的发展，并已经形成集铝、铜、稀有金属等为一体的三大产业结构。

8.4.2　中国铝工业的世界竞争力

铝具有轻量和优良的再生性，作为减重、节能、环保、可循环使用的绿色材料，其应用领域不断拓展。除了电力、建筑、交通、电器等用铝量较大的传统产业外，一些新兴产业如信息业、食品业和医药包装业对铝的需求也在增大，铝资源对建立资源节约型可持续发展社会意义重大。

近年来，我国政府十分重视铝工业的发展。2005 年 9 月 7 日，国务院常务会议讨论并原则上通过了《铝工业发展专项规划》和《铝工业产业发展政策》，提出了我国发展铝工业的指导思想，并强调加快产业结构调整，大力发展循环经济，充分利用国内国外两种资源，建立稳定的铝工业资源供应保障体系。我国电解铝的消费量占到了全球三分之一以上；随着我国工业化进程的不断推进以及工业经济持续发展的需要，我国铝消费量还将持续增长。

世界铝土矿资源丰富，资源保证度很高。根据美国地质调查局的报告，2005 年世界铝土矿储量为 250 亿吨，储量基础为 320 亿吨，主要分布在非洲、大洋洲、南美洲、亚洲、加勒比海地区和欧洲。按世界铝土矿现行产量计算，可开发年限在 180 年以上。经过 100 多年的发展，世界铝工业已经形成了从铝土矿开采，到氧化铝、电解铝原料精炼，直至压延等铝材加工的完整铝工业体系。

我国铝土矿的储量从 2002 年以来保持稳定增长。2006 年底，全国铝土矿的基础储量达到 74 166.99 万吨。来自国家统计局的数据显示，2008 年我国铝制品生产达到 1 477 万吨，比上年增加 21.3%。2008 年，我国氧化铝产量达到 2 278.2 万吨，同比增长 17%；进口量为 458.6 万吨，同比下降 10.5%；电解铝产量达到 1 317.6 万吨，实现 6.8% 的增长，消费量为 1 260 万吨，比上年增长 4.3%。我国电解铝产量能够满足我国经济发展的需要，但是氧化铝依然需要大量海外进口来弥补。

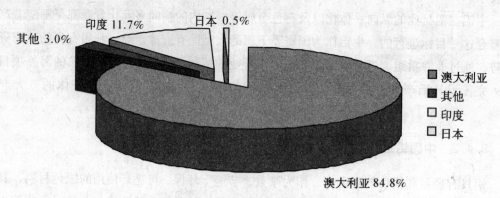

根据海关的数据，2008 年我国电解铝出口总量为 11 万吨，比上年下降 31.51%。氧化铝进口总量为 458.6 万吨，总值 17.8 亿美元，分别下降 10.5% 和 9.7%。从澳大利亚进口 389 万吨，比上年减少 9.9%，占我国氧化铝进口量的 84.8%。从印度进口 53.5 万吨，比上年增加 6.68%，占我国氧化铝进口总量的 11.7%。从日本进口 2.5 万吨，比上年减少 18.8%，占我国氧化铝进口量的 0.5%。来自这三个国家的进口量占我国氧化铝进口总量的 97%。我国氧化铝进口来源如图 8-15 所示。

图 8-15　我国氧化铝进口来源

资料来源：作者根据中国国家海关总署的数据整理。

氧化铝作为重要的炼铝原材料，对铝工业的发展具有重要意义。2008 年，我国氧化铝需求减少，进口价格持续走低；从澳大利亚进口的铝土矿由每吨 4 400 元人民币下降到每吨 2 000 元人民币，降幅超过一半。2008 年，世界铝锭出口为 1 300 万吨，亚洲金属网预计 2009 年出口会低于 1 200 万吨，氧化铝出口量可能为 2 000 万吨。同时，随着铝产品出口的下降，氧化铝需求可能继续走低，因此价格很难反弹。

根据国际铝业协会的数据显示，2008 年世界铝精炼厂总产量为 3 970 万吨，比上年增加 4.5%；截至 2008 年底产能为 4 430 万吨，比上年增加 3.7%。其中，我国铝精炼厂产量为 1 350 万吨，比上年增加 7.1%，占世界总产量的 34%；截至 2008 年底产能为 1 500 万吨，比上年增加 7.1%，占世界总产能的 33.9%。2008 年世界氧化铝产量为 6 049.6 万吨，比上年增加 2.8%，氧化铝产能为 6 412.6 万吨，比上年增加 2.4%。世界电解铝产量为 2 565.4 万吨，比上年增加 3.4%；电解铝产能为 2 738.1 万吨，比上年增加 3.5%。①

---

① 数据来源：国际铝业协会（IAI）网站（www. world - aluminium. org）。

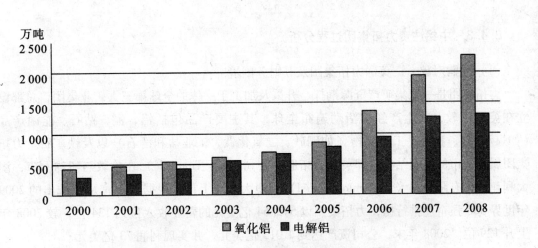

图 8-16 2000—2008 年我国氧化铝及电解铝产量

资料来源：作者根据 International Aluminum Institute 的数据整理。

由图 8-16 可见，我国氧化铝和电解铝产量持续增长，2005 年以后显示出较为明显的增长趋势。根据国家统计局国民经济和社会发展统计公报[①]，2008 年我国氧化铝产量为 2 278.2 万吨，比上年增加 17.0%；电解铝产量为 1 317.6 万吨，比上年增加 6.8%。表 8-7 显示了我国氧化铝、电解铝产量在世界总量中的地位，我国电解铝产量已经超过世界总产量的一半。

表 8-7　　　　　　　世界与我国氧化铝、电解铝产量和产能对比

指标	品名	世界总量		我国总量		
		世界总量（万吨）	比上年增长（%）	我国总量（万吨）	比上年增长（%）	占世界比重（%）
产量	氧化铝	6 049.6	2.8%	2 278.2	17.0%	37.7%
	电解铝	2 565.4	3.4%	1 317.6	6.8%	51.4%
产能	氧化铝	6 412.6	2.4%			
	电解铝	2 738.1	3.5%			

资料来源：世界总量的数据来自 International Aluminum Institute，国内总量的数据来自中国国家统计局国民经济和社会发展统计公报。

① 中国国家统计局：2008 年国民经济和社会发展统计公报。

8.4.3 中铝注资力拓集团过程分析

（1）并购对象——英国力拓集团及其财务困境

力拓集团是一家集矿产资源勘探、开采及加工于一体的全球第三大矿业集团，总部设立在英国伦敦，其生产经营活动遍布全球，其主要产品包括铝、铜、钻石、能源产品（如煤和铀）、黄金、工业矿物（如硼砂、二氧化钛、工业盐和滑石）以及铁矿石。力拓集团属双上市的公司结构，即英国力拓股份公司（Rio Tinto plc）在伦敦与纽约上市，澳大利亚力拓有限公司（Rio Tinto Limited）在澳大利亚上市。根据《财富》评选出的 2009 年世界 500 强企业排行榜，力拓集团以 542.64 亿美元的营业收入位列 134 位，较 2008 年上升 129 位。2008 年末，公司资产达到 1 013 亿美元，并实现利润 73 亿美元。

2007 年 8 月，力拓为完成对加拿大铝业公司的收购，融资 400 亿美元。2008 年下半年经济危机来临后，这些负债成为力拓的沉重负担。为应对外部经济环境的不景气，2008 年 12 月 10 日，力拓集团宣布了一系列的举措，旨在通过减缩现金支出和降低债务水平保障股东利益。这样的举措包括大规模减少 2009 年甚至 2010 年的资本支出。未来两年，力拓有将近 190 亿美元的债务需要偿还，这迫使其不得不向外寻求融资和处置资产的途径，以缓解其近期的偿债压力，从而提供了中铝参与力拓资产层面投资的机会。

力拓集团是世界上最早认识到中国增长潜力的矿业公司之一，早在 1973 年就开始向中国出口铁矿石，并于 1987 年在中国建立了第一家铁矿石合资公司。此次与中铝公司建立的战略合作伙伴关系是力拓集团与中国市场关系的延续。如果交易完成，力拓集团从本次交易所获的 195 亿美元资金将部分用于提前偿还并购加拿大铝业的贷款中于 2009 年 10 月到期的 89 亿美元和 2010 年 10 月到期的 100 亿美元。

交易获得的资金将显著改善力拓集团的财务状况，帮助力拓集团重新取得 A 级长期信用评级，提高其在信贷市场上的融资能力。力拓集团还将拥有更大的财务灵活性，运用所获现金投资于公司现有资产和高增长性资产项目，同时有选择地投资于有巨大增值潜力的收购机会，比如 Hail Creek 的扩建，西澳皮尔巴拉扩产 320mtpa 的初扩建，Yarwun、Kestrel 和 Clemont 的扩建。

（2）股份及资产收购过程

①第一阶段

2008 年 2 月 1 日，联合美国铝业投资 140.5 亿美元，获得力拓英国 12% 的股权。美国铝业以认购中铝新加坡公司债券的形式出资 12 亿美元，其余 128.5 亿美元均为中铝方面出资，中铝实际获得力拓英国 11.014 3% 的股权。其收购交易事宜如图 8-17 所示。

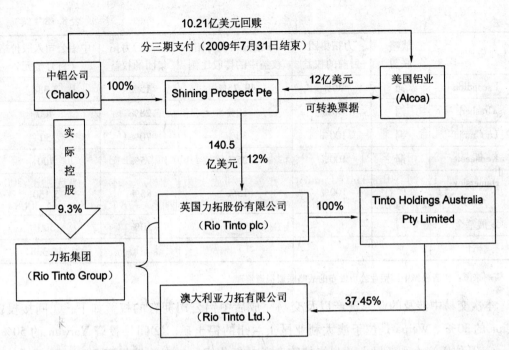

图 8 - 17　2008 年中铝收购力拓股份示意图

资料来源：作者根据中国铝业公司发布的交易相关公告整理。

②第二阶段

2009 年 2 月 12 日，中铝公司与力拓集团宣布建立新型战略合作关系，中铝公司将通过建立战略联盟和认购可转换债券向力拓集团投资 195 亿美元。其中的 72 亿美元用于购买英国力拓股份有限公司与澳大利亚力拓有限公司分别发行的次级可转换债券，两部分可转债的转股价格分别为 45 美元和 60 美元。该债券转股后将使中铝公司持有英国力拓股份有限公司的股份比例升至 19%，并且持有澳大利亚力拓有限公司 14.9% 的股权，相当于力拓集团总股本的 18%。其中 123 亿美元将用于投资铝、铜、铁矿石战略联盟，包括认购战略联盟票据或股权投资。中铝公司投资战略联盟涉及的业务资产如表 8 - 8 所示。

表 8 - 8　　　　　　　　　　中铝公司投资战略联盟涉及的业务资产

资产	战略联盟	力拓集团目前的权益	中铝公司在力拓权益中的持股比例	交易后力拓集团的权益	中铝公司入股价格（百万美元）
Weipa	铝	100%	30%	70%	1 200
Yarwun	铝	100%	50%	50%	500
Boyne	铝	59.40%	49%	30%	450
Gladstone Power Station	铝	42.10%	49%	21.50%	

表 8 - 8（续）

资产	战略联盟	力拓集团目前的权益	中铝公司在力拓权益中的持股比例	交易后力拓集团的权益	中铝公司入股价格（百万美元）
Escondida	铜	30%	49.75%	15%	3 388
Grasberg	铜	40%	30%	28%	400
La Granja	铜	100%	30%	70%	50
Kennecott	铜	100%	25%	75%	700
Hamersley Iron	铁矿石	100%	15%	85%	5 150
发展基金				50%	500
合计					12 338

资料来源：作者根据中国铝业公司发布的战略联盟报道整理。

本次交易中涉及的业务资产以及交易完成后中铝公司拥有的权益如下：①间接投资 Weipa 的 30%。Weipa 是位于澳大利亚昆士兰州的铝土矿。②间接投资 Yarwun 的 50%。Yarwun 是位于澳大利亚昆士兰州格拉德斯通的氧化铝厂。③间接投资 Boyne 和 Gladstone Power Station 中力拓权益部分的 49%（力拓集团持有 Boyne 股份的 59.4% 并负责运营管理，持有美国能源公司 NRG 运营的 Gladstone 电厂股份的 42.1%）。Boyne 是位于澳大利亚昆士兰州格拉德斯通的电解铝厂，Gladstone Power Station 是其附属发电厂。④入股力拓 Escondida 公司 49.75%，而力拓 Escondida 公司持有 Escondida 铜矿 30% 的权益。Escondida 是位于智利阿塔卡马沙漠的铜矿，由必和必拓运营。⑤入股力拓印度尼西亚公司 30%。力拓印度尼西亚公司是 Grasberg 铜金矿的共同拥有者。位于印度尼西亚的 Grasberg 由自由港铜业公司拥有并运营。力拓集团拥有 Grasberg 1995 年扩建项目（合资公司）40% 的权益。⑥间接投资位于秘鲁北部的 La Granja 铜矿开发项目的 30%。⑦间接投资 Kennecott Utah 铜矿的 25%，其位于美国犹他州的科力托犹他的业务包括铜矿的开采和冶炼。⑧间接投资 Hamersley Iron 的 15%。Hamersley Iron 拥有约 700 公里的专用铁路以及位于西澳大利亚丹皮尔的港口及相关基础设施。上述资产作为统一的整体由力拓铁矿石业务部门运营及维护。本次投资不包括入股力拓铁矿石业务部门下属的任何皮尔巴拉地区合资公司，例如 Robe River、Hope Downs、BaoHI、Channar 以及 Rhodes Ridge。

同时，2009 年 2 月 12 日，中铝公司和美国铝业签订了一项协议。根据该协议，中铝公司将赎回其全资子公司 Shining Prospect Pte. Ltd. 去年向美铝发行的可转换票据。该票据为 Shining Prospect 用于收购在伦敦交易所上市的英国力拓矿业股份有限公司的普通股股权。该票据的本金于 2011 年 2 月 1 日到期。根据所签订协议的条款，该票据将由中铝公司以总额 10.21 亿美元回赎，分三期向美国铝业支付（付款期于 2009 年 7 月 31 日结束），并且美铝在 Shining Prospect 所持力拓股份中的担保权利和间接利益将随之终止。回赎总额为票据本金的折现值，并且如果任何分期付款在该协议所拟议时间之前支付，则回赎总额还将进一步折现。该协议还规定，自票据发行起至今力拓所派发股利中美国铝业所占的比例份额，将在 Shining Prospect 能够并且已经取回时支付给美国铝业。这样，中国铝业公司将持有 2008 年收购的力拓英国公司 12% 的股份，合约力拓集团 9.3% 的股份。中国铝业公司收购力拓后的权益如图 8-18 所示。

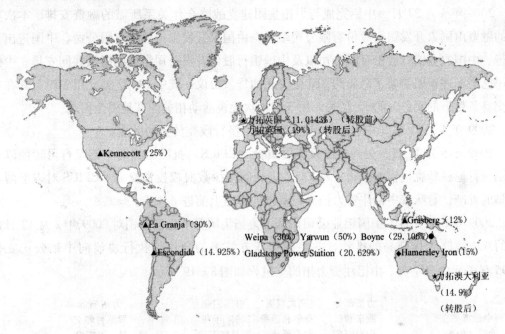

图 8-18　中国铝业公司收购力拓后的权益

注：括号中的百分数为中国铝业公司的权益。★表示力拓英国或力拓澳大利亚，●表示铝有关的业务，▲表示铜有关的业务，◆表示铁有关的业务。

资料来源：作者根据力拓集团网站提供的资料整理。

（3）交易进展及挑战

本次交易完成的前提条件包括中国、英国、澳大利亚、美国的政府审批以及澳大利亚和德国政府的反垄断审批。本次交易同时需要获得力拓集团股东大会的批准。如果全部相关交易条件均得到满足或者豁免，本次交易的绝大多数要素将在 2009 年 7 月 31 日前生效。根据中铝公司与力拓集团签署的合作与执行协议，中铝公司应该在 2009 年 3 月 31 日之前完成认购力拓集团可转换债券和投资力拓集团资产的融资事宜。同时，澳大利亚监管部门要求力拓公司任命一家第三方咨询机构，以对中国铝业的交易是否满足相关独立性的规定进行评估。

2009 年 3 月 16 日，澳大利亚财政部宣布对中铝注资力拓的交易延期 90 天审批。

2009 年 3 月 25 日，澳大利亚反垄断审查机构竞争和消费者委员会（ACCC）发布公告称，将不反对中国铝业公司以 195 亿美元注资力拓的交易。ACCC 表示，中铝与力拓的交易既不会单方面造成铁矿石价格的下降，也不会降低铝土矿、铜、氧化铝等产品市场的竞争水平，因此，这一交易不会对削弱市场竞争造成实质性的影响。

2009年3月31日，德国反垄断机构——德国联邦企业联合管理局批准了中铝公司与力拓集团的交易。

2009年3月25日，力拓已委托德勤会计师事务所为双方交易准备一份独立的报告。

2009年3月27日，中铝完成与力拓集团建立战略合作关系所需的融资安排。本次交易的融资由国家开发银行股份有限公司牵头，由国家开发银行股份有限公司、中国进出口银行、中国农业银行股份有限公司以及中国银行股份有限公司组成的银团共同安排。中铝公司已与上述银团签署了总额约210亿美元的贷款协议，其中195亿美元用于履行其在本次交易条款下的义务，约15亿美元用于与本次投资活动相关的其他资金需求。

2009年4月29日，中铝获得了巴西保护经济行政委员会的批准。

2009年5月15日，美国外国投资委员会（CFIUS）批准力拓向中铝发行可转债以及中铝对肯尼科特犹他铜业公司（KUCC）进行间接少数股权投资交易。CFIUS对以上两项交易的批准，意味着中铝注资力拓又在审批的道路上前进了一步。

2009年6月5日，中国铝业公司确认，力拓集团董事会已撤销对2009年2月12日宣布的双方战略合作交易的推荐，并将依据双方签署的合作与执行协议向中铝公司支付1.95亿美元的分手费。中铝注资力拓的全过程如图8-19所示。

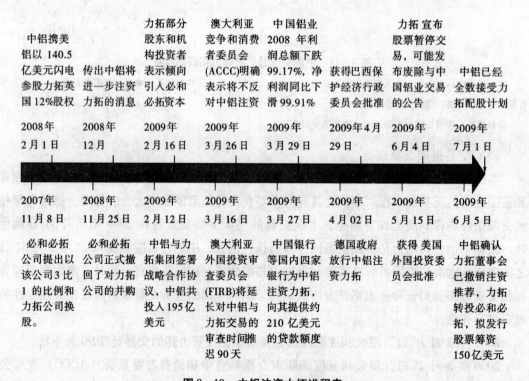

图8-19 中铝注资力拓进程表

在全球经济陷入低谷时期，为摆脱债务危机，力拓董事会向股东提交了与中铝实现战略合作以获得195亿美元资本的方案。然而4个月过去了，力拓澳大利亚公司的股价已经从2月初的低谷时期上涨了近70%，力拓英国公司的股价也上涨了近1倍；力拓董事会认为最困难的时期已经过去，力拓集团已经有能力依靠新股发行从资本市场上融到所需偿还短期贷款的资金。虽然在力拓宣布毁约以后，澳大利亚政府官员表示这一后果纯属商业行为，并强调高度重视与中方的合作以及对中国资本的需求；但政治原因依然是此次注资失败不可不提的因素。不仅是澳大利亚政府，就连澳大利亚民众也表现出对中国资本入主本国矿业巨头的担忧，我国央企无法摆脱的政府背景再一次遭遇闭门羹。同时，中铝公司在产业链布局中属于力拓集团的下游企业，而必和必拓与力拓集团同为上游利益集团。相比上游企业的强强联手，对铁矿石资源的垄断和国际铁矿石定价权的加强，力拓集团不愿意看到下游企业参与上游的利润分配，并有可能在谈判中失去一定的产品定价权。此次交易失败以后，各国媒体对其失败原因和对中国的影响的总结如图8-20所示。

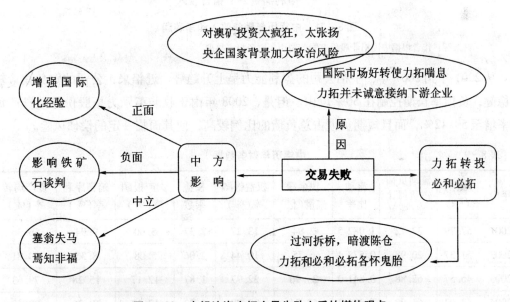

图8-20 中铝注资力拓交易失败之后的媒体观点

8.4.4 中铝公司财务能力分析

继2008年2月中国铝业投资力拓集团出现巨额亏损以后，2009年2月，中铝公司又提出了包括可转债和资产在内的195亿美元收购提案。在2008年其销售收入和销售净利润分别出现9.94%和99.17%的大幅度下降情况下，中铝公司是否还有足够的能力完成本次收购，并实现交易之后的公司持续经营？我们从中铝公司历年的经营状况着手，并与美铝、巴西淡水河谷等大型国际矿业企业对比，分析了中铝公司的财务能力。

（1）中铝财务质量分析

中铝作为中国最大的铝生产企业，具有较强的盈利能力，如图8-21所示：

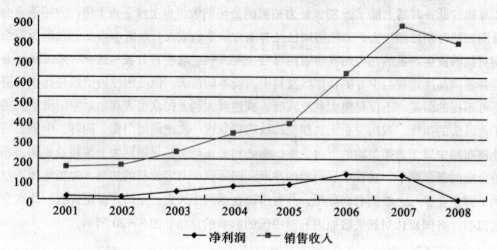

图8-21 中铝历年销售收入和净利润

资料来源：作者根据中国铝业股份有限公司历年财务报表整理。

从2001年到2007年，中铝公司的盈利能力呈上升趋势。近年来，公司的财务政策较为稳健，负债率长期控制在50%以内。但是，2008年由于收购英国力拓股份导致资产负债率增至59.42%，而且短期负债占总负债的比例较高，使其面临一定的偿债风险。

表8-9　　　　　　　　　　　　　　　　中铝历年财务数据

年份	负债率（%）	流动负债占负债比率（%）	流动比率	现金净流量（亿）	权益报酬率（%）	权益乘数	资产报酬率（%）	销售净利率（%）	资产周转率（%）
2001	57.79	22.72	1.082 5	2.84	13.27	2.37	5.60	9.94	56.36
2002	51.37	20.98	0.578 4	6.75	10.44	2.06	5.08	8.35	60.81
2003	46.57	62.88	0.841 0	25.96	22.77	1.87	12.17	15.28	79.63
2004	42.03	64.09	1.088 2	62.24	29.70	1.72	17.22	19.26	89.40
2005	42.04	60.22	1.135 6	75.98	30.37	1.73	17.61	19.53	90.16
2006	38.76	71.30	1.193 3	98.03	39.93	1.63	24.45	20.01	122.19
2007	38.60	56.54	1.390 3	77.07	39.84	1.63	24.46	18.89	129.51
2008	59.42	51.04	1.105 0	159.82	28.63	2.46	11.62	12.03	96.61

资料来源：作者根据中国铝业股份有限公司历年财务报表分析整理。

2008年由于氧化铝市场和原铝市场受到价格冲击，导致其销售收入和销售净利润分别降低了9.94%和99.17%。2009年，世界铝市场持续低迷，中铝的盈利情况没有明显改进；利用债券融资收购力拓股份及资产后，公司的偿债风险和压力会有所增大。

（2）中铝相对世界大型资源企业的并购竞争力分析

在 2008 年 2 月，中铝联合美铝提出对力拓股份的收购要约之后，必和必拓集团黯然退出竞购。表 8 - 10 反映了中铝与世界大型矿业公司各项财务指标的对比。

表 8 - 10　　　中铝、美铝、力拓和巴西淡水河谷 2008 年各项指标对比表

	项目	中铝	美铝	力拓	淡水河谷
资本结构	负债率（%）	55.58	62.11	69.03	34.87
	短期债务/负债总额（%）	51.04	30.99	73.03	28.77
	经营活动产生的现金/销售收入（%）	1.95	4.59	77.33	54.71
资产结构	流动资产/流动负债	1.10	1.12	1.08	3.01
	流动资产/总资产（%）	31.35	21.55	54.45	30.17
	存货/流动资产（%）	46.78	39.73	0.21	17.28
盈利能力	资产周转率	3.237 6	0.014 1	0.007 0	0.006 4
	资产报酬率（%）	0.68	- 0.003 889	0.52	0.23
	销售净利率（%）	0.003 6	- 0.002 8	0.749 5	0.355 3
	权益报酬率（%）	0.29	- 0.000 102 6	0.016 929	0.003 51

资料来源：作者根据中铝、美铝、力拓和巴西淡水河谷 2008 年财务报表分析整理。

从资本结构来看，相比力拓和美铝的高负债率，中国铝业较低的负债率体现出其相对较小的经营风险。但和世界第一的矿业公司巴西淡水河谷相比，中铝的负债率却高出 20 个百分点。中国铝业从经营活动中获得现金的能力最弱，其经营活动产生的现金占销售收入的比重只有 1.95%。经营活动中产生的比较固定的现金流较少，而短期债务较多，这会增加企业的偿债风险，使公司可能陷入债务危机。

从资产结构来看，中国铝业的流动比率与美铝和力拓持平，但明显小于淡水河谷。中国铝业的存货占流动资产的比重最高，资产变现能力相对较弱。这主要是与公司寻求全球矿产资源的发展战略密切相关——公司在 2008 年从海外购入并囤积了大量的铁矿石。在当前经济危机的背景下，较高的存货比例会因为矿石价格的下降导致公司资产的大量缩水，从而影响公司的盈利能力和未来的经营能力。

从盈利水平来看，中国铝业的盈利能力长期保持稳定增长，只有 2008 年的销售收入和净利润涨幅高达 98% 以上；但在资产周转率、资产报酬率和权益净利率等指标上，中国铝业相对其他公司具有明显的优势。

（3）交易对双方财务及经营水平的影响分析

力拓集团 69.03% 的负债率远远高于其他同行业企业，短期债务比重高达 73.03%，偿债危机较为突出。虽然力拓的流动比率为 1.12，略高于中国铝业和美铝，但其 83.82 亿

美元的总流动资产中，高达99.94%的应收账款严重降低了其产生现金流的能力，这加大了力拓集团偿还并购加拿大铝业贷款的压力。

中铝公司已经完成了本次交易的融资事宜，可以获得高达210亿美元的贷款，这会导致中铝的负债率进一步增加。如果全球市场持续低迷，中铝的盈利能力短期内很难提高，则较高的负债率可能会形成中铝公司的债务危机，影响中铝公司自身的经营。

表8-11　　　　中铝并购力拓后两个企业的主要财务指标变化情况

主要项目	中铝的变化	力拓的变化	整体变化趋势
流动资产	—（不变）	↑（优化）	↑（优化）
资产总额	↑（优化）	—（不变）	↑（优化）
流动负债	—（不变）①	↓（优化）	↓（优化）
负债总额	↑（不优化）	↓（优化）	——（不确定）
所有者权益	↑（优化）	↑（优化）	↑（优化）
负债率	↑（不优化）	↓（优化）	——（不确定）
盈利能力	↑（优化）	↑（优化）	↑（优化）
偿债能力	↑（优化）	↑（优化）	↑（优化）

注：↑代表该指标值上升，↓代表该指标值下降，—代表指标值不变，——代表不确定。

如表8-11所示，中铝公司为了完成此次交易，将增加210亿美元的负债，资产负债率进一步上升。同时，中铝公司的资产总额和所有者权益都会增加，但其他的主要指标几乎都出现下降，对中铝的财务能力、盈利能力和偿债能力都有一定的负面影响。中铝公司财务及经营能力是否实现优化，主要取决于交易完成后力拓集团的经营能否好转，是否可以给中铝带来预期的收益。

如若此次交易得以实现，力拓集团包括资本结构、资产结构、盈利能力在内的各项指标都将得到优化，两家公司的整体表现也可能会朝着更有力的方向变化。

力拓与必和必拓的合资项目还需要相当长的审批时间，股权融资正在紧锣密鼓地展开。2009年7月1日，中铝已经全数执行力拓新股认购权，以维持现有的持股比例。中铝注资力拓交易现已落下帷幕，但是我国资源企业的跨国并购仍将不断前行，而且力拓与必和必拓的合作也将在接下来的时间里受到各方关注。

① 作者假设中铝公司此次融资全部为长期贷款，则不影响流动负债。

本章参考文献

[1] 朱宝宪. 公司并购与重组 [M]. 北京：清华大学出版社，2006：1-36.

[2] 宋军. 跨国并购与经济发展 [M]. 北京：中国财政经济出版社，2005：27.

[3] 金碚. 中国工业化的资源路线与资源供求 [J]. 中国工业经济，2008（2）.

[4] HAROLD HOTELLING. The Economics of Exhaustible Resources [J]. The Journal of Political Economy, 1933 (39)：137-175.

[5] HAMILTON J D. Oil and the Macroeconomy since World War Two [J]. Journal of Political Economy, 1983 (91)：228-248.

[6] 王万山，伍士安. 我国争取大宗进口物资国际定价权的基本策略 [J]. 贵州财经学院学报，2006（5）.

[7] 童光荣，姜松. 基于非线性高斯随场动态模型的石油价格波动影响研究 [J]. 中国软科学，2008（4）.

[8] 常清. 股指期货抢权进行时 [J]. 新财经，2006（9）.

[9] 梅新育. 中国没有定价权 [J]. 世界知识，2005（15）.

[10] 伍锡军，韩敏智. 如何加强中国在全球商品市场上的定价权地位 [J]. 中国金属通报，2005（14）.

[11] KEITH D BROUTHERS, PAUL VAN HASTENBURG, JORAN VAN DEN VEN. If Most Mergers Fail, Why are They So Popular [J], Long Range Planning, 1998, 31 (3)：347-353.

[12] 胡峰. 跨国并购政策协调 [M]. 上海：上海交通大学出版社，2007：167，170.

[13] MAX M HABECK, FRITZ KROGER, MICHAEL R TRAM. After Mergers：Seven Rules for Successful Post-merger Integration [M]. London：FT. Prentice, 2000.

[14] 冉宗荣. 我国企业跨国并购的整合风险及应对之策 [J]. 国际贸易问题，2006（5）.

[15] 鲁桐. 中国企业跨国经营战略 [M]. 北京：经济管理出版社，2003：129.